学術選書 070

諸文明の起源 10

描かれたオランダ黄金世紀

ヨーロッパ近代文明の曙

樺山紘一

京都大学学術出版会

KYOTO UNIVERSITY PRESS

口絵１●ヤコブ・ファン・ライスダール　〈漂白場のあるハールレム風景〉（第１章、18頁）

口絵2●ヤコブ・ファン・ライスダール〈ユダヤ人墓地〉（第1章、27頁）

口絵3●フランス・ハルス　〈ハールレムの聖ゲオルギウス市民隊幹部たちの宴会〉（第2章、71頁）

口絵4●ヤン・ステーン　〈聖ニコラウス祭〉（第3章、110頁）
口絵5●ヤン・ステーン　〈居酒屋の前で踊る農民たち〉（第3章、114頁）

口絵6●レンブラント　〈クラウディウス・キヴィリスのもとでのバタフィア人の策略〉（第4章、210頁）
口絵7●レンブラント　〈自画像〉（第4章、214頁）

口絵8●エクハウト　〈タプヤ族の舞踏〉（第5章、256頁）
口絵9●フランス・ポスト　〈プランテーションの景観〉（第5章、265頁）

口絵 10 ●ベラスケス　〈ブレダの開城〉（第 6 章、273 頁）

口絵 11 ●テル・ボルフ　〈ミュンスター和約の締結〉（第 6 章、312 頁）

ヨーロッパ近代文明の曙　描かれたオランダ黄金世紀◉目　次

はじめに　ヨーロッパ近代文明の曙

　諸文明の一環としてのヨーロッパ近代を捉えるとき、多くの場合にはその先進性や普遍性という点に、重要な特性があてられるであろう。実際、世界史のさまざまな通説叙述をとりあげてみるならば、最先端のリーダーとして、ヨーロッパ近代の文明と文化がしめるウェイトの大きさと他文明への規範力や支配力は疑うべくもない。これこそ、「ヨーロッパ中心史観」ともよばれ、かねて世界史の全体に君臨してきたものの投影である。しかしながら、二〇世紀後半から二一世紀にかけて、その正当性にたいする疑念があからさまに公言されるようになった。いまあらためて世界史上の「諸文明」の展開を眺望するにあたって、別途の視角や方式が要請されるようになってきた。このことは、いまさら繰り返すまでもあるまい。

　これまで、ヨーロッパの近代文明を詮議するにあたって、標識としていくつかの普遍性を体現する概念が優越してきたことは否定できない。「ルネサンス」や「バロック美学」、あるいは「啓蒙理性」であるとか、「合理主義哲学」とか、「近代民主主義」や「市場経済」、はたまた「実証科学」とかいった普遍性のつよい概念。これらは、ヨーロッパ世界に内在する原理に起源しながらも、人類の歴史に通有の標識や理想とみなされてきた。しかしながら、これらですらいまでは、その普遍性や先進性についての疑いを許容するにいたっている。

それらヨーロッパ近代が実現した広大な価値群は、その訴求力の大きさを承認するにしても、あくまでもヨーロッパという個別価値に同伴するものにすぎない。由来としてのヨーロッパという歴史的存在に関わるかぎりでのみ、個別性において批評さるべきものといえる。それは、世界史に君臨するような「いかつさ」ではなく、「けなげに」も自己主張する、特定の個性の様相として観察されるにふさわしい。あくまでも、時間と空間にあって限定をうけたヨーロッパの近代価値として、その個性を誇示すべきものだからである。

ただし、このような限定は、けっしてヨーロッパ近代文化の値打ちを貶めるためではない。むしろ、それが体現する個別性や歴史的一回性の強固さを裏付けるものだ。容易には他者による模倣や簒奪を許さず、強固に設計された構造体として、固有の価値感にもとづいて他者にたいする真に頑強な説得力をささえる。近代ヨーロッパの文明・文化を主題とするにあたっては、こうした理解を前提におきつつ、分析の透徹をめざさねばなるまい。

さて、本書は近代ヨーロッパの文化を、その全体において把握するといった野心的な包括プランを念頭におくものではない。たかだか、一七世紀前後という限定された時代と、オランダという相対的にはローカルな空間を前提におくにすぎない。そして、おもに図像表現つまり絵画作品を素材にしつつ、この時空間内での文化創造の一端を追尾しようとこころみる。あくまでもヨーロッパ近代文化の特質を把握するための一主題をかかげているにすぎない。とはいえ、歴史上にあって存在した無数の時空間や、文化の諸ジャンルのなかにあって、とりたてて「描かれた（絵画の）黄金世紀（一七世紀）オランダ」を主題とするのは、それが近代ヨーロッパ文明の形成にあって、特異な意義を体現しているからである。唯一とはいわぬまでも、右に見たような、強固な歴史的一回性を背景として、それは固有の説得力をたもつ顕著な事例のひとつとみなされる。オランダというこの事例をとおして、近代ヨーロッパの文明と文化の枢要な部分が開示されるだろうという予測も許されよう。さしあたり、ここではその予測の成り立つ事情を、簡潔に描写しておきたい。

第一に、時間としての一七世紀は、近代ヨーロッパの形成にあっては、微妙な問題をふくむ時代であった。「危機の一七世紀」という表現があるとおり、ヨーロッパ諸国の社会はそれぞれに困難な課題に直面していた。とりわけ繰り返される戦争が、あらゆる価値を包摂するかのように人間社会に覆いかぶさっていた。家族から集落、都市から領邦、結社から団体は、みなこの紛争状態から受難しながら、ときには自己実現のための機会として有効に利用した。戦争ばかりか、病苦と貧困、盗難と傷害、破産と争奪など、危機の様相は深刻さを増幅していった。しかし、それは場合によっては繁栄と成長、競争と栄華、拡張と増強の舞台であったことをも意味する。オランダにおいてこの世紀は「黄金」と呼ばれるが、それは豊かさとともに、険しさをも包含する時代であった。

第二に、空間としてのオランダとは、いうまでもなくこの世紀にはじめて実質的な政治上の独立を獲得し、猛威をふるうオランダである。かねて、隣接するドイツ（周域をふくむ神聖ローマ帝国）、フランス、イングランド、スペインといった、強大な諸国家のシステムのあわいにあって、空間的にはそれらよりも一桁もちいさい小国家オランダが、対等な地位をかかげて屹立しうることを実証する機会となった。ドイツとフランスという、軍事覇権の主役たちにはさまれた小国は、中世にさかのぼっても、その窮屈な地位は動かしがたい。海上通商国家として雄飛するほかに出口のない状況なかで、オランダは内的密度のたかい連邦国家を形成して、富の蓄積に努めた。その社会構成のユニークさは、中世末期におけるイタリア都市国家群とならび、ヨーロッパ史に異名をとどかせた。しかもおりしも、ヨーロッパ諸国家は、本格的な植民地の獲得と争奪にとりかかっており、オランダもまたこの競合関係に積極的に参画することになった。

第三には文化の領域の問題。ヨーロッパ文化の構成原理は、微妙な転換期にあたっていた。ルネサンスの名で総称される一五・六世紀に、その相貌をあらわしはじめた近代文化は、一七世紀になって、構成諸ジャンルにおいて特異な展開の道を模索しつつあった。かねて、文化価値の集約点のひとつであった建築の美学は、バロックの隆盛によって支えられた。しかし、あらたに独自のジャンルとして自立した絵画や彫刻は、それぞれに領域を確立していった。オランダにあって、一七世紀に「市民絵画」とでもいうべき特異な流派がうみだされたのも、その一環である。かつてイタリア・ルネサンスのもとで賑わった絵画は、ここでは斬新な形式たる、風景画・静物画・肖像画・日常風俗画などの創成にむかう。そしてまた、音楽や文学、演劇にあっても、対応する美学と技法の樹立が促され、芸術表現のかたちはそれぞれに自立したスタイルに依拠するようになっていった。

「描かれたオランダ黄金世紀」とは、こうしたヨーロッパの輪郭のなかにおいて実現した。それが、近代にむかう時代のヨーロッパ文化のなかでどのような位置をしめるかは、おいおい明らかにしたい。いずれにせよさきにも見たとおり、特定の時空間と主題のもとで、けなげにも個性を追求し、そのかけがいのない一回性の際立ちによって、他者への説得力を備えるにいたったその個性にこそ、ヨーロッパ近代文化の重要な構成要素のひとつをみることができるように思われる。あるいは、ここにはヨーロッパ近代という限定をも超越する、人類にとって共有すべき文明の価値すらも遠望されるかもしれない。さて、このように条件を設定したうえで、「ヨーロッパ近代文明の起源」のひとつである、「描かれたオランダ黄金世紀」の実像を追いもとめて、これからわれわれのフィールドに足を踏みいれることにしたい。

ヨーロッパ近代文明の曙　描かれたオランダ黄金世紀

序章　歴史のなかの一七世紀オランダ

1　はじめに

一七世紀は、オランダにとってはまさしく「黄金世紀」だった。この世紀にオランダは共和国として独立をかちえて、国際貿易で繁栄を実現し、他方で絵画や学術が、卓抜の成果を達成しようとしていた。それはいったいどのようにして可能となったのか。そのときから二〇〇年あまりたった一九世紀の末に、ひとりのフランス人がオランダを訪れ、その土地と作品とを観察してまわった。フロマンタンという名の批評家、芸術家。その記録は、『昔日の巨匠たち』（邦訳は、『オランダ・ベルギー絵画紀行』、高橋裕子訳、岩波文庫）に収められている。

さわりの部分をすこしだけ引用しよう。「この町（アムステルダム）の人々は一刻も早く砂州を征服してその上に身を落ち着けようとし、もっぱら彼らの実務や商売、産業や労働をここで成り立たせることに気を取られて、安楽な生活には心を向けなかったようだ。」だが、そうだとしても、「このような土地では、眼にも精神にも魂にも、辛抱強くて注意深い探求の習慣、微に入り細にわたり、いわば眼を細めて凝視するような緊張をはらんだ探求の習慣がついてしまい、この習慣が、形而上学者から画家にいたるオランダのすべての思想家たちの共通の特徴となっている」。（邦訳、下巻、102―103頁）

はたして黄金世紀のオランダ人は、どのような眼と精神から探求と表現の実をなしとげたのだろうか。一九世紀のフロマンタンを虜にしたオランダの黄金世紀は、いま二一世紀の現代人をどのように魅了するのか。さきの引用にある「形而上学者」とは、たとえばスピノザ。画家とは、たとえばレンブラント。その往時のオランダ市民たちの発信や思考のあとを追って、いまわたしたちの感性と理性をたしかめてみたいとの誘惑にかられる。

本書は、オランダ一七世紀の歴史と美術とをふたつながら探索しようとの意図で書かれる。しかし同時に、二一世紀から過去を解き明かすに必要な、ささやかな現代性をおびたメッセージでもあれかしと願うものでもある。

2 ヨーロッパ国際政治のなかで

オランダは、ヨーロッパ大陸の中北部、北海に面した小国である。現在の面積は、四万平方キロ。隣国ドイツやフランス、そして日本よりも一桁もちいさい。もっとも、有史以来ながきにわたって干拓事業が続行された結果、旧来の面積からほぼ倍増したようではあるが。

先史時代はともあれ、ローマ人の来寇ののちには、ゲルマン系部族が定住をはたした。現在固有にオランダ人とよびならわされている人びとはこれに由来し、言語もゲルマン系のドイツ語方言のひとつである。五世紀のフランク王国の成立によって、オランダは西ヨーロッパの国家形成に組みこまれるが、やがてそれも解体。成立した主要な国家群のただなかで、中間にのこされた緩衝地帯として存続をつづける。「ネーデルランド」と通称される地域である。

「低地」を意味するネーデルランドとは、現在の地域名であればオランダとベルギーとの総体に相当する。ながらく地域としてはある程度の一体性をたもったネーデルランドは、のちに国際政治上のいきさつから南北に分裂した。北部ネーデルランドは、「オランダ」と通称されるが、その名はいまも英語名などには健在である。ここでは日本における慣習にしたがい、国名としてのオランダと地域名としてのネーデルランドとは、区別して使用する。

ヨーロッパ諸国のうちの中間地帯にあることが、オランダの地政学上の条件をおおきく左右した。周囲の政治勢力からのさまざまな仕掛けが、重くのしかかったから。一四七七年、ネーデルランド一帯は、神聖ローマ帝国皇帝の所領、つまりオーストリアのハプスブルク家領に組みこまれた。この家領は、一五〇四年にはスペイン系ハプスブルク家領地に編入される。この措置は、やがて宗教改革にともなう対立をこの地にひきいれることになった。一六世紀なかばには、表面化したキリスト教新旧両派の衝突が混迷をうながした。

ネーデルランドの住民は、プロテスタント信徒を中心として、宗主国スペインの支配からの離脱をもとめる勢力を形成し、独立への機運をもりあげた。スペインはカトリックの守護者でもあり、強大な軍事力を背景に鎮圧をめざしたため、衝突は避けられなくなった。一五六八年にはじまる独立戦争である。ネーデルランド一七州は連合軍を組んで対抗するが、南方から圧力をくわえるスペイン軍におされて、七六年には要衝ともいえるアントウェルペンが包囲のすえに陥落。南部の一〇州はアラス同盟のもとに、ハプスブルク家領としてスペインのもとに残存した。北部の七州はユトレヒト同盟として結束し、ネーデルランド連邦共和国としての独立を宣言した。共和国軍はなおも軍事行動をつづけ、両勢力の境界をめぐって緊張はつづいた。一六〇九年、プロテスタントの共和国軍とカトリックのスペイン軍とは、一二年間の休戦に合意した。しかし、いったんは決着したかにみえた対立も、休戦終了後には再燃。最終の決着は、さらに二七年後の一六四八年、つまりウェストファリアのミュンスター講和条約をまたなければならない。独立戦争開始からつごう八〇年。ながい「八十年戦争」の結末であった。

しかしこの終戦は、あらたな対立の開始をつげるものともなった。隣国との軋轢が、はじまったから。海上の主導権を争奪する対岸のイングランドは、一六五〇年代には、おなじプロテスタント・カルヴァン派のクロムウェル政権のもとで、オランダに攻撃・応戦。三次にわたる英蘭戦争の勃発をむかえる。東の隣国ドイツは、多数の領邦に分立していたこともあって、ただちに介入することはなかった。仇敵スペインは、なおも海上勢力としてはつねに油断のならぬ大国であり、オランダは海戦のそなえを解除するわけにはいかない。さらには、軍事大国となったフランスが、ルイ王朝のもとで執拗に侵攻をしかけてくる。

まことに安心のならぬ一七世紀のオランダをめぐる国際情勢。このはてしない緊張こそ、黄金世紀の基調音である。ひとまわりも大柄な軍事大国を相手にまわして、新生の小国はどのように立ちまわるだろうか。賢明な工夫がもとめられる。

3 政治・経済・社会の枠組

巨大な帝国スペインをむこうにまわして艱難辛苦のすえに、独立をかちとったオランダ（ネーデルランド連邦共和国）。その英雄的な行動を目の当りにすると、この国が当初から、高度に統合された政治上の組織体であったかのようにみえる。かつてはそのように説明され、まさしく近代の合理性を実現した国家の出現を目撃しているかのようにみえた。しかし実態はといえば、その国家と政治はきわめて多様な要素からなる複合体であることは、まったく否定できないようだ。

独立戦争を遂行するオランダは、七州の連邦制をとっている。七つは、それぞれの伝統をうけつぎ、その統治様式もさまざま。もっとも有力なホラント州には、一八もの有力都市が加入しており、行政上もリーダーシップを握っていた。ただし、軍事をふくむ強力な政治力は、各州の総督に依存していたので、共同運営の合議体である州議会は弱体であった。議会と総督という二元性は、つねにつきまとうジレンマであった。なかでも、独立以前から強力なリーダーシップを発揮してきたオランイェ（オレンジ）家は、ホラント州のほかでも総督位をしめた。当初の当主であり、「祖国の父」とよばれたウィレム一世と、その次男マウリッツの時代に衆望を獲得。複数の州で提督の地位を獲得するなど、実質的には国主の地位を手にした。しかしながら、さらに政治の実態に目をむけると、各州では政治の実権は、さまざまな事情に依拠していた。なかでも、中核をなすホラント州では、法律顧問職が圧倒的な支配力を行使した。とりわけ、一六世紀末からこの職務にあたったオルデンバルネフェルトの存在がきわだっていた。かれは、顧問職として総督のマウリッツを支えつつ、実際にはそれを凌駕してオランダの内政と外交の全体を差配する役割をはたした。

おなじことは、一六五三年にホラント州法律顧問に就任したデ・ウィットの場合にも妥当する。かれも対イングランド戦争を指導し、総督オランイェ家の力を牽制しつつ、独裁勢力を定着させるなど、共和制からの束縛を抑制する多様な政策を実現した。これが、連邦共和国の実態であった。

経済活動にあってはリーダーシップはどのように実現したのであろうか。オランダの存在を高からしめた東インド会社は、「連合」という冠称がつくことにしめされるとおり、六州に設置された会社の合同体である。ここでも、有力州としてのホラントが、アムステルダム、ハーグ、ハールレムなどを擁して主導権をにぎったが、しばしば利害不一致のために紛糾におちいることもあった。しかしアムステルダムの商品取引所には世界中の植民地から、珍品や貴品がもちこまれ、ときにはバブルまがいの景気波動もまきおこした。中国や日本、あるいは東南アジアや南アメリカからの輸入品は、厖大な利潤をもたらしたばかりか、珍品としてヨーロッパ人の世界観をも揺り動かすことになった。かつて、地中海の東西貿易が港湾経済に巨大な刺激をあたえたことを想起するならば、オランダによる今回の世界貿易は、はるかにこれをしのぐ規模の商品交流をもたらしたといってよい。一七世紀のオランダ国際商業は、こうしてヨーロッパ史上初めて、システムとしての商業資本主義の実現を視野におさめた。文字どおり、それはオランダの「黄金世紀」を実現することになったのである。

オランダの極度の繁栄は、むろんその背景となった社会的な流動と沸騰の産物であった。国際商業を牽引した冒険的な商人はもとより、北海やバルト海を活動の地とした中小の商人たち、それに地域内で国内国外の商品の取引を担当するものまで、多様な営業者が参画したことはもちろんである。これらが、アジア貿易をはじめとするハイリスク・ハイリターンの経済活動であっても、危険をじゅうぶんに制御するさまざまな方式を編み出した。商品取引所や保険引受、あるいは交易情報の収集・交換など、必要な方式があいついで開発された。それは、しばしばアムステルダムと比較対照されるヴェネツィアとともに、きわめて知的性格がまさる文化の創造であるといってもよい。資本主義経済における最初のバブル経済と形容もされる一六三五年前後の「チューリップ・バブル」のように、スキャンダル含みの商業文化も、また一七世紀にしてはじめて可能になったひとつの「文化」であった。

4　思想と芸術のステージで

一七世紀の黄金時代。オランダはユニークな文化状況を演出した。三つの局面から展望してみたい。

第一には、オランダの社会と文化の基本をつくりだした宗教上の事情、つまりキリスト教のあらたな環境と布置である。一六世紀の宗教改革時代にあって、オランダでは一五世紀に起源する「新たな信心」を受けついで、諸派の改革志向がうごめいていた。再洗礼派の系譜をひくメノン派や、ベギン会などの穏健な修道派、そして一六世紀後半になると、原理上の透徹をもとめて発展をつづけるカルヴァン派福音主義。これらの改革派が広く浸透して、それぞれの方向をもとめた。むろん、これにたいして旧来の体制を維持・続行させるカトリック教会も、オランダでは少数派でありながらも、対抗宗教改革の名のもとに、態勢を整えなおそうとした。

叛乱・独立から繁栄へとむかうオランダ社会は、それら多様なキリスト教諸派を包含しながら、成熟を模索する。こうした宗教上の事情は、ほかのヨーロッパ諸国についても、ある程度は類比をみることができるとはいえ、混沌と成熟の度合いにおいて、はるかにそれらを凌駕する「新たな体験」となったようにみえる。一七世紀のオランダは、すくなくとも体制上は、カルヴァン派の厳格主義を基本とするプロテスタンティズムを基本とする。しかし、その急進的純化の方向性の印象とは裏腹に、事実上の混成と共存はきわだった特質となった。これは、宗教上の非寛容と抗争を特徴とする一七世紀のヨーロッパ・キリスト教世界像とは、かなりの対照をしめしている。

第二に、一七世紀の思想と学術のなかでのオランダの位置。デカルトの合理主義哲学とニュートンの科学主義を焦点として急速に展開していった一七世紀の思想と学術は、近代をリードする地位を獲得した。「科学革命」などと総称される。そのなかで、オランダは、多様な流派の学者・思想家の輩出と来訪によって、ヨーロッパの中核のひとつとして機能することになる。デカルトは、その思考の枢要な部分をオランダ滞在の十数年のうちに熟成させた。あるいは、天文学の爆発的な進展をささえる望遠鏡の導入や、人体の微細部分の観察を可能にした顕微鏡の開発も、じつはオランダにおけるレンズ光学の貢献のゆえであった。

しかし、一七世紀の学術や思想の展開は、これらの「近代」創成の側面だけに局限されたわけではない。動植物の広範な領域をみわける作業は、植民地からの新知見の導入もあって、博物学の亢進をうながした。また、考古学や歴史資料学の飛躍は、社会や文化についての理解の拡がりを要請した。科学革命という歴史現象には、想像をこえた地平線の拡大が含意されている。オランダは、そうした地平拡大の最前線に位置することになろう。

最後に美術である。一七世紀のヨーロッパは、一般には「バロック」の時代と説明される。オランダも例外ではない。けれども主流をなす、宮廷美学を核とした美術・建築文化の成熟をになったわけではなかった。繁栄を享受するオランダの上流市民たちは、宮廷文化とはまったくことなるスタイルを発見し、擁護した。オランダ人は宮殿の建設にはほとんど熱意をしめさず、もっぱら市民生活に適合する美学の養成をめざした。

むろん一七世紀オランダ美術といえども、キリスト教を背景とする伝統の歴史画や神話画がかなりのウェイトを占めていたことは否定できない。しかしそのかたわらで多様な新画風が発想された。このことはヨーロッパ美術史においても、顕著な現象である。なかでも、この時代に急速な成長をみせた写実性のつよい風景画、身近な動植物を主題とした室内静物画、市民生活の現場に取材した日常風俗画、あるいは作品を需要する顧客に対応する集団肖像画などは、あらましこの世紀のオランダの創案といってもよい。また油彩画の大成と並行して、独特の作風と供給方式を開発した諸種の銅版画は、美術作品の享受方式を一変させたといってもよい。こうして無数の同時代画家によって構成された「オランダ派」は、一五世紀のルネサンス・イタリア絵画や、印象派画家によってエンジンをあたえられた一九世紀パリともならぶ、ヨーロッパ美術史の奇跡と表現できるものかもしれない。

以下において、本書が追尾するのは、こうした宗教上・思想上の、そして美術上の状況である。いますこし対象に密着したうえで、微細に解明できることを願って。

5 描かれた黄金世紀の評価

こうして出現した一七世紀オランダの黄金世紀。歴史的状況の大半が、たいへん幸運なことに、図像として保存されている。ふつうは文字記録による特定の価値感覚を前提とした証言に依拠せざるをえないものが、ここでは図像による証言として提供される。絵画から読みとられる歴史的現実は、画面に投影された自然や社会であって、日常に展開された図として疑いをいれぬ証言となろう。しかし、その図像の読みとりには、特定の方法上の制約がありうることにじゅうぶんの注意を払う必要は、当然の前提である。図像は、いうまでもなく無前提に事実を語りあかしてくれるわけではないから。黄金時代は「図像をもって読解する歴史」をふんだんに提供している。その叙法は、かならずしも法則化されていないから、まずは経験によるノウハウの粘り強い蓄積を要請される。それを覚悟のうえで、黄金時代の宝庫の扉を開くことにしたい。

しかし、ここでの課題は、それればかりではない。図像として描写された現実を読みとるには、その読解のための文法規則がある。黄金時代も、当然のことながら、それをとりまく歴史上の諸条件によって規定されている。つまり、その図像の読みとりのためには、歴史の諸条件との照合が必須である。図像は、たんに面前の事実のみを描写したにすぎないとしても、その事実の意味を解読するためには、歴史にかかわる洞察を必要とする。歴史画から神話画、そしてむろんのこと日常風俗画も風景画も、そして静物画も肖像画も、二一世紀からする画像の解読は、一七世紀の歴史現実の省察をともなわざるをえない。

こうして、「図像で読む歴史」と「歴史で読む図像」との交互の往復。つまり一七世紀オランダの絵画は、たんなる図像としての鑑賞のかなたに、そうした読解の同伴をもとめるしたたかな存在である。そんな難解な作業は、すぐには奏功しうるとは思われないが、しかし方向性の模索だけは断念してはなるまい。そのことをはじめに銘記しておいて、それでは実際の作業に向かうことにしよう。

第1章 自然の景観――人間が創った国土

1 オランダの土地と風土

ヤコブ・ファン・ライスダールは、一六二八年か二九年にハールレムに生まれた。かつて日本ではロイスダールとしてきたが、できるだけ原音にちかづける趣旨から、こう音読しておこう。父の一族は、アムステルダム東方のナールデンに居住してきたようだが、父イサークの代にハールレムに移住したらしい。その弟にはサロモンなる画家がいた。サロモン・ファン・ライスダールは、甥となるヤコブとともに、一七世紀オランダを代表する画家として知られる。その父も画家であったが、作品は知られておらず、むしろ額縁職人としての活動を本業としていたらしい。

さて、そのハールレムはアムステルダムから西へ二〇キロ。すでに中世には、北ネーデルランドの中核をしめる都市であり、また一六・七世紀における叛乱と八十年戦争にあっては、戦略上も重要性をおびていた。一七世紀の初頭になると、フランス・ハルスを中心とするハーレム派の画家を輩出した。ヤコブ・ファン・ライスダールがここで画家組合に入会するのは一六四八年のこと。三〇歳にちかく一六五七年までにはこの地を去って、アムステルダムに移住し、のちの活動はそこで展開される。したがって、かならずしもハールレム派の一員とはいいがたく、げんにその画風もハールレムとは距離がみとめられる。ヤコブの系譜はむしろアムステルダムに結びつけるほうが自然だろう。それにくわえ、その町にはオランダ絵画の重要な一面が、ヤコブによって創設されることに注意しておこう。

このことを詳細にみるために、まずはヤコブの代表作をとりあげておきたい。〈漂白場のあるハールレムの風景〉(口絵1)である。この作品は、ほぼ一六七五年ころの作品とみられる。ヤコブがアムステルダムに移住してからはるかのちのものであるが、生涯にわたってこの故郷との密接な関係をたもったことを示してもいる。たいそう印象的なこの名作は、現在ではチューリッヒのクンストハウスに収蔵されるが、なによりもライスダールが開発した独特の構図法によって、古来、一七世紀オランダを代表するものと評されてきた。

まずは、画面の上部三分の二をしめる天空である。眺望の地点を高めにとったうえで、なお遠方を俯瞰したため、北ヨーロッパの夏の景観は広大な天空によって圧倒される。太陽光を映す上空の雲と、わずかに顔をみせる青空とは、いずれも地上の情景と連動しているかにもみえる。一般に、オランダ絵画にあっては、上空を広めにとった構図が多数をしめるとはいえ、これほどに青空と雲という要素を優越させた例はめずらしい。しかも、雲の配置にはある種の表情がふくまれる。あたかも、画家は雲にことばをあてているかのようだ。この体験は、現在のオランダ風景を観察しても確認できるようにも思われる。

第二の特徴は、遠景はるかな都市眺望である。中央にみえるのはハールレムの主教会である聖バーフォ教会。図抜けた屋根と尖塔とで判明する。実際にも、この教会建築は当時にあってもハールレム市を表徴するモニュメントであった。ほかに、ごく少数の都市建築物がみえるが、どれもごく地味に描かれる。むしろ、その右側にあわせて七基ほどの風車がみえる。この風車は、オランダ風景のシンボルとしてしばしば援用される。これらの構造物は、実際の存在はもちろん、画面構成としても必要不可欠な要素であり、画家がこの構成について特別な配慮をはらっていたものといえる。

第三には、手前の近景である。表題にもあるとおり、ここには漂白場がひろがる。現実にも、ハールレムはその郊外における亜麻布の産地かつ取引場によって知られた。オランダの繊維産業は、その自然条件からみて羊毛生産に適しておらず、もっぱら亜麻もしくは大麻による麻織物を主体としてきた。麻布生産は、規模と技術とを特長とし、なかでも漂白のための乾燥場所を確保することを至上命題としていた。このため、こうした情景はオランダを表す重要な標識であった。とはいえ、画家たちの作品にさして頻繁に登場しないのは、画家の認識対象として採用されにくかったからではあろう。ヤコブについては、地表の景観について特別な関心が指摘されてよい。

名作〈漂白場のあるハールレムの風景〉の構図構成要素を、このように読みとることができるとしよう。このことは、つぎの事実と対応している。風景画は、いうまでもなく、現実に存在する自然景観を、特定の方法で切りとって成立する。どのような方式で切りとるかは、むろん画家の構想力にかかわる。実在しない要素をとりこんで、架空の景観を創造するのも当然である。必要におうじて、要素を取捨選択するのは、画家の戦略である。オランダの自然景観を画面上で創造する画家たちは、その戦略を慎重に立案した。中世このかた、次第に意識化されてきた画面上の景観創造は、ここにおよんで明白な絵画戦略として成熟していった。むろん、そのうちには現実の風景を消極的に、もしくは遠慮がちに改変して、現実との距離をすくなめにとる方式もあったであろう。その結果、画面は穏和でなだらかな地表面をなぞることになった。オランダ風景画の大半は、じつはこうしたのどかさを特徴とした。それは、画家の気質にもとづくところでもあろうし、また購入する顧客の嗜好に配慮するものでもあったろう。

そのなかで、ライスダールの戦略は明白な特徴をあらわしている。つまり、景観の構図全般についても、また個々の構成要素についても、それがもつドラマ性をことさらに強調する。人事が特別なドラマ性をもつのは当然としても、自然物にいたるまでもその構成上のドラマを表現してやまない。しかも、それは控えめな再現ではなく、確実な意図を表面にかかげたドラマとなる。

一七世紀までイタリアやフランドル画派では、自然景観は人事の背景にあって後景をなし、さしてつよいメッセージを体現しないものと考えられてきた。現実の風景としては、トスカーナやヴェネト地方の田園風景が念頭におかれたであろう。そこでは、突出した攪乱要素よりは穏和な平面展開を地形にもとめ、また樹相や水面なども平坦な安定をこのんだ。アルプスの山脈を思わせるような特異性は避けられるのがふつうである。もしそうした要素を編入するならば、人間活動とは切りはなした特別な画面構成として採用される。

オランダは、実際の国土からいえば、平坦な原野や耕地によってしめられており、ごく日常的で平凡な構図のうちにおさめられるはずである。しかし、ライスダールの画面では、かりに土地は平坦であるにしても、構成要素は特徴あるメッセージを体している。つまり、自然はそれ自体として自己主張している。人事の後景として無言で背後に控えているわけではない。ライスダールの自然景観画は、こうして従来のオランダ画家の範域をもこえて、明白な物語性を選択したのであった。

さて、このようにライスダールの戦略を解釈したうえで、それを一七世紀オランダにおける絵画や思想のありかたと照合してみたい。自然景観の表現にあって、どのような方向性が採用されたのかを、探査するために。ここでは、まずはハールレムとオランダの大地の事情がうかびあがってくる。

オランダの大地は、そもそも物語をもって作られたのだった。いまでも誇らしく伝えられるように、「オランダ人は神がつくったが、オランダの国土はオランダ人がつくった。」ライスダールが中空から俯瞰したハールレムの郊外は、オランダ人の策略の結果として生まれたもの。当然のことながら、そこにはオランダ人の物語がはっきりと書きこまれている。

北海海岸の干拓事業は、時代をさかのぼって、一一世紀には開始されたとされる。もちろん、浅めの海岸に堤防を築いて排水し、あらたな地面を獲得した。恒常的に援用される排水用風車と排水路。しばしば襲いくる高潮に防備するための水門の設置。海水を排除したあとの海底土から塩分を除去するための措置。それらは、いずれも何十年におよぶ年月が必要だった。それでも、不運の年には低湿地に浸水し、人と物とに被害がもたらされた。ふつうの場合、干拓は低湿の土地に客土して嵩上げするものであるが、オランダの場合には客土に使用される岩石や土砂が、容易に近間ではえられなかった。そのために、被害の規模がおおきくなった。

こうして中世末までには、オランダの北海海岸にアクセントをあたえてきた複雑な湾口部は、海から陸へと模様替えした。ライスダールの一七世紀にも、さらに干拓事業は続行され、高潮による防波堤の破壊も頻発していた。世紀単位で進行する新国土の獲得と開発こそ、オランダの歴史を彩る最大の事件にほかならない。その成果は、見方によれば、すべてが人工物にみえるが、べつの視点からみれば自然景観の一部をなしている。そのいずれであるかは、当人たちにとっては瑣末なことにすぎまい。すくなくとも、長年にわたって不動の前提条件となっているからには、ほとんど自然の一環であるとの認識が成りたっていたではあろうが。

ポルダーとよばれる低湿地には水路が八方にはりめぐらされ、農地や放牧地のはざまを貫流している。しかし、もともと沼沢地であった平野部では、開水面は意図的に変更され、沼や池の形状は思いのままに歪まされる。その畔には草木が茂り、やがては灌木林となって、あたかも古来の岸辺の小丘陵であるかのようにもみえる。実際、二一世紀の現在にあっても、そうした海岸沿いや河川沿いの小高い丘の斜面は、人びとの遊興の地や狩猟の場である。画家たちが好んで取材したのは、そうした中間的性格をもつ小区画の低地である。低地の畔は、しばしば砂丘の形状をなしている。海岸部分には、かつてはかなり幅広に砂丘が広がっていたものとおもわれる。灌漑という発想に縁遠かったり、強風や塩化の作用をうけるため、農耕地に転用することがむずかしく、荒蕪地として放置されがちであった。それは、むろん自然の発現ではあるが、オランダの土地としての、特異な形状と景観を呈している。そのため、画家たちがしばしば好んで、自然景観画の対象として採用することになった。

ポルダーにもまして、水文と人工の接点が強調されるのは、河川や湖沼の畔である。オランダの画家たちは、この自然景観をきわめて愛好し題材にとりあげた。ヤコブ・ファン・ライスダールの伯父であるサロモンはことに顕著である。河川畔には民家が立ちならび、それに接して渡し場がある。渡船はオランダ国土にとっては、もっとも重要な交通路であるが、帆をかけた中規模以上の運搬船とちがい、ほぼつねにごくちいさな川船。用務のため、あるいは畑地の耕作のために往来する住民にとっては、日常的な「足」であった。サロモンの画心を刺激したのは、それにくわえて、平底船のうえに牛などの家畜が立位置のまま乗りこむ情景である。人間よりも数倍は大きい家畜は、遠方からも目撃が可能であるし、その重心の高さから、なにがしかバランスの不安定をも醸しだしていた。それは、河川をゆるやかに航行するものにとっても、特別な情景とうけとられたであろう。

河川や海岸の風景につきものの施設は、風車である。風車はもちろん、自然物ではないが、一般の家屋や土木施設にくらべると、景観になじみやすい。自然現象としての風に対応していること、また海岸などの自然地形に組みこまれて、それとの対話性をたもっていることなどから、自然景観に混和するものといってよい。つまり自然のなかに穏やかな人文的な物語を読みこみうるものとして、オランダの自然景観の重要な一環をなしている。このことは、ライスダール作品ばかりか、アドリアン・ファン・オスターデやヘンドリク・ヘロームなどの風景画作品にも顕著である。

こうしてオランダの風土に適合した自然物や人工物が、一定の物語性を提示して、風景画の画面に好ましいリズムをあたえている。ところがまた、実際のオランダ風景画には、一般にオランダには発見できない要素も登場してくる。これは、どんな事情によるのであろうか。たとえば、ライスダールの画面には、かなり急峻な山岳や急流・滝があらわれる。あるいは、密生した灌木林や濃密な森林も。これらは、画面に異和要素をあたえて、心理効果がいちじるしい。けれども、それはオランダ絵画として正道か邪道かはともかくとして、顧客を十分にとらえることはむずかしかったのではあるまいか。そこに体現されるはずの物語性は、円滑に見者に伝達されたかどうか、いささか疑問ではある。

2 気象と時間

他方で、オランダの土地が日常的に体験する気候・気象上の現象は、自然風景の一環をなし、風土にかかわる景観に特異なアクセントをもたらしている。意識的にこうした気候や気象を主題とする作品は、かならずしもオランダ絵画に端を発するものではない。たとえば、一六世紀のヴェネツィア派は、都市に対比される自然、つまり郊外の田園や森林をあつかうにあたって、都市をかこむコンタード（郊外領域）の気象要素に積極的に視線をむけた。たとえば、ヴェネツィア派の総帥ともいうべきティツィアーノは、すでに一六世紀初頭にあって、都市近郊田園における雨や霧、あるいは陽光と雲、そして雷光や稲妻の美的効果に敏感に反応した。

そうしたルネサンス伝統は、オランダ画派にあって積極的に吸収され、多様な表現様式をうみだすことになったであろうか。たとえば、雨や雪、霧や霞といった天然現象は、絵画の主題や副題として、十全の描写をうけとったであろうか。

実際には、気象という自然についての感受性は、いまだ成熟していなかったといえるようである。オランダ画派は、風景画というジャンルを開発したといえるかもしれぬが、そうした気象現象の微妙な表現法はいまだ開発されていない。たとえば、降雨がうみだす風景の遷移や、霧や靄にかすむ森林や田園といった描写は、望むことがむずかしい。そのような発想は、じつはバロックやロココ時代にあっても、明白には試みられない。ほとんど、一九世紀の印象派時代における提起をまたなければならなかったようである。オランダ画派の自然描写は、基本的には晴天にして明澄な大気を背景として実施される。

ただし、そうした気象現象のうち、虹の場合には例外的に画家の関心をひいたようである。天然現象として理論的な説明がいまだしであったことも、その理由であろう。虹の生起は、光線の物理現象として科学者の関心をひきはじめ、ようやくにして一七世紀のなかばに、デカルトが冷徹な分析をおこなって光の物理学を確立することになった。

画家たちは、虹の衝撃力を自然風景の一部として、巧みにえがこうと努めた。ルネサンス以降、とくに七色に輝く虹をとりこもうとした例をあげることができる。ラファエロやティツィアーノの場合である。さらには、広大な自然のなかで虹が大きく天空を染めるさまの再現に成功したのは、たとえばルーベンスである。喜ばしく明るい色彩で風景を再現したルーベンスだけに、虹を目撃した体験は、何枚かの作品に凝縮されている。虹によって、太陽光に洗われる山河や原野・森林が、輝きをましている。後世の画家たちは、色彩の魔術師ルーベンスに、大いに魅惑されたようにみえる。

さてそのルーベンスの虹よりも、わずかに遅れて、一六六〇年頃（ことによると一六七〇年頃）に、記念すべき虹イメージが制作される。ヤコブ・ファン・ライスダールの〈ユダヤ人墓地〉（口絵2）である。作品は、アムステルダムの南部、アムステル川沿いの地ウーデルケルクに設けられたユダヤ人墓地ベト・ハイムの光景図である。のちに見るとおり（第4章4節c）、アムステルダムとその周辺に定着したポルトガル系ユダヤ人のための共同墓地である。一六一六年に創始された埋葬者の筆頭となったのは、医師ユリアフ・モンタルト。一六一六年に没するとともに、ここで棺に埋葬された。イサーク・ウジエルが続き、ついでイスラエル・エブラハム・メンデスがという具合に、細部が知られている。というのもこの三人の棺は、疑いなくこの作品の中央部分に、並列して据えられているからである。その創始からほぼ半世紀たち、ユダヤ人墓地には見られるとおりにいくつもの石棺が設置された。うっそうとした森をひかえて、いまや共同墓地としての特異さを表現している。

墓地の背後に立つのは、廃墟となった教会であるが、じつはこれは実在していなかった。おそらくは、はるか数十キロも遠方にあるロマネスクのキリスト教会を図像上で借用したらしい。ユダヤ人墓地とキリスト教会の廃墟、そしてそれらをとりまく森と丘の斜面。これらが虹を取りまく情景である。上空に不気味に張りだす雲間から、円弧をえがいて虹が大きくかかっている。森と虹に向きあう情景は、いかにも壮大な自然への向きあいという構図を実現する。そこには人間の姿はまったく登場しないが、それにもかかわらず構成物がみな雄弁な言葉を語っている。虹は、ここでは自然現象として、墓や教会にかかわる死と存在に明白な希望や生命の神秘をかたる役割を振りあてられる。もし虹が図の左端に描かれなかったならば、この一・四×一・八メートルという大画面は、さぞかし陰鬱の渕に沈んでいたであろう。しかし、画面右手から射しこむ光が石棺と廃墟、森の斜面を照らしだし、そして虹によって天空にも生気をもたらして、全体に風景としての活気と物語を保障する。一七世紀オランダにおいて、これほど壮大で彫りの深い自然図を提供した画面はなかったのではあるまいか。ここでは天然現象としての虹は、絵画にとっての精気の鍵となっているとしてもよい。ヤコブ・ファン・ライスダール作品の極致とよぶことができる。

つぎに注目するのは、自然景観のなかで表現される時間、もしくは時刻である。いくつかの論点がありうるが、まず季節の表現をとりあげよう。ヨーロッパの絵画表現において、季節の主題ははやくから多様な形で採用されてきた。ことに、月暦図と総称される図柄は、ほとんど普遍的ともいえるほど、広範にとりあげられている。一二カ月に相当する区分図柄では、一月から一二月まで、それぞれにあたる自然景観や自然内における労働の図が造作された。こうした月暦図は、おもには祈祷書や時祷書にそえられた細密画として収容されてきた。のちに、この季節モチーフは単独の絵図としても採用された。つまり、秋の風景とか、冬のそれといった独自の意図をもった図柄である。一七世紀のオランダ絵画にあっては、中世の伝統をうけて、四季それぞれの特徴をよく表現できるようなテーマが利用された。なかでも、春の植物の解放感や秋の収穫労働といった典型例は、もっともポピュラーなものだった。

オランダの場合には、その土地の特徴として冬の描写がことにとりあげられる。それはヨーロッパ絵画にあってもきわめて特徴的というべきであろう。冬を表象するいくつかのモチーフが、符牒のように繰返しあらわれる。まずは、雪景色。他地域に事例がないわけではないにしても、オランダの冬景色としてきわめて印象的である。積雪は農家の集落をつつみこみ、しばしば膝や腰の深さにもおよぶ。そのなかで、人びとは労務にいそしみ、または野外行動に楽しみをみいだす。

さらには、ポルダーの水辺は厳冬には凍結している。フランドルからオランダにかけて、ことにこの冬モチーフがふんだんに絵画に登場することは、周知のとおり。ブリューゲル父子や、オランダのヤン・ファン・ホイエンなどが、このモチーフをくりかえし使用して、この趣を普遍性にまで高めていった。冬がいかに、北方のヨーロッパ人にとって愉楽の季節でもあるかを、雄弁にかたっている。雪や氷は自然物としては、ありふれているにしても、人間生活にとって、特別の意味をもっていることが強調される。

オランダ絵画における代表例として、ヘンドリック・アーフェルカンプの作品をとりあげてみよう（〈スケーターのいる冬景色〉、図1）。同趣旨の多くの作品にあって、いずれもポルダーは厳冬に氷雪におおわれているが、これをめざして近傍の集落からは住民たちが、レクレーションのためにやってくる。簡易な仕組みのスケートをはいて、おもに男たちが氷上を滑走する。転倒するものなど、いささかユーモラスな光景を呈している。適切な条件がそろってこそ、こうした情景が可能になるはず。コミュニティの共同遊戯として楽しまれていたことが一目瞭然である。

時間・時刻について特徴的な表現は、また一日のうちの時刻にもあてられる。ことに、早朝や夕刻・夜間などが、図像的には重要である。ただし、オランダ一七世紀についていえば、いまだ日没や日の出を意図的にえらんだケースは、まれである。この微妙な時刻における光線の幽玄な作用にまで描写意欲がおよぶことは、まれであったといえよう。それは、あえていえば一九世紀の印象派周辺までまつ必要があった。

しかし、きわめて特徴的なケースが存在したことは、ここで強調されてよい。エールト・ファン・デル・ネールの一連の作品である。夜の帳の来訪のもとで、川辺や集落がしずかに佇む。ほぼつねに月は中空にあって満月であり、中景の水面に影をおとし、うっすらと地表面を浮きだしている。夜にむけて変化してゆく微妙な時刻を、一瞬のうちに凝結させた図柄として、この時代に異色であるばかりか、およそヨーロッパ絵画にあっても、特異な位置をしめるということができよう。

ファン・デル・ネール〈月光の川風景〉（図2）を参照しよう。絵画としての効果のために、つねに月は満ちており、このため東方の中空にとどまり、時刻は宵の口にあたる。オランダの低温のポル

図1●アーフェルカンプ 〈スケーターのいる冬景色〉
図2●ファン・デル・ネール 〈月光の川風景〉

ダーにあって、月影は水面に反射しており、夕刻遅くの人間生活の影とあいまって、特有の詩情をあらわにしている。これと同様の手法は、画家ヤン・ファン・ホイエンによっても採用されるところからみても、同時代に受けいれられる条件が広がっていたのであろう。

これとならんで、ユニークな例を取りあげておこう。暗夜における星空の輝きを主題としてふくむ作品である。ヤン・ファン・デ・フェルデの事例をみよう（〈四要素・火〉、図3）。ほぼ全面が夜の闇におおわれており、かろうじて人影のみが、いわくありげな軍事行動をとっている。これを覆うように漆黒の空が広がり、その中空には無数の星が輝いている。銅版エングレーヴィングということもあって、その星は小粒となり、暗空に光の小穴をあけている。いかなる星座を構成しているかは定かではないが、虚無ではない中空にあって人間にメッセージを送っているかのようである。このような事例は、一七世紀にあってはまれではない。絵画表現のあらたな様式がみてとれるかもしれない。

こうして、自然景観はさまざまな方式で、一七世紀の図像表現を広範に拡大し、豊かにしていった。たんに自然を主題にしただけではなく、その自然をめぐる多様な脈絡をとらえて、その深遠さと多様さをうつしだした。これは、自然そのもののなかに、特別な物語と意味を発見しようとする営みである。いうまでもなく、自然景観画は、自然を忠実に模写することをもってすむわけではない。自然のなかに、画像を制作する画家のイメージを投影し、造作する作業のことである。一七世紀オランダ画家たちは、このジャンルを特有の芸術表現の手法として開発したといわねばならない。

図3●ファン・デ・フェルデ 〈四要素・火〉
図4●ダヴェツ・デ・ヘーム 〈花卉と果実の花網〉

3 静物と家畜

ヨーロッパ絵画史における静物画の成立は、人間と自然の関係史のなかで、ひとつの画期といってよかろう。一七世紀までのネーデルランド・オランダにあって、このジャンルが登場し、一定の確立をみたのは、はたしてどのような脈絡においてであろうか。また、それがはるかのちの現代にまで継承されたのは、どのような事情があってのことなのか、ここまで自然景観の図像化のプロセスを観察してきたが、さらに踏みこんで、自然の事物が人間領界にすべりこみ、特有の領域を構成するにいたった、その経緯について観察してみることにしたい。静物画成立の追尾は、そのためのひとつの手掛かりである。

静物とはヨーロッパ語、たとえば英語では still life とよばれる。「静かな生命」というわけであり、生命あるものがその命脈を終え、しかしほんのわずかな時間が経過したばかりで、旧状をほとんどそのまま残していること。あるいは、植物についていえば、刈りとられた直後であって、あらましは花瓶などに水を補給された状態で活けられていること。こうした生から死への過渡段階にある動植物を静物と総称した。ただし、その過渡とはあくまでも人間領界のなかに、鑑賞もしくは観察のために陳列されているかぎりであって、たんなる仮死状態をさすわけではない。したがって、鑑賞や観察つまり造形を目的として存置され、絵画などの図像・立像作成のために供されていることが、必須である。このような特殊な状態が、さして異常でなく日常的に人間生活に隣接して存在することが要請されよう。そうした条件が許されることこそ、一六・七世紀ヨーロッパ、もしくはよりせまくネーデルランド・オランダの特異な状況であった。

そうした美術表現の対象となるのは、たとえばつぎの二つの場合である。開花した植物の活けられた状態や、調理を前提として準備された小動物や魚介類。これらのいずれか、もしくは両者をあわせたもの、あるいはさらに小道具、調理具や小家具などが添えられた状態。いちおう、以上のようなとりあわせを静物とみなしておこう。一六・七世紀のネーデルランド・オランダ画派は、この両者をモチーフとして静物画を制作し、これを様式として確立した。

まず第一の花卉類である。その起点は、一六世紀末の南ネーデルランドにある。ただちにヤン・ブリューゲルの名が想起されよう。ピーテル・ブリューゲル（大）の次男にあたるヤンは、静物画成立の前史とその出現の境界線上にあると説明されている。それ以前は、植物画は個別の素材として登場し、独立してというよりは、より大きな構図のなかの点景として、もしくは寓意的な表現の一部として登場していた。ヤンはその植物画を、ひと思いに分離・独立させせて、単一の構図のなかに組みたてようとしていた。

そこでは、さして大きくない画面に、多種類の花卉が盛りこまれることがしばしばである。ときには、同一の季節には開花しない種類が同居するなど、現実の写生というよりは、もっぱら装飾目的で並置されているといえよう。

ネーデルランドの花卉図は、一七世紀にはオランダにうけつがれる。そこではなかんずく、チューリップの多様な品種が中心をなし、一面に花盛りのさまを呈する。いわゆるチューリップ・バブルの証言として、このうえなく雄弁である。たとえば、ヤン・タヴェツ・デ・ヘームの〈花卉と果実の花綱〉(図4)をとりあげよう。チューリップは斑入りの大輪、また朝顔の藍色は植物学上の限界に近いほどの深みをおびている。ブドウはみごとな粒揃いだが、チューリップと同時期に熟すとは考えられない。室内と思われる空間にアゲハチョウほか合計で九匹の昆虫がやってきて花弁にとまる。これら華麗な色彩の花弁が、ほぼ漆黒の背景から浮きあがる。当時の観賞者にとって、ほとんど仮想の天国とでもいえる画面がここに出現する。大ブームをきたしたチューリップ栽培をもあわせ、現実の日常空間には存在しえないようなユートピアが、静物画の名をとって誕生すると考えておきたい。

花卉図は、植物を主体とする静物画の典型であるが、じつはほかにもさまざまなヴァリエーションがある。ブドウ果実のほかにカボチャやプラム、イチジク、レモン、リンゴ、モモなどであり、これらは画家ごとに趣向をかえてさまざまな組み合わせと位置をもって、画面に登場する。これらは食用を前提としているところからして、むしろつぎに見る動物主題の拡大・合併版とみることもできる。いずれにしても、花卉を中心としてなかば生命をたもって生活する状態、もしくは馴致状態で図像化される。屋外で生活する状態ではなく、馴致状態におくことで、静物（still life）は、画家と観賞者をとりもつ位置をしめる。そうした独特の関係のなかに構築することが、静物画の本来の意図であった。いまひとつのジャンルである動物主題では、事態はさらに明白である。基本となるのは、まずなによりも小動物、たとえば野ウサギ、キツネなど、さらにはアトリ、ツグミ、シギなど野生の鳥類である。これらは当時にあっては、オランダでふつうに棲息しており、狩猟の対象となっていた。捕獲、もしくは息絶えた直後の姿で陳示されており、狩猟の目的からして間もなく食用に供されるところである。静物とは、こうした状態をさしていう。

その素材がどのような方法で入手されるかにかかわらず、自然界に生息する動物は生態に近い状態で、とくに差異もなくここに収容される。オランダの静物画にあってきわめて特徴的なことに、野獣・野鳥をおもな主題とする場合には、しばしば魚介類もくわわっている。魚介とは、まずは魚類つまりサケ、カレイ、タラなど、それに貝類としては、まずはカキ、巻き貝。それにエビ、カニなど甲殻類をふくむ。いうまでもなく、これらは画家によって、自然観察の結果として画面に登場させられるわけではない。ほとんどの場合には、実際の食卓にあらわれる状態でえがかれる。

こうした主題のありかたは、スペイン絵画にあっては厨房画（ボデゴン）とよばれる。そこでは、野獣や野鳥はもとより、厨房にあって準備される食材や調理具がほとんど無差別に登場する。なぜスペイン絵画において、このようなジャンルが一七世紀になって、急速に普及したかは謎であるが、ともあれベラスケスやスルバランをはじめとする代表的な画家が、いっせいにこれに手を染めた。バロック絵画の極北を体現したスペインであるが、ボデゴン主題は肖像画やキリスト教宗教画とならんで、重要なしかるべき地位をしめている。ただし、その主題になにか特別な図像学的な記号性、たとえば人間不在の物品の虚しさといった意味づけが一般的にみられるかどうかは、詮議の必要があろう。このことは、オランダ、スペインを問わず共通の事情である。

ところで、静物全般としてではなく、個別のケースに即してみたとき、選ばれる主題については、それぞれが含意をともなっていることは否定できない。花卉や禽獣のうちでもたとえばもっとも頻繁に登場するのは、牡蠣が殻をひらいた状態である。これをあつかう男、もしくは女がともなうとき、牡蠣は媚薬効果があるものと解釈される。催淫作用は、オランダ絵画の日常風景にあって珍しくなく、警告もしくは諧謔として使用された模様である。

こうして花卉であれ動植物であれ、静物は絵画にとっては不可欠の主題となっていった。どれもが自然物であり、人間生活のごく卑近な空間におかれて、特別な物語を構成した。けっして、たんに審美的な主題として室内空間を装飾するだけではなく、人事に密着し吸引された自然として位置をしめる。静物それ自体は、購入や装置にかなりの費用を手間と必要とするだろうが、絵画となればはるかに容易に室内装飾としての役割を達成することになる。一七世紀オランダ人の卓抜な感性があってこそ、こうした主題が成立したのである。

つぎに、おなじような脈絡から、絵画面における家畜の登場について、触れておきたい。たしかに、一七世紀にはしきりに家畜が素材として、画面に登場する。牛や馬は、雌雄を問わずさまざまに登場する。そこでは、乳牛たちが牧場でのんびりと草をはみ、天空もひろいオランダの農牧村の豊かさが、いやがうえにも強調されている。馬も乗用に供されるほか、放牧場でたたずむ情景もまた、オランダ絵画にとって常用のものである。

さてこれらとならんで、オランダ絵画においても特徴的なのは、きわめて頻繁に出現する犬の存在である。狩猟行、街頭広場、公共の建築内、あるいはさらに愛玩用に室内においても、犬はさまざまな様態で登場してくる。いうまでもなく、犬はすでに中世にあっては、狩猟現場における同伴者としては重要であるが、そのほかの場合は、けっして頻繁で必須とはいいがたい。かろうじて事由があるとすれば、貴紳たちの宴席において、食べ残しの食品、たとえば骨つきの肉片を整理・処分するための、いわば掃除役として登場することはあった。しかしペットとして、あるいはたんに空間における点景としての犬の登場は、まれであった。

しかし、一七世紀とともに、犬はしばしばオランダの絵画空間に出現してくる。教会内部や広場では、大小の犬があまり必然性をもたずに、そこにたたずんでいる。それは、どのように解釈できる現象なのであろうか。また、ことに室内における愛玩動物としての登場にも、意外なものを感じさせられる。現実の社会生活史において、とくに犬が増加したという証言がないからには、画家の特別な趣向がそこに介在しているものとみなしてよかろう。レンブラントの著名な作品〈夜警〉には、周知のとおり、出動する警護隊のただなかに、まるで迷いこんだように犬が一頭、徘徊している。けっして出動隊の一員としてではなく、一種の点景として。のちになって、近代の市民社会では、犬は都市風景の一環として受けいれられるが、その先駆的事例がオランダの一七世紀にすでに出現していることに注意をうながしておきたい。

4 恵みと災いのあいだ

オランダに限ったことではないが、人間にとって自然とは恵みをもたらす対象であるとともに、災いの源でもあった。一七世紀人にとってこの二つの側面は、二一世紀の現在におけるよりも、はるかに切実なものがあっただろう。自然についての理解や分析が進行することは、この切実さを解除するどころか、むしろかえって増幅するものですらあった。科学革命の世紀とすらよばれる一七世紀にあって、自然とは一方では冷徹な考察の標的として実在しはじめたとはいえ、他方では恵みと災いへの喜びと怖れが共存・競合する、複雑な対象であった。科学革命がひらいた扉の意味については、あらためて取りあつかうこととして、まずはその恵みと災いの両様の側面について、考えてみよう。

〈恵み〉a　田畑と作物

北海岸の低湿地を干拓しつつ、国土を増殖していったオランダにとって、大地は確実な人間活動の舞台である。しかも、居住民にとって確実な食料生産を保障する場でなければならない。とはいえ、低湿にして、しばしば冠水の危険をもはらむオランダの農地は、十分の功徳をほどこしていたとはいいがたい。たしかに、オランダ絵画にあっては、穀物生産の現場は、穏当な風景主題であったはずにもかかわらず、親しみをあらわす資材として扱われることがすくない。おなじネーデルランドでも南部の地帯、つまり現在のベルギー地域では、穀物生産の労働現場は格好のトポスとして登場しているにもかかわらず。たとえば、ピーテル・ブリューゲル（父）の著名な農民の情景図からは、労働の悦びとでもいえるような、人間活動の実質を読みとることも可能である。草苅や麦蒔きなどが典型的な活動態として描写される。ところがオランダ絵画には、そうした穀物生産が田園を表象するものとして呈示されることが、きわめて少ない。つまり、現実の食料生産に大きな場をしめるにしても、人びとがそのことをとりたてて意識化する機会がとぼしかったらしい。生産穀物がライ麦なのか大麦か、または燕麦かを識別させるような情報はそこには不在である。

穀物ばかりではなく、ヨーロッパに導入されたばかりのジャガイモやトウモロコシ、トマトなどが図像に未登場なのは当然としても、長らく人びとの滋養に供されてきた豆類、あるいは根菜類についても同様である。農業生産一般にたいする画家たちの冷淡な態度もしくは無関心は、一七世紀以降もなお継続されるであろう。

〈恵み〉b　園芸と果樹

これにたいして、オランダ絵画のおもな関心は、園芸種や果樹にむけられる。これは現実にてらして、いかにも当然のことであろう。まずは、蔬菜をふくむ園芸系農作物である。ただし、それらの多くは、田園に生育するかたちで図示されることはまれであり、むしろ多くの場合は収穫されたあとのマーケット現場で、商品として陳列される。その典型例として、ヤン・バプティスト・サイフェの〈野菜市場〉（図5）をとりあげてみよう。厳密にはオランダというよりは南ネーデルランドの系譜をひくサイフェであるが、その図面にはじつに多くの種類の園芸蔬菜がしめされる。いわゆる新大陸系の野菜はすくないが、在来の蔬菜については、二〇種におよぶヴァラエティがある。これらは、生育・生産現場ではなく、流通・販売現場におかれている。蔬菜だけではなく、リンゴ、プラムや堅果類もあわせ、マーケットには、多様な果樹類が出荷される。

食料生産としての農業とはべつに、オランダにあっては観賞用の花卉栽培が、一七世紀に急速に流行することになった。よく知られるとおり、その中心をしめるのは、チューリップである。園芸植物としてのチューリップは、一六世紀なかばに博物学者コンラート・ゲスナーが東方のオスマン帝国か

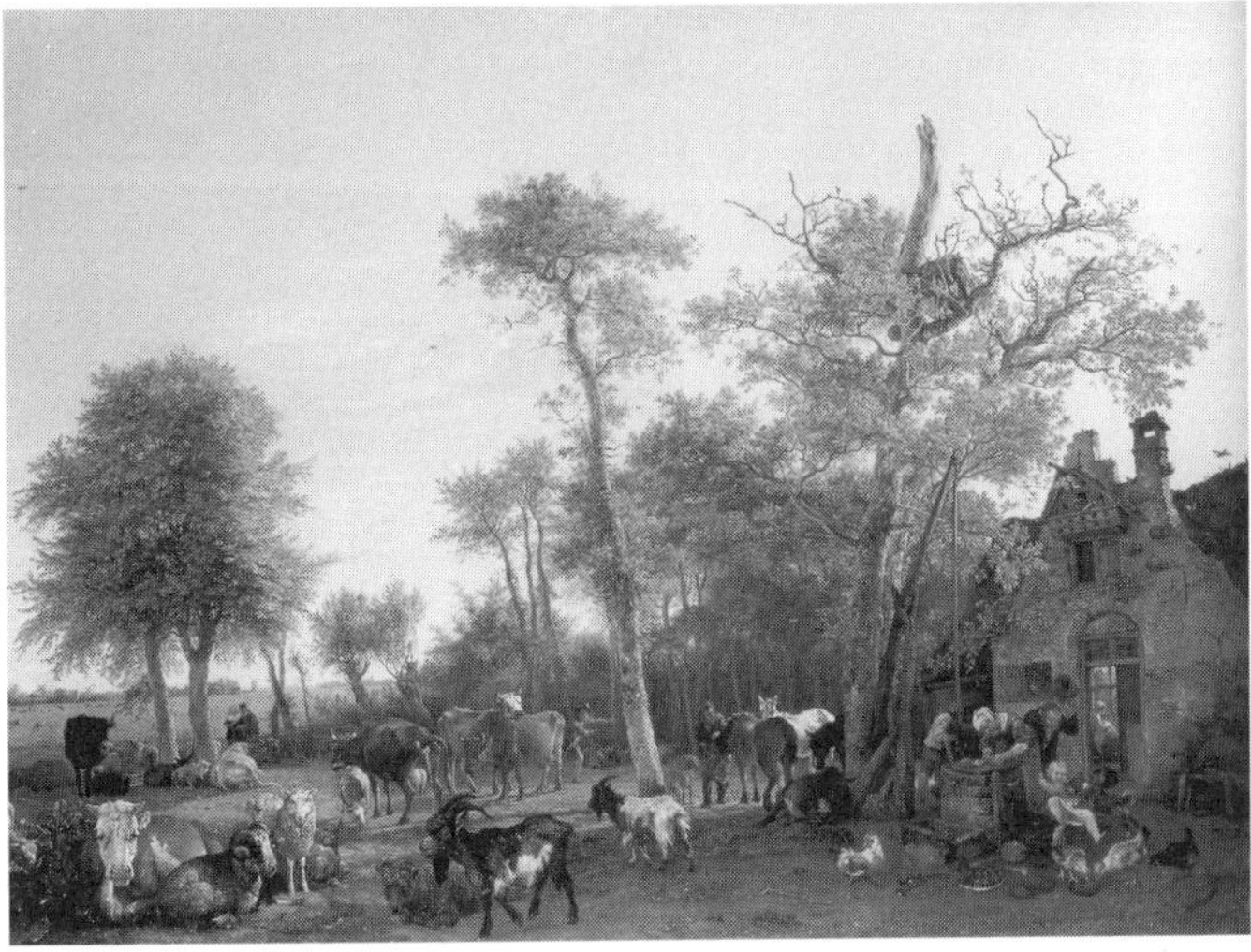

図5●サイフェ　〈野菜市場（7月と8月の寓意）〉
図6●ポッテル　〈牧庭〉

らドイツのアウクスブルクに移植してから知られることとなり、一五九三年にはフランス人カロルス・クルシウスがライデン大学で栽培を開始した。そのことから、オランダとの関連で声評をたかめることとなったという。チューリップは、一般には球根栽培であって、品種改良にはいくつもの困難がある。しかし園芸技術が向上し、実生にもとづいて突然変異の固定化がこころみられた。その結果、花弁の巨大化や変形、さらには多色化、あるいは絞り模様の固定化など、従来の品種から大幅な改良がみられた。ヨーロッパ世界にあって、このような栽培技術の展開はほとんど最初の事態であり、農業市場の活況も画期的な事件である。

園芸技術の展開の背景には、それを促すような消費文化の成長があった。食料生産をめざす農業技術の改良とはちがい、チューリップなどの園芸作物は、直接の食料増産には結びつかない。従来のような収量の増加というモチベーションによって仕掛けられたものではない。しかしながら、チューリップの品種改良は消費者の好奇心や衒示指向を刺激し、それによって市場価格の急速な高騰をまねいた。そうした趣味と市場メカニズムの存在と高揚が前提となっていた。

「チューリップ・バブル」経済と称しうるような現象が、一七世紀のアムステルダムに出現した。球根ひとつに、数百グルデンの値がつくという過激なバブル現象が、一六三〇年代に出来した。バブルであるからには、急激な熱狂状態とそれにつづく失墜がつきものである。その頂点は一六三四年から三七年にみられたものと考えられるが、熱狂の収束後もオランダからヨーロッパ諸国の宮廷に受けつがれた。フランス宮廷ではルイ一四世のもとで広汎な流行がみられ、つぎの世紀までも引きつがれた。また、ヨーロッパ宮廷を仲介としてオスマン帝国にも逆輸入され、ことにアフメト三世治世の一八世紀初頭には、宮廷文化の一環をしめて耽美主義の発現をうながすことになった。

一般にはチューリップ園芸は露地栽培によるものだが、これと並行して室内の鉢植え栽培、さらには切り花としての鑑賞がくわわった。露地栽培にあっても、狭隘な庭地に密植されるチューリップの姿がつたえられている。チューリップは園芸栽培そのものにくわえて、これを絵画化する図像文化をも刺激することになった。静物画としても、また園芸(ガーデニング)の景観化としても、チューリップは巨大なトポスを提供することになった。

なお、留保しておきたいが、園芸文化とその図像化は、かならずしもチューリップに限定されたわけではない。ユリ、ラナンキュラス、バラ、アイリス、ポピーなど観賞目的の園芸作物があいついで姿をあらわし、改良をうけて珍重された。

〈恵み〉c 牧畜

つぎの主題として、牧畜をとりあげよう。ポルダーの敷設によって可耕地となったオランダの国土であったが、実際にその面積の過半は農耕用ではなく、牧畜用に供された。穀物生産に適合した肥沃な土壌ではなく、いくらか塩分のつよい低湿の土地であり、牧畜生産により向いていたからである。

この現実は二一世紀の現在でもさして変化はない。

一七世紀オランダの牧畜業を一般的に展望することは、ここの課題ではない。しかも、オランダ経済をささえる生産活動の一環ではあるが、それを劇的に構造転換させるような位置をしめていたわけではなかった。しかし、その牧畜を景観としてとらえ、しばしば「牛の画家」として称揚され、さかんに飼育される牛を描いた画家の存在は、忘れるわけにはいかない。パウルス・ポッテルである。それまでのヨーロッパにあっても、家畜飼育を図像化した画家は無数にいた。たとえば、騎士たちは戦場にあって馬に騎乗していた。ルネサンス画家たちは、イエス誕生の現場に牛とその牧舎を描きこんだ。あるいは、犠牲の仔羊のモチーフとして、養牧される羊を描きこむことは、通常の手法であった。しかし、これらは主題をささえる点景としてのみ家畜素材を採用したのであって、飼育動物それ自体を景観の主体にえらびとったわけではない。これにたいしてポッテルは、その画業の当初から家畜を中心におき、しかも数頭、もしくは数十頭が養牧される姿をとらえた。

たとえば〈牧庭〉（図6）と題する一六四九年の作品をみよう。八〇×一一五センチほどの画幅であるが、牧場と指定される場に二〇頭ほどの家畜が飼育されている。馬が数頭、牛は七、八頭、羊と山羊もそれぞれ数頭。これに犬と数羽の鶏を加えると、牧庭は家畜であふれかえっている。これほどの種類が同時に、かつ一カ所で飼育されることの不自然さはともあれ、絵画としてはオランダ牧畜農家のあらまほしき光景があますところなく表現されているといってよかろう。夕刻をむかえて、放牧されている家畜も畜舎にもどり、家人たちは夕餉の支度に精出すという構図である。ふつうは戦闘用もしくは移動用の畜獣としてしきりに描かれてきた馬が、ポッテルにあっては、のんびりと牧場の草を食むという、ゆとりある画面にしたてられ、見る人びとに豊かな感懐をしむけた。「牛の画家」は、牛ばかりか多彩な家畜たちのゆったりとした牧畜風景をも得手としていたのである。

〈恵み〉d　漁撈

北海はブリテン諸島からネーデルランド、ドイツ北海岸にいたる広汎な海域にあたり、オランダ人にとっては親近感のある舞台であった。古来、この海はニシンを中心として、食用となる魚類が取得できる漁場であった。その恩恵をうけて、オランダ人の食卓には、多様な海産物がならんだものと思われる。オランダ派画家の作品のなかには、ヨーロッパにおいて異例なほどに、海産物の生々しい姿がならんでいる。

ニシンやサケ、マスといった魚類やイカやエビなどの甲殻類は、日常的にも愛好されたであろう。食卓図としての現物はともかくとして、魚類市場の図は北海の恵みの広さを十分に推定させる。しかし興味深いことに、これらの魚類の獲得つまり漁撈図は、オランダ絵画にほとんど現れない。北海における漁撈は、その天候条件の不安定もあって、容易なものではなかったはずである。また、それだけに利益も多くをもたらしたであろうが、その現場図は関心をひきにくかったというべきか。ただし例外として、鯨の生態や漁撈（狩猟）をあげることができるが、これについては別途、取りあつかうこととしたい。

〈災い〉a　嵐と難破

オランダ人にとって、海洋は経済的な恩恵の源であったとしても、他方では抑制のきかない嵐の場でもあった。北海はつねに荒波の舞台であり、その跳梁は季節をえらばなかった。ことに晩秋から厳冬にかけて、北海には大型の低気圧が来襲し、猛烈な嵐をひきおこした。それにともなって、海洋活動の場をもとめるオランダ人は、頻繁な遭難と犠牲にみまわれたことであろう。そのことを十二分に承知したうえで、なお北海へ漕ぎだし帆を張る民族の誇りが、国の盛大さを支えたことは十分に察知されうる。一七世紀オランダ絵画にとって、海洋活動は誇りある主題であった。おそらく画家はみずから乗船して、荒れる海をものともせずに航海する船舶を目撃し、豪壮な海上活動図に結実させたであろう。名高い作品のリストが作成できる。たとえば、ルドルフ・バカイセンの〈荒れる海での難航〉（図7）をみよう。海は猛烈に荒れており、波高は数メートルにおよぶ。五指にあまる帆船はオランダ国旗をかかげて帆を張っているが、この自然の暴風のまえでは、なすすべもなく波にもてあそばれるかのようだ。右手にはこれに抗いかねて転覆しそうな一隻がみえるほか、左手にも流失した積荷の一部が姿をみせている。むろん実際の海難状況として観察した場合、絵画としてあまりの船舶の稠密さや、強風下になお帆を張りつづけることの不自然さを指摘することはできる。艱難の強調はともかくとしても、現実の再現とはいいがたいところがある。

しかし、観賞者はそのことは承知のうえで、海洋民としてのオランダ人の勇気と海洋業務の困難さを覚知した。海洋の嵐と波の強大さが、強い印象を刻みこんだであろう。嵐は北海にかぎったことではないが、これをこえて航行する大小帆船の勇猛さや、海と空の美しいまでの残酷さは、絵画作品に迫力をあたえている。嵐はここでは、その前で撤退すべき壁であるよりは、克服すべき障害だと宣言しているかのようである。

〈災い〉b　洪水と高潮

荒天は海上活動への脅威であるばかりか、ほとんど同じレベルにおいて、陸上の居住者への攻撃でもあった。自然現象が直接に人間生活を荒廃させる度合が比較的すくないヨーロッパにあっても、オランダなどの低地地方での高潮や溢水による水害は、規模と頻度においてきわだっていた。

カタストロフとしての高潮や洪水は、一般には油絵作品の主題とはなりにくい。というのも、その作品は注文もしくは購買をとおして、室内の重要な場に展示されるべきものであったが、家具としての華やかさを考えれば、あえて恐怖や難儀を主題に選択することは考えにくい。ところがこれにたいして版画作品、ことに銅版画は相対的にみれば一枚ごとは安価であり、また制作に要する時間の短さ

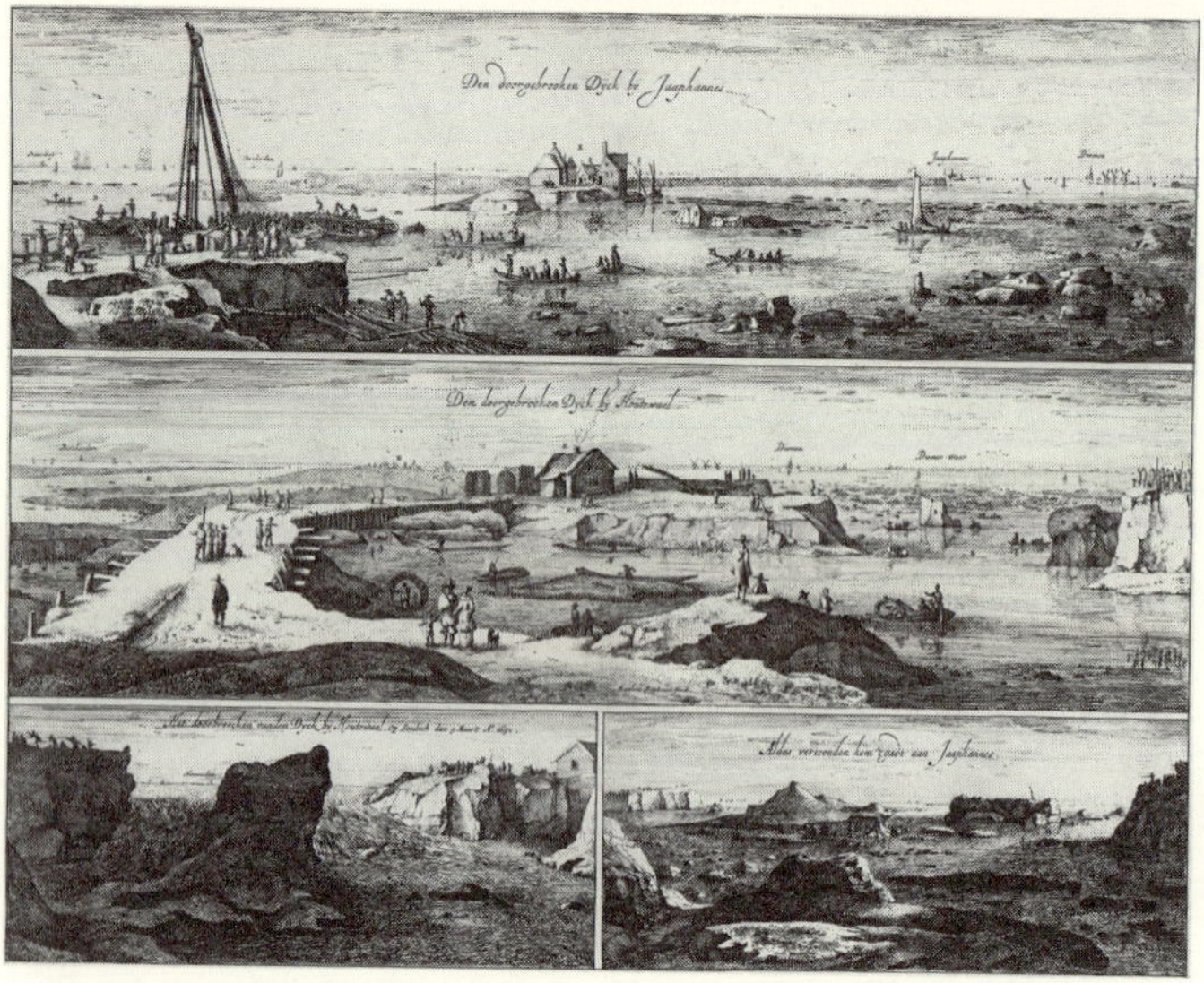

図7●バカイセン　〈荒れる海での難航〉
図8●ログマン　〈聖アントニン堤防の決壊〉銅版

からみて、主題の選択には広い自由度があった。偉大さや広大さを表現することもあれば、逆に劇的な悲惨もジャーナリスティックな観点から訴求された。実際、銅版画は写真の登場以前にあっては、事実報道のための手段としても大いに寄与したのであった。

いくつかの事例をあげることにしたい。〈聖アントニン堤防の決壊〉(図8)という銅版画作品は、一六五一年にレラント・ログマンによって制作された。初春の北西風におされた高波が、北海沿いの堤を襲う。波は堤防を破壊し、内陸に流れこんだ。かなりの施設がこれによって流失した。作品は、その高波の襲来後のいくつかの情景を描き、被害の甚大さをいやがうえにも強調している。漕ぎ船でにぎわう湾内と、呆然と海を見る人びとが立ちつくす堤防との対比を読みとることができる。

あるいは、もう1枚同名のピーテル・ノルペ〈聖アントニン堤防の決壊〉(図9)という作品も、その嵐の被害をえがいている。北海岸では、高潮の襲来によって海岸の堤防が決壊して、北海の海水が内陸側に流れこんだ。中央部分にみえるとおり、海水面は内陸地よりも高く、海水は猛烈な勢いで流入してくる。このカタストロフに直面して、残存した堤防のうえで住民たちが措置につとめているが、ただ狼狽するのみである。右手にみるとおり、転落しかかった船を岸に引きあげるのがようやく、といったところ。いずれにせよ、高潮や洪水は、オランダ人にとっては、日常的に直面する自然脅威であり、いったん生起した場合の悲劇は、想像を絶するものであった。銅版画というかたちで報道されたその情景は、恐るべき自然現象として、オランダ人の記憶のなかに共有された。

図9●ノルペ〈聖アントニン堤防の決壊〉銅版
図10●サフェライ　〈火災の直前と最中のデ・ライプ〉

〈災い〉c 火災

火災は、それ自体は自然災害とはいえない。人為的な落ち度からくる厄災である。けれどもその直接の原因から、拡大の経緯までにかんがみると、人びとにとってはほとんど自然災害という色彩をもっている。落雷に起因したとか、強風にあおられたといった、よくある事情も、それを裏づけるであろう。

実際、都市全体をまきこむような大火は、多くの場合は強風によってしむけられたものであった。ほぼすべてが木造であった当時の都市家屋構造は、大火のまえではひとたまりもなかった。かりに石造部分があったにせよ、室内の可燃部は大火によって完全に消失することになった。

一七世紀は、ヨーロッパ史上でもきわめて顕著な大火でいろどられている。一六六六年、ロンドンのシティから発した火災は、三日三晩にわたって燃えさかり、ロンドン市街のほぼ全域を焼きつくした。都市ロンドンの成長にとって、決定的な出発ポイントとなったロンドン大火は、一七世紀の災害事件史のピークであった。

都市アムステルダムも、しばしば大火にみまわれ、物的・人的被害は厖大であった。もっともよく知られるのは、一六三五年の大火である。この火災は、同市の市庁舎近くで発生し、おりからの強風にあおられて市庁舎全体を燃しつくした。さらには周辺の都心部におよび、都市機能を破壊したのである。この火災は、アムステルダムの同時代人に深刻なインパクトをあたえた。多数の現場報告が、油絵および銅版画として作成されている。どれもが、現実の猛威と犠牲の規模をうわまわって悲惨を表現しているほどである。消火法がほとんど不在だった時代の火災について、画家は無上の証人となったのであった。

多数の油絵作品が残されているが、こうした事件性のつよい情景がとりあげられること自体が例外的であり、いかに市庁舎の炎上が衝撃的であったかを物語っている。ここでは、アムステルダムの油絵作品はともかくとして、それ以外の都市での火災について、証言図をとりあげておこう。一六五四年一月にデ・ライプで発生した火災について、画家サロモン・サフェライがのこした銅版画であるという。ここでも画家は、火災発生前と延焼との二つの場面を並列して、火災の脅威を表現した。火災の炎と煙は上空にまきあがり、かつて平穏な繁栄を享受していた都市をなめつくす。住民たちは域外に避難し、家財道具をかたわらに置いて、遠方から惨状を眺望している。右手には雄牛とおもわれる巨獣が二頭、無表情に立ちつくすのが不気味である。

このような情景は、広義では自然の災いとして記憶にとどめられ、都市の歴史のなかに、重要な証言として受けつがれていった。制作された図像は、無数の口頭・所記の伝承にもまして、国内外の人びとの記憶に刻印をあたえたのである。

5 動物たちの驚異

a 博物学の領界

自然界に存在する動植物についての観察は、中世からルネサンスにかけて着実に進展し、情報量は増大していった。そのことは、自然をどのように観念するかという思想信念上の事項とは、ほぼ無関係であった。ことに植物については、それが薬用植物の精査に関わるところから、情報蓄積は確実なものとなっていった。多数の写本が中世以来作成されたばかりか、一五世紀末には、古代ローマ時代の博物学書ディオスコリデスの『薬物誌』が、一四六〇年に活版印刷によって再刊された。プリニウスの『博物誌』もおなじく、初期印刷本（インキュナブラ）として刊行された。博物学書は、ルネサンス時代のヨーロッパで、いっせいに刊行と講読がおこなわれた。いかにこれら博物誌書にたいする需要が大きかったかを示している。ことに、薬用植物は現実上の効用もあって、古典の再刊にくわえ、あらたな著作物の出現もきわだった。

レオンハルト・フックスによって植物学上の新著『植物誌』が編纂され、他方でコンラート・ゲスナーの『動物誌』とピエール・プロンの『鳥類誌』が、一六世紀にあいついで刊行された。これらは、古典からの引用と参照を基本としつつも、新知見をも加えて、博物学を確実に時代の所産として定着させていった。このような動植物の博物学は、とくに択ぶことなくヨーロッパ各国で広汎に展開した。おりしも活版印刷術と銅版画技法の展開もあって、その知見の共有はきわめていちじるしかった。著作は、ほぼ例外なく共通語であるラテン語でおこなわれ、またきわだった挿画印刷をともない、時代を表す特徴を体現した。いうまでもなく、博物誌には図版が必須であり、有用な情報をふんだんに提供した。多くの場合は、実像の観察と取材にもとづいており、対象は全体図ばかりか、必要に応じて部分図も添えられ、理解を容易にした。なかでも植物については、根・葉・茎・花・果実といった部位ごとに整理され、種の特定に必要な情報を提供する。

一七世紀にいたる博物学の成果は、大別して二つの方向であらわれる。ひとつは、動植物についての情報量の増大を背景として、それの分類法が提起されたことである。中世以来の分類法は、まずはその実用性に関する基準にもとづいていた。服用とか塗布用とかいった区分である。しかし、やがては動植物固有の構造・機能に即した区分法が提起された。すでにゲスナーにあっては、種の相互の類似性への着目から、分類の必要性が強調されていた。分類基準に関する考察は、一七・八世紀をとおして成熟にむかい、一八世紀のスウェーデン人カール・フォン・リンネによって最終的な裁可がおこなわれる。分類学が科学としての生物学の王道として認知される道程がここにある。じつはこれらの博物学上の成果は、オランダにおいて、もしくはそれとの深い関連で公表・刊行された。

第二には、おりしも一六世紀から一七世紀にかけた大航海時代に、ヨーロッパにも厖大な数の非ヨーロッパ産動植物がもたらされたことである。その多くは、もっぱら実用上の目的に沿っており、新大陸穀物の導入やコーヒー、タバコ、カカオなどの有用作物に関心があつまった。しかし、そればかりではなく、形態上も新奇な性格をもつ動植物の「発見」が、ヨーロッパ人の関心をいちじるしく引きつけた。中南米やアジア諸国で目撃した動植物は、当然のことながら、ヨーロッパ人を驚愕させた。元来、生物相については相対的に貧困なヨーロッパ大陸であり、他方でことに熱帯、亜熱帯地方では、種の多様性は驚くべきものであった。大航海の先頭を切ったスペイン、ポルトガル人はもとより、イギリス、フランス、オランダの航海者たちからの情報提供と標本展観が興奮をよんだ。のちに詳しくみるが、ドイツ人で南米スリナムのオランダ植民地で標本収集にあたったメーリアンのケースからも理解されるが、新種の動植物の標本と記載とは、学術上もきわめて斬新なものである。こうして、新来の生物やその標本は自然についての知見や関心を大いに刺激した。

このような一七世紀における博物学の進展は、しかしネーデルランド・オランダの図像制作に直接、ゆたかな成果をもたらしたわけではない。西インドの植民地領内において蓄積された図像情報をべつにすれば、いまだ本格的な博物学への貢献にはいたらなかったではあろう。

けれども、学術上の水準達成とはいえぬまでも、ヨーロッパ内外における広義の博物学的事実については、しかるべき情報蓄積もこころみられ、図像として流通した。それは南ネーデルランドからオランダにかけて活動の場をもった画家たちのあいだに見いだすことが可能である。たとえばヤン・ファン・ケッセルとその子フェルディナンド・ファン・ケッセルは南のアントウェルペンから北のオランダに移住した画家であるが、親子とも類似したパネル状の動物画連作を残した。父ヤンの〈四大陸連作〉（図11）や子のフェルディナンドによる〈ヨーロッパの寓意〉はいずれも、諸大陸に棲息すると推定される動物群を配置した大パネルである。子細にみると、同一の場に棲息しない禽獣が隣接していたりして、疑念を呈することはできる。しかし、顧客にあってはそれぞれの土地と動物のゆるやかな結びつきが、想像力を大いに刺激したのであって、俗流の博物誌の有用さを証明したともいえる。これら中小の画家たちの名は、まだまだ数えあげることができる。

なお、一点だけさらに掲げておきたい。ポーランド生まれのヨハン・ヨンストン（一六〇三～七五年）は、ライデン大学において修学したのち、動物学に勤しんだ。ラテン語による『禽獣魚介蟲図譜』は、博物学的にも精確度のたかい作品として評価される。同書は、国際的な評価も受け、一六六〇年にはオランダ語訳も刊行される。同書は、しばらくのちにオランダ東インド会社に船載されてインドネシアのバタフィアへ届けられ、ついでまた日本列島の長崎・出島にまで搬入されたのち、将軍徳川吉宗に献上された。やがてオランダ語通詞によって和訳され、一七一八（享保三）年に刊行された。それは、図版を中心とする書籍であったため、オランダ博物学の粋までを紹介するまでにはいたらなかったものの、じつに『解体新書』に先行していちはやく日本人にヨーロッパ情報を直接、伝達

図11●ヤン・ファン・ケッセル〈四大陸連作〉から〈アフリカ〉

するものとなった。こうして、オランダにおける博物誌伝統は、ヨーロッパ各地で進行する一七世紀人の関心を共有しつつ、知的世界の拡大に貢献したのである。

b　仮託された人間——猿

動物についての博物学的関心がたかまるなか、その形態学的特徴にあわせ、生態学的特徴が注目される事例がいくつかある。それらのうち猿類については、きわめて特異である。いうまでもなくその形態や行動の特質がきわめて人間に近似しているからである。

猿は、ヨーロッパには野生しない。ごくわずかに、イベリア半島南端のジブラルタルに稀少な野生の猿がいるが、一八世紀以降に導入されたものらしい。猿の実物、もしくは情報が提供されるのは、一五世紀にアジアから導入されてからである。ところが、現物が動物飼育施設や宮廷にもたらされるとともに、その珍奇さへの興味関心が拡がった。すでに画像としても流通しており、宮廷や邸宅において、ペットとして愛玩されるようになったようである。しかし、猿がテクストや図像として話題を提供するのは、その形態上の特徴というよりは、行動様式がきわめて人間のそれに類似しているからである。個別の個体はもとより、集団としての群行動も、人間のそれに仮託することが十分に可能であった。そうした図像化の事例は、枚挙のいとまがないが、ここでは一六世紀ネーデルランドのいくつかを取りあげてみよう。

まずは、アブラハム・テニールスの一連の猿カリカチュア画のうちの一例である〈猿の床屋、猫の客〉（図12）では、中央で床屋のイスに腰かけた客としての猫を、二匹の猿がハサミをもって調髪サービスする。右手の猿はメガネをかけ、腰には予備のハサミを吊って、プロまがいの職人の姿をとる。客である猫は、手鏡をもって調髪具合を点検する。白いケープを首と肩からすっぽりとかぶり、サービスに満足した様子である。右手前では炭火がおこしてあり、ハサミを熱して客のヒゲにカーブをかけるパーマネントまで準備する。すべてにわたって準備万端の床屋風景といえようか。左手奥には順番を待つ、次の猫客がひかえる。猫の身分でもって床屋でめかしこむ過剰な虚栄心をことあげようとする意図かと想像されるが、人間とまったく同一の行動をとる動物というユーモラスな設定が、作品の魅力となっていることは疑いがない。

この種の動物画として、いま一点、典型的な事例をとりあげておこう。ヤン・ブリューゲル（子）の〈チューリップ取引の諷刺〉（一六四〇年頃、図13）である。このタイトルにいうとおり、一六三〇年代におこったチューリップ・バブルを主題として諷刺化したものであるが、特異なのはそのチューリップ取引をおこなうのが猿だという点である。三一×四九センチのちいさな画面には、つごう三〇頭ほどの猿たちが、人間の活動スタイルをとって登場する。左手前の露地植えチューリップを取引対象とするが、この花卉をディスプレーとして、球根を売買するものであった。指図者が値定めをし、客たちがこれを先物取引する。売上げの金銭を計算するもの、帳簿に書きとめるもの、大きな利幅に

図12●テニールス　〈猿の床屋、猫の客〉
図13●ヤン・ブリューゲル　〈チューリップ取引の諷刺〉

満足して宴会にうち興ずるものなど、どれもが満足そうにチューリップ・バブルに酔いしれている。いうまでもなく、同様の取引によって巨額の金銭を懐にする人間たちを、猿らしい「浅はかで貪欲な」行動としてあてこすっている。そのように読める。

猿を人間社会の現場に代置して、擬人的に表現する技法は、どこに発するものなのか。じつは、定見をえられていない。テニールスに先立つ一〇年ほどに、ヤン・ブリューゲルらによって、ごく初歩的な試行がおこなわれた。テニールスによって完成した形にまで発展した。どれもが、当初から倫理的な教訓内容をもち、人間の不道徳への戒めの趣旨を体現してはいる。しかし、それだけの目的であれば、なにも猿を動員するまでもなかったはず。おそらくは、一六・七世紀に愛玩用として導かれ、衆目にさらされるようになった珍獣の姿をとることで、主題効果をより高めようという画家の意向が体されているのであろう。いずれにしても、ヨーロッパに存在しない野生の猿をもって、観賞者の視線を吸引しようとするエキゾティシズムとユーモア感覚に、一七世紀ネーデルランド人の溌溂とした精神を感得できるであろう。

c　驚異の動物たち――鯨と象

猿の場合とはことなり、鯨と象という野生動物は、ヨーロッパ人にとってはある程度のなじみがあった。鯨は、中型のイルカの場合であれば北海にも広く棲息しており、また中小の鯨の場合にも、北海から北大西洋にかけては頻繁に姿をあらわし、漁撈（狩猟）の対象ともなっていた。しかし、鯨の巨体は常識をこえる大きさであり、ことに捕獲された場合や、ときには座礁して海岸にうちあげられたときの、スケールの大きさは驚くべきものであったろう。また、鯨の場合には、聖書に登場するヨナの物語のように、ほとんど神話に類する想像力を喚起したはずである。鯨に飲まれたヨナは、そこから無事に生還するというよりは、生命が再生をむかえるともいえる。

実際に目撃される鯨は、そうした神話性をおびた個体であるよりは、ただ巨大なだけの肉片であるかにみえたであろう。それでも鯨の口からは、いましがた吸引したばかりの小魚やエビが吐きだされたりする。ヨナの変身姿がそこに加わっていても不思議ではない。海に棲む宇宙獣といった趣の鯨が、一六世紀ネーデルランドの画家ピーテル・ブリューゲルらによって好奇の扱いで版画に描かれたのも当然といえるかもしれない。

もっとも、現実の場における鯨の姿は、いくつかの図像作品に登場して、興味ぶかい情景をうみだしている。たとえばオランダ海岸に不時に座礁した鯨は、さぞかし話題を誘ったことであろう。乗馬して見物に訪れる貴紳から、巨体によじのぼって肉片や油脂をかきおとす者まで、その姿はみなほとんどユーモラスである。あるいは、北大西洋地区における補鯨と鯨油採取工場の情景をとらえた絵画作品では、鯨解体作業のダイナミズムが、活写されている。こちらは、じつははるか北方の寒帯における情景の図像化ではあるが、いずれにしても、鯨はオランダ人の日常のなかにさりげない形で編入されたようにみえる。

これにたいして、象はさらに大きな好奇の目でみられたようである。巨大な哺乳動物としての象は、すでに一三世紀ころから東方との商業ルートに乗り、贈り物としてヨーロッパに送りとどけられた。これまた古代の神話・伝承にさまざまな形で登場することもあって、ヨーロッパ人にとっては馴染みの獣といってよい。とはいえ、ヨーロッパに野生しないながら、この常識をこえた巨大さのゆえに、しばしば非日常的な場に引きだされた。入市式や婚礼などの儀式では、アフリカやアジアにおけるとおなじように、象は着飾ったうえで背に構造物をのせて参加した。画家たちは、しばしばその晴れ姿を画像の吸引力として利用した。描きなれないため、ときには脚の関節を描きおとしてしまい、不自然な姿で跪く場合もあるようだ。このことは、ヨーロッパの南北、いずれにおいても指摘できる。

象はヨーロッパに連行されたうえで、しばしば芸を期待された。ことにアジア系の象の場合、性格が穏和であることから、調教されて見物の対象とされる。レンブラントやファン・ホイエンの素描にも断片的にではあるが登場する。一六三〇年にセイロンから連れてこられた象は、エジプトをとおってアムステルダムにむかい、そこで広く展覧に供された。その際の象の調教場面が銅版画に記録されている。象は音楽に合わせて鼻で旗をふったり、調教者を鼻で吊りあげたり、またときには膝を屈して横転したりと、現在の動物園での演技とあまり違わないものを披露したようである。

たとえば一六四一年の一件である。その象の名前（ハンスケン）まで記録されているほどの人気をほこった。全一七枚におよぶ演技図は、一六四一年制作とされるが、当時のアトラクションとして奇抜なものであり、この種のものとしては、ヨーロッパでも稀少な実例といえる。すでに古代に題材をとったハンニバルの象使いのような逸話がとりざたされていたからには、一七世紀のエキゾティシズムは、これに十分の満足をおぼえたことであろう。

こうして鯨と象という巨大さにおいて双璧をなす動物が、自然界の驚異をいやましたことであった。むろん、この両者ばかりではなく、一七世紀になると、実例としてアジア、アフリカの野獣が紹介されて、好奇心をよびあつめる。ライオン、ヒョウ、オットセイなど、これまでに頻繁に語られながら実物をみる機会がなかった野生動物は、舶来のチャンスをつかみ、施設(動物園)や広場で見世物として展示された。それの図像は、珍奇さを指標としてニュースのかたちで流布し、自然の驚異を強調することになった。それは、大航海時代がもたらした世界と自然についての知見と視野の拡大の結果であった。

d　禽獣のユートピア

もとは南ネーデルランドを出身地とし、やがてオランダを活動地として、一族から複数の画家をうんだ家系の出身である一画家を取りあげてみよう。なかでも、さまざまな動物を主題とした奇抜な構成は、時代を代表する傑作であるといってもよい。ルーランド・サフェリーである。サフェリーは南ネーデルランドのコルトレイクに生まれ、のちにハールレムからアムステルダムに移住した。ヨーロッパの各地を巡歴したのち、プラハのルドルフ二世の宮廷を活動の場とした。一七世紀ヨーロッパの顧客の好みを熟知したサフェリーは、風景画および、とりわけ動物画に注力する。

そのうちから、〈動物たちの中のオルフェウス〉（一六二五／二八年、図14）をみよう。スケールはけっして大きくはない。主題となるオルフェウスは、竪琴をもってごく遠方の岩場に座して弾いている。その音色にさそわれるかのように、動物たちが遠景・近景に集ってくる。哺乳類と鳥類が中心となる。その数はざっと四、五〇にもなる。左手前には牛、鹿、ラクダ、ライオン、カモシカ、などなど。中央部分や右手には、白鳥、ニワトリ、そのほか、名称を特定しがたい一〇種類ほどの野鳥類。いうまでもなく、これらは実在の野獣、野鳥、もしくは家畜であって、架空の種はふくまれていない。ただし、ライオンの手前にラクダが立つなど、実際の場に共棲・共存するはずがない野生種が、区別なしに並列されている。オヴィディウスの『メタモルフォセス（変身物語）』を発想のもととする図幅であるからには、その場自体はあきらかにユートピアの田園境であり、しかも森林内の空き地という悠久の安楽地を共有していることになろう。これらの動物たちが、綿密な観察によって描写されているかどうかは、さしあたり問題ではない。サフェリーの作品には、この種の構図が多数あるとはいえ、画家が南ネーデルランドで実際の棲息状態を観察したとは考えにくい。しかし、鳥類のように、個体の特徴を明確に描きわけていることからみて、十分の準備がおこなわれていたことも否定できな

図14●サフェリー〈動物たちの中のオルフェウス〉

いであろう。なお、このオルフェウス・モチーフは、当時のネーデルランド画家の注意を広くひいたようであり、オランダにおいてはアルベルト・カイプも同様な作品をのこしていることに注意をしておきたい。

いうまでもなく、オルフェウスによって集合させられたユートピアの野獣・野鳥たちは、現実自然の情景を構成してはいない。ネーデルランドの実際の森林や原野に棲息しているわけでもない。しかし画家とその観賞者たちは、そのユートピアをあたかも、近在の自然のなかに実在するかのような親近感をもって受容したようにみえる。それは、かつて憧憬をもってエデンの楽園をえがいた画家たちが想定したような神話性とは、おのずからことなる切実さを体現しているかのようである。非在のユートピアであることは、自明の前提であるにしても、その自然景観は、ネーデルランドの国土のなかに成立してもかまわない。現実の風景のなかに、そのものとして受容することも可能な情景がそこに現出している。画家たちはさまざまなかたちで所与の自然と接し、ときには所与をこえた造作をも自然と名づけながら、みずからの視野のなかに自然の景観をうみだした。その南北ネーデルランドの人びとの感性が、そこには如実に表現されているようにみえてならない。

第2章　社会の景観――フランス・ハルスの眼に映った

1　団体と集会のイメージ

ハールレムはオランダの中央部で、一六世紀から一七世紀にかけて、重要な地位にある都市であった。前章でみたとおり、繊維産業としての麻織布がその中核にあった。そこに、一五七〇年代末に、ユトレヒト同盟が結成されて、叛乱と独立への気運が高まると、ハールレムなど北ネーデルランドの都市群に、移住者が増加しはじめる。

フランス・ハルスはその時代、一五八〇年か八三年にアントウェルペンで生まれた。おそらくカルヴァン派信徒であった両親は、のちにその地を脱出してハールレムに移った。籠城戦での敗戦をうけてのことである。ハールレムでの画家としての修業時代については不詳である。一六一〇年、ハルスは聖ルカ画家組合に加入する。ちなみに、ハールレムの画家組合は、すでに一六世紀以来、多くの先駆者を生みだしていた。コルネリウス・ファン・ハールレムや銅版画のヘンドリク・ホルティウスなど、個性ゆたかな画家たちの名をあげることができる。

フランス・ハルスの画業はただちに目立った輝きをしめすことはなかった。しかし、ほとんど突如として一六一六年、驚くべき成果をしめす一作がうまれた。その名をひろく知らしめることになる、〈ハールレムの聖ゲオルギウス（ヨリス）市民隊幹部たちの宴会〉（口絵3）である。一七四×三二四センチというきわめて巨大な画面であり、いまなおこれが描かれたハールレムのフランス・ハルス美術館に所蔵されて、展示されている。この作品は、ハルスの力量を広く告知するのに役立つだけではなく、いまでもその時代のオランダの社会と文化を語る、雄弁な証言となる名作として記憶される。

中央におかれた横長のテーブルには、白いクロースがかけられ、肉片とおもわれる食品の皿がすえられる。これをとりまいて、「宴会」の出席者が一二名、なかばが着席し数名が立っている。全員が制服を着用し、題名にあるとおり市民隊としての威儀をただしている。宴会ということでみなワインの杯を手にし、快活に談笑している。集団肖像画とよばれるものの極北として、つとにその名声が語られてきた作品といってよい。さて、この作品にかんして、いくつもの事実とその解釈をかかげることができる。これを順次のべてみよう。

第一には、これがとりもなおさず集団肖像画だということである。フランス・ハルスはこの集団、つまり聖ゲオルギウス（ヨリス）市民隊からの要請・注文として、作品の制作にあたった。判明しているところでは、同隊は、一六一六年を初回としてつごう三度注文し、それぞれの作品が残された。モデルとされる人物は、出入りがあるがいずれも構図上は類似している。

肖像画は、ルネサンス時代から各国で流行のように出現した。このことは、時代の精神にそったものであることは、疑いがない。つまり、個人の個性をヴィジュアルに表現する記念物が広くもとめられた。その作品は生存中であるか没後であるかにかかわらず、当人の居室やホールに飾られたであろう。またときには、贈答用として個人像を第三者のもとに展示することもあった。王侯・貴族たちがその時代には明確な固有名詞をともなって肖像画にえがかれ、いまでもその姿をとどめている。中世における図像表現が、圧倒的に宗教画もしくは、その趣旨をもった歴史画であったのにたいして、一五世紀以降のルネサンス時代には、個性のきわだつ肖像画が頻出するのは、明白な事実である。むろん、当初の肖像画は注文生産であることから高価であり、また画家の力量や熱度によって、作品の質はさまざまであった。また、その理由からしても、あらまし作品の大きさは限られており、たかだか等身大の規模であった。

ところが、一六世紀の進行とともに、事態に変化が生ずる。なによりも需要の増大に対応して、画家のほうでも、簡易な作画法が提起され、営業としての肖像画制作が広まったこと。また財務上の理由もあって、極端にちいさな携帯可能な肖像画も開発されたこと。そしてなによりも、肖像画の対象が個人ばかりではなく、集団をも加えるにいたったことなどである。集団肖像画は、その集団のアイデンティティ表明としての効果が期待されるばかりか、多数の参加者をえて費用負担が軽減されるところから、一六世紀にはヨーロッパ各地で受けいれられた。その集団とは、まずは王侯貴族たちの家族や一族にはじまり、封臣たちの集団やキリスト教会の聖堂参事会など、貴顕のメンバーが加わった。多くの場合、公式の集会の姿をとり、武装や制服を着用して、集団の公的性格をいやがうえにも強調した。残された多数の事例から判断すれば、ときには数十名の構成員まで参加して、集団の結束を確認した。各メンバーは画家の力量が許す範囲内で、個性もしくは個人名が特定されうるものであった。

当然のこととして、こうした多人数の集団肖像画は、その結束の確認が優先されがちであり、またモデルの配列も身分上の順位に忠実にしたがう必要があった。現在の集合写真がそうであるように、席列関係には秩序が求められる。それにより、個別の構成員の顔貌や姿形は、現実にならうよりは、むしろ理念・ルールに従ったり、各人に共通な性格を強調し、奇抜な表現を避けるのは当然のことであった。

そうした社会的な席列を前提とした集団肖像画であっても、十分にその個性の表現を優先させる可能性はありえた。しかし、それは画家の力量によるところ大きく、実際には時代を代表する画家たちであっても、自由度には限界があったであろう。一七世紀オランダを代表するレンブラントのような画家の作品ですら、完成作品にたいして注文主から不満が伝えられ、ときには描き替えの微調整までしいられることがあったといわれる。

さて、集団肖像画が量と質の両面であらたな段階をむかえるのは、ルネサンス後期のイタリアとネーデルランド・オランダの都市社会においてであった。注文主たちは、都市評議会・教会参事会や、有力ギルドの理事会など集団性のつよい団体であり、帰属感の確認という性格がめだつ。いずれのケースにあっても構成員は多数にのぼり、絵画としての画面構成には、困難をきたしたようである。当初は時代を代表する有力画家が手を染めることは稀であり、結果として時代を鮮やかに刻印するような名作が生みだされることは少なかった。集団肖像画の成熟にはいまだ時間が必要であった。

フランス・ハルスが一七世紀初頭に、都市ハールレムの市民隊をモデルとして、作品の制作にとりかかったとき、こうして解決すべき技法上の課題は多大であった。しかし、およそ集団肖像画というものの最先駆の事例として、ネーデルランド・オランダ地方が突出していたことはたしかである。そこでは封建領主制の色彩のつよい地方とちがって、いちはやく都市社会の団体性が強化され、「集団」がもつ社会結合の水平性がより進行していた。この背景から、オランダがもっとも集団肖像画を受けいれやすくなっていた。そのもとで、フランス・ハルスの画家としての斬新性が発揮されるようになったのであろう。

一六一九年の作品をみて直感できるとおり、一二名の構成員はいずれも自由な表情をとりつつ、それぞれが各自の方向に目をむけている。会話に参加するもの、手前側を凝視するもの、あるいはこちらを向いて問いかけるかのような動作をするものなど。一二名それぞれの動きと表情が、十分に読みとりうるように描かれる。左の若めの男は、起立して団旗をかついでいるが、その男も隣になにかを問いかけているかのようである。絵画にはつねに正面性がつきまとうが、その正面にたいして視線がゆるやかに集中するまま、それぞれが活気ある動きをとっている。フランス・ハルスに先行する宴会図はいくつも知られているが、それらと比較して、格段と表情や姿勢の自由闊達さがきわだっており、肖像画としての目標達成ははるかに巧妙である。

こうして、最初の企図で成功をおさめたフランス・ハルスは、長い生涯にあって三枚の聖ゲオルギウス市民隊をはじめとして、多数の集団肖像画をのこした。当該の作品は、そのなかでも最大の傑作のひとつである。そのほかにも、市民隊や慈善施療院役員会など、目的と性格を異にする作品を多く制作した。世評を定めたハルスは、ハールレムの同趣旨の作品のほとんどすべてを請け負うにいたったとすらつたえる。実際、ほかの都市もあわせ、ハルスの向こうを張るような、個性のあらわな集団画をものこした画家の例をみない。こうした強い訴求力が、のちの一九世紀になってあらためて強い関心をあつめ、近代絵画にインパクトを与えるようになったのも、当然のことであろうか。

第二に注意されるのは、この集団がなによりも市民隊の幹部たちだということである。宴会図ということで、だれも武器や防具を完備していないが、その制服の威儀ぶりからして、誇り高い集団の構成員であることが推知される。一七世紀オランダの軍事組織ということであるから、まずはスペインにたいする叛乱・独立運動の出自が想定される。その構成員の一半は、かつての封建軍隊とおなじく、都市や農村にあって領主下に所属するなかば専任の兵士であるか、あるいは領主たちによって随時、雇用される兵員であった。軍事上の緊張がつづく一七世紀にあっては、こうした旧来の体制はただちに解消することはなかったであろう。

しかし、確立されつつあるオランダ都市社会制度にあっては、それ独自のあらたな軍事・治安組織ももとめられた。都市社会の内外では治安事情は良好とはいいがたかった。叛乱・独立運動の歴戦の勇士はもとより、社会的リーダー層それ自体からのボランティアをふくめて、有効な徴募がこころみられる。こうして、国家的レベルでの専任軍隊を補強し、おもに治安維持任務にしたがう、独特の性格をもつ市民隊が結成されることになった。隊員は一定の給費をともなう、なかば定常の勤務につく。それの幹部には経験をつんだ名望家の兵士出身者などが名誉職として充てられた。フランス・ハルスの集団肖像画を発注したのは、そうした「市民隊幹部」だったはずである。ハルスの作品に即していえば、聖ゲオルギウスを象徴的な主柱とする地域集団では、伝統社会につきものの上下の指揮系統は維持され、その隊長は地位を反映しているが、同時に軍事・治安行動における巧拙にもとづく成果基準でも評価された。左手に首から黄色のスカーフを巻いた姿で座る人物であり、ミヒール・デ・ヴァールという名前まで分かっている。

一七世紀のハールレムには、そうした市民隊として、聖ゲオルギウスと聖アドリアンのふたつが存在した。その幹部たちは、軍事・治安上の実務責任者として良好な勤務を要請されたであろう。集団肖像画にはそうした誇りある社会的栄誉が、あますところなく表示されている。このことは市民隊のみならず、施療院・養老院などの慈善施設などについても同様である。

この作品について、第三に話題になしうることは、次の点である。市民隊は、あくまで軍事上の必要性から結成されてほぼ常設されるが、その構成そのものは、あくまでも聖人や君主の名のもとに、一定の象徴的求心力をもって維持されている。聖ゲオルギウスは、その種のものとしては、きわめて普遍性がたかいが、それはかつて龍退治によって若い娘を救った聖人の強靭な武力を回想させるものである。しかもまた、フランス・ハルスの図柄から知れるとおり、ひとしく朱と白からなるタスキを肩からかけ、右腰には帯刀して、平時においてもその軍事的優越性を誇った。若い隊員がかかげる団旗は、朱と白に染められ、騎士的な勇猛さをあますところなく語っている。こうした儀式的盛装は、封建軍隊の場合すら、かならずしもまっとうされたとはいえず、むしろ市民隊の場合に、かえって確実に着用されたようにみえる。こうして聖ゲオルギウス隊は集団精神を保障された集団として、都市に重きをなしたのである。

このような精神性は、封建軍隊の兵士をささえた中世風の騎士精神とは、さまざまな意味でことなっている。それはなによりも、主君と神への絶対忠誠といった、普遍性の高い精神性とはことなり、団体としての市民団、もしくはその母体としての都市や州への集合的忠誠として説明される。聖人名が名目上はあてられているものの、その母体はより具体的な都市や州にほかならない。そのことを、集団肖像から読みとることにしたい。

さて、第四にあげるべきことは、次のとおりである。さきにみたように、この図に集結した兵士は、一二名の市民隊幹部である。こうしたリーダー集団は、かつての封建軍隊のほか、同時代の国王軍隊にも同様のかたちで存在した。それは、封建封臣団会議や参謀会議の名で、古来、重要な役割をはたしてきた。ここでオランダの市民隊のリーダー集団がもつ特質はといえば、なによりもその組織的水平性というべきであろう。この作品にあっては、特別の着衣の隊長が左端に控えてはいるが、すくなくとも見かけ上は、特別の経験を誇るかぎりでの、同等者内の第一人者にすぎない。実際、警備・戦闘行動にあっても、必要に応じて幹部による評議は、機動的におこなわれたようにみえる。いうまでもなく、オランダの都市ハールレムをはじめとしていずれにあっても、長上者の支配は否定すべくもないとはいえ、最前線における柔軟な合議制は確実に履行されている。その決定が、理想的なステップをとって、実施されることは稀であったにしても、かれらは図にみるような宴会を頻繁に催し、共同の運命にかかわる事項については、可能なかぎりでの合議をこころみた。それゆえにこそ、はるかな数的優位をたもつ外国軍隊にたいしても、市民隊は都市防衛の最低線を維持しえたのだといえよう。

オランダにあっても、共和制の行政政府には、当然のことながら古式の命令権に固執する役人がいた。都市の評議会も、実質的に運用するのは、そうした役人であったろう。あるいは、公認権力をもつ伯やその代理人が、さらに上位の命令権を行使することもあった。けれども、都市の機能的展開のなかでは、ときにはそれも相対化され、ことに戦闘・警備や外交・営業などの現場にあって、その例外が稼働するのも、常態であった。そうした臨時的、もしくは例外的事態がきわめてしばしば出現しうることを、本作品は雄弁に語っているといえよう。

そのための場として、この時代には、しばしば「会議」が設定されていた。いうまでもなく、会議は封建封臣会議から教会聖職者会議まで、さまざまに設定されてきた。けれども、その会議は、三部会や公会議のように、論議の場であるよりは有効な情報の伝達の場、もしくは確認の場であること以上の意味をもちにくい。しかしながら、一六世紀以降にいくどか開催される著名な会議は、公平な論議、決定の場とまではいわぬまでも、はるかに実質的な意義を体現するにいたっている。宗教改革をめぐる紛糾のなかでおこなわれた関連会議のうちでは、一八年間におよんだトレント公会議や、カール四世下の神聖ローマ帝国議会などが知られる。第6章で見るはずであるが、一六四八年のウェストファリア講和会議（ミュンスター&オスナブリュック会議）は、ヨーロッパの政治勢力のほぼすべてが集った画期的な政治会議であるが、事実、三十年戦争の終結条件を論ずる実際上の役割をはたすものであった。これらの現実をうけて、会議状況を主題とする絵画が続出した。最終章で取りあげるテル・ボルヒのオスナブリュックの事例のように、会議の場の証言として、参加者や討議風景が画家の創作意欲をさそったようだ。会議が現実にどのような機能をはたしたかはさまざまではあれ、そうした集会の場が時代のトポスとなってイメージ化されたことが重要である。市民隊の宴会から、帝国議会にいたるまで、この時代は、あたかも集会と会議の世紀であると考えることもできる。

最後に本作品から読みとりたい主題のひとつに、ささやかに触れておきたい。図をみてあきらかなとおり、ここに集結した一二名の幹部は、ほぼみなテーブル上の食事をかこみ、片手には酒杯をもっている。つまりこの席は、あくまでも酒席である。一六一六年のこの時点で、市民軍は実質上の戦闘から解放され、かりに集合するにしてももっぱらこうした社交と歓楽の場を共有したときにかぎられがちであった。ことに、隊長以下が手にする杯には、朱色のワインが充たされている。この宴会がもつ意味については、のちに第3章で触れる。ここでは、この作者であるフランス・ハルスと飲酒との関連についてのみ触れておこう。伝えられるところによれば、ハルスは晩年にいたって、度をはずれた飲酒家となった。多数の作品群は高い評価をうけたとはいえ、その収入のあらかたは酒代に消えてしまい、ついには日常の生活についてすら、不如意をきたすことになった。晩年になって後輩の画家ヴァン・ダイクが、見かねて援助の手をさしだしたおりにも、ハルスはすべてを酒代に投じてしまったというのだ。

フランス・ハルスの作品のうちには、じつに多数の日常生活図があり、そこには赤ら顔の酔っぱらいがしばしば登場する。そのことの連想から、ハルス酒乱説が流布したのであろうか。日常生活図の制作にあたっては、先例をみぬほどに自由闊達な筆づかいをはたしたハルスだけに、このような酒乱説がまともに受けいれられる余地もあったではあろう。いずれにしてもこの俗説の当否は、これを検証する方法がないだけに、さしあたりは噂話として受けとっておくことにしたい。

2 社会景観というもの

ここまで「団体と集会」の名のもとに、フランス・ハルスの市民隊について考えてみた。ここであらためて、これを「社会景観」と名づけた理由と経緯についてあつかっておきたい。いうまでもなく「自然景観」は、語の用法としても常用化されており、どこにも不自然なところはない。けれども「社会」と「景観」のつながりには、いくらか唐突なものがあろうか。というのも、社会は一般的には、ひとの視覚にたいして形状を呈してはいない。社会を図示しようというとき、だれもがとまどいを感じるのは当然のことであろう。社会は実態としてはいずこにも存在しているとしても、視覚上の形状をとって実在してはいない。とはいえ、言語的手段をもってすれば、多様な方法で形容しうる社会は、図像的には形容不可能というわけではあるまい。実際には、「社会」を図像化することは、比喩的な方法をつかえば、さまざまに可能なはずである。

フランス・ハルスが描く市民隊は、これを観察・鑑賞するひとにたいして、市民隊そのものの様態から、これを構成する人員の思考や感情までが、適切な方法で描きだされる。その人びとが、どのように市民隊を観念し、それをプライドとみなしたか、作品をとおして理解することができる。その意味において、これは社会集団についての景観画であるとみなしてかまわないであろう。

さてそのように理解するならば、フランス・ハルスの時代にあっては、恰好の社会景観図が制作されていたことになる。団体と集会という主題のもとであれば、いくつもの類例をかかげることもできよう。たとえば、軍隊の兵員であれば、戦場で戦闘にそなえる人たちは、いかにも勇気と緊張で身構え、特別な装備のもとで戦列をととのえる。本書の終章でとりあげるベラスケスの〈ブレダの開城〉にあっては、勝利とともに終結した戦闘にあって、スペイン軍勢が疲労とともに勝利の歓喜にもあふれていることを、画家はあますことなく描きだした。それは、はからずも戦争における社会景観を、図像表現をもって描出した傑作ということができる。同様のことは、おなじベラスケスが宮廷御用画家としてのこした多数の作品についても、あてはめることが可能である。あまりに著名な例として、ほぼ同時代にあたる〈宮廷の侍女たち〉を引きあいに出してみよう。王女マルガリータを囲む、国王両親と侍女たち、それに道化や画家から犬にいたるまで、宮廷らしい参加者が集結して、高度な緊張関係を演じている。たんに一〇名におよぶメンバーがたまたまそこに臨席しているのではなく、それぞれが所を弁えて立ち位置を占め、緊張した関係をとりむすぶとき、この配置が完成した。つまりこれは、宮廷という社会についての景観図であり、言語的手段によっては、十分には表現しえない図像表現力をほしいままにしている。

このような意味での社会景観は、ヨーロッパ美術史の場合、中世末やルネサンス初期に、まずは模索段階をたどりつつ、姿をとりはじめた。宮廷や戦闘といった、「社会」として把握しやすい事例を手はじめとして、やがては多様な社会集団や、それの機能する場所、様態において、特定の図像化を提示するようになってゆく。ルネサンス時代以降にしばしば試みられたように、国王、貴族や高官たちが宮廷や都市の広場でくりひろげた行列ページェントは、それがたんに娯楽としての機会であるばかりか、盛儀がさししめす権力や財力の表象として観察され図像化されるとき、明確に景観として意識された。これを観察、見物するものにたいしては、社会がそこに現前することを覚知させるものであった。おそらく、権力や財力はそれの実質をいかに並べたて言語化しても、それだけでは不十分にみえたろう。それよりは、過剰なまでに盛儀化された図像をとおして景観を披瀝するとき、参画した人びとにたいして、社会の現出を雄弁なまでに説得しえたにちがいない。ルネサンスとその後のヨーロッパ絵画は、そうした需要と供給の応答をとおして、社会景観の演出法を発明・開発したのである。

その対象は、むろん宮廷や王族、貴族にとどまらない。おりしも絵画表現のさまざまな方式が開発されると、社会的主体の多くがその対象としてみずからの景観作成に躍起となっていった。これに対応するかのように、画家たちのほうもさらに多様な図像化のノウハウを発想・蓄積していった。その機会は、国家的あるいは市民的（都市的）空間のあらゆる場面に拡張されうるものであった。市民たちの行列（ことに、宗教行事としての礼楽プロセション）、開城・入城や記念行事における告知・祝祭行列などは、もっとも盛行にいたりやすい行事である。また、これに参画すべく、王族、貴族ばかりか封臣や、商人・職人のギルド団体も、盛大に着飾った。それは、みずからこの景観を他者にたいして見せつけるとともに、その他者ともに図像表現さるべき景観を誇示する場ともなった。

ギルド職人たちは、それぞれが所属する団体の一員として、職業的風采によって着飾り、盛儀に参加することもあるが、また日常的に労働する衣装を展観することでも、誇るべき景観の提供に参加する。たとえば、「職人づくし」と総称しうるような景観図が、一四世紀から一七世紀にかけてヨーロッパで頻出するのは、その現れであった。職人図として労働現場にえがかれる職人たちは、みずからの社会的アイデンティティを、この景観図のなかに発見し、満足したのである。

さきにとりあげた集団の景観図は、まさしくこうした意図と機能をもって、注文され制作された。社会をそのものとして描写することはむずかしいが、その社会を「わがもの」として自覚し発話するものたちは、この集団図をとおして社会景観に参画したのである。むろん、一六、一七世紀のすべての社会集団が、こうした社会景観の創出に参画したわけではない。また景観を目撃し解釈するものも、その意図・機能を適切に理解したとはかぎらない。しかし、景観表現の文法を模索するものにとっては、ここには広い情報が充満しているように思われたであろう。一七世紀の画家たちはそうした文法の定立をもとめ、ついには、たんに自己表出をめざす社会集団ばかりではなく、図らずも表現されるにまでいたった多様なほかの社会景観をも、対象主題として選択するようになってゆく。いまでは描かれてからすでに数世紀の時空をへだててはいるものの、一七世紀の景観図からは、その時代の社会的メッセージとこれを図像化した芸術家たちの想いとが、ありありと読みとられる。

3 治安と救護

さて、ここでは社会景観の事例として、「治安と救護」、「都市と建築」、および「国土と地図」の三者をとりあげて、それぞれの意味するところを検討したい。ただし、これによってすべての論点が尽きるわけではなく、この時代に関しては、ほかにも扱うべき多くの事例が残されてはいる。たとえば、民族とエスニシティ、身分と職業、財産と資産、社会的マイノリティなど、有用な図像表現をともなった主題をあげることができよう。それらはまた別の機会に扱いたい。

さて、一七世紀にあって、さまざまの社会的な制度のあり方が、多くの関心をあつめるようになったにせよ、実際上、人びとにおおいかぶさる懸念はといえば、やはり緊迫する目前の治安の問題であった。というのも、当時にあっては、現代の状況からは推測もできないほどに、一般的な社会不安は深刻なものがあり、人びとの日常はつねに劣悪な治安によって脅かされていたからである。近代市民社会の到来と、治安維持機構としての行政国家の確立によってすら、この状況は全般的には克服が困難であった。とりわけ一七世紀ヨーロッパは、さまざまの要因によって、治安の悪化がきわだっていた。三十年戦争をはじめとする戦乱が、全ヨーロッパことに西・中部ヨーロッパ世界を席捲していた。ドイツとその周辺は、ほとんど恒常的な戦争状態にあり、正規・不正規の軍隊のあいだで戦闘がやむことはなかった。そして、さらに重大なことには、いったん戦闘が休止した場合には、そこで雇用されていた兵士たちにとっては失業を意味した。失業した戦闘員は、みずからの生活をいとなもうと、ほぼつねに治安攪乱者として国土に散開していった。かれらは少人数の隊列を構成して、略奪行為にはしった。組織的防衛体制をととのえた領国や都市はともあれ、あらゆる農村や小都市集落は、その襲撃の対象となりえた。これを抑止する、公権力は望むべくもなかったのである。

むろん、オランダも例外ではありえない。八十年戦争をめぐる抵抗と抑圧の戦闘は一七世紀中葉までには、いちおうの落着をみた。しかしながら、むしろそこで「失業状態」となった私的雇用の兵士をはじめとして、周辺地域からの流入者をあわせ、かえって非正規の治安攪乱者の跳梁が目をひくようになってくる。

ヤン・ファン・デ・フェルデや、ヤン・マールツェンなど、この主題を得意とする画家の名をあげることができる。図にかかげるのは、ピーテル・デ・モレイン（一四九四～一六六一年）による〈農家の略奪〉（一六三〇年、図15）である。ここにみるように、略奪は白昼堂々、おおっぴらにおこなわれた。乗馬した兵士と徒歩のそれが混在しているが、集団として村落を襲うといった規模の大きな略奪であるため、犠牲の度合いも軽微なものではなかった。中央部分でみられるとおり、荷馬車には奪いとった荷物が山と積みあげられる。馬上にあるのは、襲撃の兵士にくわえて、村落の農民主婦であろうが、ここでは拉致という人的被害も推測できる。財物ばかりか、身体への暴行も、襲撃のおもな目的のひとつであった。さらには、中央右手の人混みのなかにたつ牛のように、場合によっては、役牛や乳牛が強奪されることもあったであろう。村落民のほうは、抵抗のための武器をほとんどもっていないのが、特徴的である。村民が武器を常備することは、規定上は公権力によって、禁止されていたのである。

いま一枚の作品をみよう。フィリップス・ヴァウエルマン〈旅人への襲撃〉（図16）である。この作品も、風景からみてあきらかに、オランダの砂丘・丘陵地帯でおこった襲撃事件を表している。ことに急峻なわけではない、この原野・丘陵であっても、こうした事件は、ごくふつうに起こっていた。乗馬して抜刀し、また銃砲をかまえて襲撃にかかるのは、数人の浪人兵であろう。かたや犠牲となるのは、荷車をひきつつ旅する人物。その積荷の量からみて、みずからの家財道具ではなく、交易のための商品だと判断できる。かれらにとって、本拠である商業都市から、べつの都市へと田園・原野を

図15●デ・モレイン　〈農家の略奪〉
図16●ヴァウエルマン　〈旅人への襲撃〉

旅するのは日常的業務であるが、つねにこのような襲撃を覚悟せざるをえなかった。兵士たちは重装備とはいえぬまでも、乗馬して機動力を発揮しており、旅の商人にとっては、この時点で防御することは、きわめて困難であった。丘にたつ枝ぶりに乏しい樹木と、遠方まで見わたせる広闊なオランダの原野が、険しい襲撃現場とあまりに好対照をみせて、印象的である。

襲撃という社会景観は、オランダの画家たちにとって好みの主題とはいえ、むろん具体的な治安破壊の事件として歓迎さるべきものではなかった。実際、その画面は険しいドラマ性を表してはいるが、生命や財産の極端な喪失までを表現してはいない。これにたいして、おなじ社会的悲惨にかかわっていても、貧窮にともなう流浪や破壊、あるいは諸事情からくる孤児の発生などは、オランダ社会にとっても、適正な対応と救済にむかうべき案件であった。すでに中世以来、ヨーロッパ社会にあっては、キリスト教の社会倫理を背景にして、こうした社会的悲惨にたいする施設・制度上の救済が着手されており、その現実はいわば社会景観の重要な一部を構成していたといえる。ことに救貧院は、孤児・廃病者・老人・困窮者をふくむ社会的弱者を収容して、それなりの成果をあげていた。このことは、宗教改革による新旧両宗派の分立にあっても、さしたる変更がくわえられることなく、一六・七世紀の社会にもひきつがれた。オランダの改革教会もその精神と設備を継承した。このため、救貧施設は教会の直接の監督とはいわぬまでも、それによって支えられる住民コミュニティの実質的な支持をえて維持された。救護施設では、収容者にたいして定期的に給養がおこなわれた。これの出資者たちにとっては、社会的奉仕の実質を物語る証明図でもあって、社会景観として広く受容されることになった。これを図像化したいくつもの作例をあげることができる。

救貧院は、教会との密接な連関で維持されるとはいえ、それ自体は自立した施設であって、財務的にも支援者の協力のもとにある。院の経営・運用は、それの理事会の指導下におかれる。理事会は、多くの場合は非常勤であり、名流市民層から選出・委任され、都市社会にあっては栄誉をともなう集団であった。このため、しばしば理事、もしくは理事会は威厳をもって図示される。画家たちの多くは、そのメンバーを一幅におさめ、その作品は院の重要な場所に掲示された。この功徳はモデルたちの人生にたいして、豊かな恩徳をあたえるものと理解される。フランス・ハルスのようなオランダを代表する画家たちは、そうした記念物の制作に大きく貢献した。とりわけ名流市民の婦人にとっては、この救貧院の活動は好適な社会的機会を提供する。職業上の経済活動の場を制限されていた女性にとっては、このような慈善活動が社会的認知のために不可欠の経路となった。当初から慈善性を強調してきたカトリック教会の救護施設にもまして、プロテスタントの改革教会は、その社会的役割をこのようなかたちで達成したことになる。

4 都市と建築——広場と水路

社会景観として、当時にあっても現在にあっても、ただちに想起されるのは、まずは都市の中核的施設であろう。その物理的規模の巨大さ、またそれがさししめす象徴性の強烈さからみても、都市建築はまさしく圧倒的な景観をなしていた。ヨーロッパ史上、すでにイタリア都市にあっても、さらには西ヨーロッパの中世都市群にあっても、石造の建造物が大量に設置されて、その文明的位置をいやおうにも強調した。画家たちをはじめとして、これを図像・造形的に表現するものが、まずはその都市的施設としての土木建造物を題材とするのは、当然のことであったろう。

一七世紀オランダにおいて、このような社会景観としての都市建築の典型として、つぎの二件を取りあげておきたい。ハールレムとアムステルダムとである。両都市は、すでにみたとおり、一六世紀末に急速に人口集積と、都市社会機能の立地を開始し、一七世紀なかばまでには、オランダのみならず西ヨーロッパを代表する都市に成長した。前者がまず先行し、やがて後者がこれに肉薄し追い越すといった過程があるが、いずれにせよ両者に共通の内質があり、またことに一七世紀の画家たちによって、明瞭な目撃図が残されたということから、ヨーロッパ史上でも稀なケースといってよい。

ハールレムの都市景観は、なによりも現在の名称でバーフォ広場とされる空間にあらわれる。地理的にも都市空間のほぼ中央部分に位置し、当時にあっても規格外の広さをたもっていた。長方形をとる広場の西端には、市庁舎がそびえる。一七世紀にあっては石造の四階建てであった。右端には二本の尖塔がそびえ、都市業務の中心として広い機能をになっている。広場の南辺の大部分は、聖バーフォ教会である。すでに一四世紀には現在の建造物の礎石がきづかれ、そののち二世紀をかけて増築をくりかえして、一七世紀には現在の姿となった。いうまでもなく、ハールレムの宗教的な、また社会的・象徴的な中核であって、その巨大さはいく人もの画家たちによって、遠近両面から図像化された。遠方の一〇キロほどからも、単独で屹立する塔として、描写されるとおりである。教会堂の周囲の一部は居住のための施設が付属し、当時も現在も、小規模の商店が開店していた。それの西端には、大聖堂に隣接するかたちで、大振りの魚市場が屋根をならべ、常設の市場として顧客をひきよせていた。広場の北辺には、市庁舎・大聖堂関連の施設が立地するなか、三〜四階の石造建造物が軒をならべており、都市の有力市民たちの居宅や商店がこれらにくわわった。こうして、ハールレムの社会的機能の中心をなした広場は、都市の典型像として、じつに多くの画家たちによって、眺望図にしたてあげられた。なかでも、画家サーンレダムは、これを代表している。

アッセンデルフト生まれ、ハールレムの市民であったピーテル・サーンレダムは、もっぱら母市の都市構造物を忠実に、しかもその精神的なメッセージを聴取して表現しようとした。広場を中心とした一帯の建造物景観、および聖バーフォ教会の建造物内外を、集中して描くことになる。〈ハールレムの聖バーフォ教会の内部〉（図17）は教会内の景観図であるが、そこに集う市民信徒たちの、静寂かつ勤勉な行動形態が再現されている。ことに教会内空間の物理的巨大さと、散開して懇話する信徒の姿とが、きわめて粛然とした秩序をうみだしているのが、印象的である。

同様の印象は、バーフォ広場を題材とした作品についてもいえる。おそらく事実以上に、この広場の空間像は寂寥感を強調しているが、それは人気のない空白ではなく、むしろこの空間全体を支配する無言の秩序を表現しているといえよう。実際には、ほかの画家たちの作品をみると、広場をうめる祭礼の賑わいなど、喧騒の広場としての表現も可能だった。サーンレダムとしては、繁栄の表象である広場の空間はかえって、沈黙によって厳粛に表現しうるものであった。

他方、これにたいして、アムステルダムの場合はどうであろうか。いくらか遅れて都市整備にとりくんだアムステルダムは、その都市中心部に、おなじく広大な広場を設置してきた。アムステル川の河口部分に堰を設置し、ここを都市機能の中核にさだめた。開設された広場は、一辺が二〇〇メートルにもおよぶ、ほぼ正方形の空間であり、ダム広場と呼称された。その西辺には、間口を広くとった市庁舎が建てられた。ただし、さきにみたとおり、この市庁舎は一六三四年、火災によって焼失。これに替わって、新設の石造建造物がさらに大規模な偉容をしめすことになる。二一世紀の現在、改修をへてなお旧状を呈し、オランダ王室の別邸として、公的用途に供されている。また、この北側に斜

図17●サーンレダム　〈ハールレムの聖バーフォ教会の内部〉

めのかたちで隣接したのが、新聖堂（ニューケルク）である。すでに一四世紀にその一部が建設され、ダム広場の建設とともに、東側の開口部が広場に隣接することになった。これにくわえて、一七世紀の絵画からすぐに察知されるように、広場の北辺には、木造の三階建て建造物があった。市の税関である。隣接する港湾で上陸し積卸しされる商品の検査にあたる、交易上の重要な施設であり、画面から知られるとおり、常時、通商活動にあたる人びとが立ちうごく、商業上の拠点として機能した。これらの建造物に四方から囲われるように、広大なダム広場がもうけられている。それぞれの用務で立ち働く、市民・外国人たちが集まり、都市アムステルダムの繁栄を証言するかのようである。それが、一七世紀のダム広場を主題とする景観のあらましである。

アムステルダム景観図の典型を一点あげよう。ヤン・ファン・デル・ヘイデンの〈アムステルダムのダム広場〉（図18）である。ここでは、新築なった市庁舎と聖堂とが広場を取りかこむ。右端には税関があるはず。このように構えを与えられた広場には市民の往来がみられる。フープを転がす少年、橇に樽をひかせる二人の商人、舗石の修理にあたる職人、ほかに用務のありなしにかからず談笑に興ずる市民たち。点景としての犬たち。二〇人ほどの市民たちがダム広場にいるが、むろん広場の本来の目的からすると、やや寂しい感じの人出であろうか。しかし、社会景観の広場としては、いかにも商都アムステルダムの現況をあらわしている。上空なかばをしめる白雲ともども、落ちつきのある景観を呈しているといえよう。祝祭日、または定期市の日にあたるときのダム広場の実況図も多く作成

図18●ファン・デル・ヘイデン　〈アムステルダムのダム広場〉

されているが、いずれにしても都市的雰囲気のもとにおかれた広場として、さわやかな印象をもたらしたであろう。

他方で、ダム広場の北辺、東辺を主題にした作品があげられる。こちらは、中核をなす税関の木造建築と、それに隣接するダムの船つき場などが対象となる。多数の景観図には、遠方から到着した商品の陸揚げと、通関風景がえかれているが、市庁舎周辺とはことなる賑わいのある商業的な景観要素がいちじるしい。いずれにしても、急速に成長にむかうアムステルダムの現実であり、ヨーロッパ史上、もっともヴィヴィッドな実況図として後世にも記憶される。

以上のように、ハールレムとアムステルダムについて、その中核部分をなすバーフォ広場とダム広場の景観をみてきたが、両都市の経済情況の違いもさることながら、サーンレダムとデル・ヘイデンという二人の画家の視点を比較すると、微妙な差異となってあらわれていることが注意される。しかしいずれにせよ、都市景観の構成要素の提示としては、広く認知された当時の方式にしたがっていることはたしかだ。

これらを前提として、オランダの都市建造物の景観図にあって特徴的な点を、あらためて列挙することにしよう。まず注意されるべきは、アムステルダムをはじめとする代表的な一七世紀の都市について、市壁への視線がきわめて乏しいことである。中世以来、一貫して存在をほこる都市群は、当然のことながら防備施設としての市壁・市門を必需品としてきた。それは、都市の社会的存在の根幹にかかわるところであり、これの強固さは都市の存在をさししめす必須条件である。しかし、ハールレムやアムステルダムなど、一六世紀から一七世紀にかけて、あらたな社会経済的力量を増大させてきた都市は、市壁・市門を不可欠の要件とはしない。かならずしも、それらを欠如させることはないまでも、その必要性は減少し、またその存在自体が都市の軍事的安全を保障することも少なくなっていった。大砲や銃砲の機能の向上によって、市壁をめぐる攻防戦はしだいに重要性を低下させ、むしろ野戦における軍隊の攻防のほうに比重が移動していった。このため、オランダ都市の防備における市壁・市門の実際上の重要性と、これへの観念的依拠も緩和されていった。

オランダ都市にあっては、市壁よりはむしろ水路をめぐる攻防のほうに、比重がおかれるようになってゆく。干拓地の開発の結果うまれた都市立地では、運河の交通利便がもっとも重視されるが、それとともに水路の軍事的役割がますます強調されるようになってゆく。ことに一七世紀の後半に、ネーデルランド・オランダに軍事侵入したフランスのルイ一四世の軍隊が、オランダ共和国軍の水路攻防戦に苦戦し、その重要性が認識されると、軍事戦略に変化がおこった。運河・水路のほうに関心が重点移動していった。

こうして、都市の建設・土木的機構としては、むしろ運河や橋、護岸に関心が移行する。一七世紀の都市景観図では、圧倒的にこのような施設が脚光をあびるようになる。さらに港湾など経済上の施設もあわせれば、景観の中心点は急速にこちらへ移行していったと考えられよう。景観図では、水路の軍事上の効用というよりは、もっぱら運輸・交通の利便と居住地区の接水情況が強調される。多かれ少なかれ、水との対応によって景観が構成されるオランダ都市にあっては、陸上施設としての広場・道路にもまさって、運河と橋と港・岸辺がおもな関心の的となった。居宅や公共施設など建造物の多くも、水路・運河に面することがしばしばであり、そのファサードと運河の組みあわせとしての都市景観が図像として好んで作成された。その時代からしばしば、アムステルダムは「北方のヴェネツィア」という呼称が使用されるほどに、この景観はヨーロッパ世界に名をとどろかせた。ほかのオランダ都市についても、同様の景観要素が指摘されるようになり、都市住民自体にとっても、そのような観念と自覚がうながされる。こうして、水に対応した社会的景観は、オランダ都市の必須の構成要素として重視される。それは、一七世紀というきわめて早い時期にあって、特筆さるべき事態であるといわねばなるまい。

最後に、建築上の都市景観の例として、キリスト教の教会堂をあげておきたい。いうまでもなく、ヨーロッパ都市にとって教会堂は、都市をはじめとする集落において、もっとも目立つ建造物として設置された。中世都市が、なによりもゴシック時代以降、とびぬけて高い尖塔をもつ教会堂をうみだしてから、教会堂は建造物としての大きさ、そして室内の広壮さと華やかさ、壮麗豪華さにおいて突出した存在であった。一六世紀の宗教改革運動では、ことに改革派のルター教会や福音派（カルヴァン派）によって、過剰な装飾性に批判が提起されたため、それは一方において忌避されることになった。もっとも他方ではカトリック教会が、一六世紀なかばの改革運動を画期として、かえって巨大さと華美にたいする積極的な評価を確定し、いわゆるバロック様式の創造にむかった。

オランダにあっては、スペインへの叛乱行動に先立って、プロテスタント風デザインへの嗜好が優越するようになる。むろん、カトリック時代からの残存物が、ただちに破棄されたわけではないが、南ネーデルランドなどから流入した福音派やメノン派信徒たちは、あらたなプロテスタント精神と様式を準備した。カトリック教会を転用した場合でも、室内の装飾は過剰を理由に撤去された。こうして誕生したオランダの教会堂は、司教の座である大聖堂であっても、規模のスケールはともあれ、様式上はシンプルさを原則とした社会景観にむけて転換していった。

教会建築はかつて、それが華麗に装飾されていたときには、絵画・彫刻・工芸など芸術創作の絶好の場であり、またそれを模写・写生することでも、図像芸術に大いに貢献してきた。けれども、改革以降は大きな事情変更をうけざるをえない。一七世紀オランダにおいて、こうした路線転換後にはじめて、これを踏襲したのがハールレムの画家サーンレダムであった。すでに触れたとおり、この画家はハールレム都市景観図の作者として知られるが、ことに教会建築図にあっては、その専門的知識もあわせ、文字どおりの第一人者として評価と尊敬をうけることになった。その作品は、現実に存在した福音派の教会堂を忠実に写しとったものではあるが、それの特徴をさらに強調して図像化した。外観における単純化された描線は、そのままで室内に集う信徒の姿態も、シンプルに表現する。信徒たちが祈祷し説教に耳を傾ける場面ばかりか、ときには相互に会話に興ずる場面であっても、会話の音声は、広大な空間のなかに吸収されて反響音をのこさない。そんな静穏さを想像させられる。

サーンレダムのこうした造形意識については、すでに持田季未子氏による『一七世紀の光―オランダ建築画の巨匠サーンレダム』(二〇〇九年)というすぐれた分析が近年に発表されて、広い理解を共有することが可能になった。しかし、一七世紀についていえば、ほかの画家たちによる作品も少なからず存在しており、社会景観の一環として、今後も探査の必要があろう。教会建築それ自体についてもヴァラエティは豊富であり、今後の情報収集と評価・解明がまたれる。

5 国土と地図

国土を図像的に表現することは、けっして容易なこと、方法上で自明なことがらではない。ヨーロッパ諸国にあっても、自国の領土を判別可能な方法で描写するためには、多大な試行錯誤がおこなわれたようである。たとえば、国土の形態が比較的、造形しやすいイタリアにあっても、そもそもその国の全体の存否が合意をえにくいからには、その作業は意外に困難である。むろん中世以来、都市国家に比類されるような小規模の国家や代表的な首都については、その成功例をあげることができなくはない。たとえばフランスの首都パリは、セーヌ川が貫流する円形の地片であり、城壁によって囲繞されるかたちで、きわめて模式的にも表現される。そのようにして、パリの都市図が現実に多数、生み出された。しかしこの原則をそのまま、全国にまで拡げることは困難であり、フランス国家の模式図はかなり後世になってようやく出現するものであった。広く知られる「六角形のフランス」は、隣国とのあいだで国境線の画定がおこなわれた一七、八世紀になって、ようやく成立しうるものである。

ところが、オランダの場合、この作業がきわめて初期から遂行された。いわゆる〈獅子のオランダ〉(図19)である。多数の作例があるが、ここではクラース・ヤンシュ・フィシェルの銅版画をかかげておく。一瞥してすぐに理解できるとおり、叛乱・独立戦争の過程で、スペイン帝国から離脱・独立した七つの州の連合体を中心として平面的に接合した結果、創作された地図にほかならない。なによりも、個別の構成要素がこの連合体から欠落しないこと、またことに、スペインとの領有紛争が、オランダにとって破滅的な結末にならないこと。これらの多くの条件に支えられて、このライオンの姿をとった国家空間平面図がつくられた。この地図の成立事情の詳細はかならずしも明確ではないが、制作年は一六〇九年とみられ、たちどころに連邦国家のあいだで受けいれられていったらしい。さらに困難なことには、オランダ国家は長年の干拓事業の結果として造成されたため、大地と海面の境界線はつねに流動的である。実際、最初にえがかれたライオン図は、一八世紀初頭までには、ことなった顔貌を呈することになるという、たいそう複雑な事情をかかえている。

図19●フィシェル〈獅子のオランダ〉銅版

さらに問題とされることには、これがなぜとりわけライオン図と同定されたのだろうか。実際には、ライオンの全身とはかならずしも一致しない部分もある。けれども、巨大帝国スペインに正面から叛乱し、独立を獲得するという歴史的経験から、勇猛なライオン図にみごとな一致をみいだしたという事情には、説得力がある。しかも、海岸・河川・原野、さらには個別の都市とその名称など、ライオン図に書きこまれた微細な情報は、この猛獣の毛並やヒゲ、口、耳などに対応している。オランダの各都市はみずからの土地が、ライオンのどの部分にあたるかを興味ぶかげに、探索したのであろう。しかも、オランダというライオンは、国際関係において、いったん吼えれば近隣をも脅かしかねない百獣の王であるとの思いが、ここには宿っている。こうしてさきに引用したライオン図をはじめとして、いくつかの適用例が有名となった。

さて、いうまでもなくオランダは、一六・七世紀にヨーロッパにあっては、前例のすくない連邦共和国として出発した。そのとき西方に目をむけてみると、すでにスペイン、フランス、イングランド、もしくは北方のスウェーデンといった、一定程度の国土を有する国民国家が成立し、もしくは成立しようとしていた。これらは、国土面積が数十万平方キロ、その時点での人口が百万人規模の国家であり、その後、三世紀以上の経過ののちにも、基本的にはその規模と位置とを維持してゆく。他方、オランダよりも東方および南方には、これに相当する国民国家は未成立である。現在のドイツに相当する部分は、歴史的もしくは観念的にのみその名称で統括することができるとはいえ、政治上でそうしたステップには踏みこみようもなかった。存在するのは、たんにその観念上の全体を極度に細分化した政治主体、つまりドイツにおけるラント（領邦）や、イタリアにおける共和国・都市的国家だけであった。

オランダは、ここでの西地帯と東地帯とのほぼ中間に位置し、ちいさな政治主体である領邦（州）の結合体として、ようやく一六世紀になって、その全体としての展望がみえはじめたにすぎない。叛乱・独立戦争にあっても、そうした結合体がアプリオリに存在し、大敵スペインに挑戦したという性格のものではない。むしろ抵抗運動のなかで、徐々にその全体が形をとりはじめたといったほうが適切である。一七世紀の初頭に事実上の休戦が合意され、一六四八年に諸国によって正式に独立が認知されるようになって、ようやく構成単位の人びとのあいだに、共同意識が強化され統合国家を構成しようとした。たとえば、オランダ東インド会社は、オランダの東アジア貿易の推進主体として、高度の機動力をもったが、しかしそれはオランダ域内の六つの政治単位（州）が、べつべつに設立した団体を、まずは便宜的に連合させたにすぎず、共通の交易政策を策定することは困難であった。連合東インド会社（VOC）という公式名称のもと、またアムステルダムの実質的なリーダーシップをもってしても、この限界と障壁をこえるためには、かなりの努力と年月を必要としたほどである。

ライオン図は、そうした事態に対応して、いくらかなりとも、盟邦としの統合性を特例的に保証するものとして、一定の効果を発揮したものである。さらにいまひとつの特例をあげておこう。対スペインの叛乱にあっての政治的領邦（州）連合から、東インド会社の進出にいたるまで、すでにオランダ（正式にはネーデルランド連邦共和国）という政治主体は、さしあたり共同で相互に認知されていた。共和国の連合を名乗りながら、有力貴族のオランイェ家を実質上の国家当主とみなした。連邦議会の内部対立をこえて行動主体としては、単一であると自覚していた。このことを証明するために取りあげられることには、オランダの国際商船には、一七世紀前半から、共通の旗印が掲げられた。北海から東南アジアまで、交易船舶の帰属を明らかにするためである。のちにオランダの国旗として公認される三色旗がこれである。赤・白・青の三色のストライプを、横にならべたトリコロールは、ときおり縦にならべたフランス国旗と混同されもするが、それよりもはるかに早く一七世紀初頭には、実用に供されていたのである。

こうした慣行は、一七世紀になって、ヨーロッパで国際的に普及したものであるが、たとえばイングランド商船のユニオンジャックは一六七〇年代に登場した。その時代のオランダ海景図には、三色旗が頻繁に描かれるが、画家たちにとって重要な記号となった。戦争や交易における国際関係にあって、それを支える精神的プライドが、三色旗に読みとられるであろう。ちなみに、一六四一年に長崎港の出島に設置されたオランダ商館にあっても、この三色旗が翻っていたようであり、多くの絵図から確かめられる。こうして鎖国下の日本人にたいして、視覚をもってオランダ国家の存在を告知していたわけである。あえていえば、この三色旗は日本人にとっては、はるか西方にあるオランダを可視化した簡潔な社会景観であった。

第3章 日常の景観——暮らしの豊かさはどこから

1 祝祭と社交の季節

一七世紀オランダにあって、もっとも人気のたかい画家のひとりであったヤン・ステーンは、一六二六年、ライデンで生まれた。父は穀物商人であるとともに、ビール醸造業者でもあり、この都市に営業拠点をもつ、多才な実業家であったようだ。このため、名の売れた画家であるステーンも、のちには醸造業から宿屋までを営み、またそれにともなうギルド組合の役員をつとめるなど、活発な社会的活動に従事していたらしい。

ヤン・ステーンが当時にあって、図抜けた評価をうけ、多数の注文をこなしていたことは明白なようであるが、常識をこえる数の作品をのこした。一六七九年に五三歳で没するまで、オランダ各地に足跡をのこす。生地であり不動産をも所有したライデンには、一六七〇年に最終的に立ちもどった。ハーグ、ハールレムといずれにあっても、絵画作品のおもな発注者である中層以上の都市ブルジョワと、良好な関係を維持しつづけたと思われる。デルフトに滞在した一六五四年には、その地を恐怖におとしいれた火薬庫の爆発事故に際会した。多数の目撃画が残された大事故であり、有為の画家であるファブリツィウスの痛ましい犠牲をしいるものであったが、ステーンにとっても衝撃をあたえる惨事だったようである。

さて、ステーンの名を不朽なものにしたのは、いうまでもなく「風俗画（ジャンル・ペインティング）」の類型を確立したことにある。のちに公式の絵画分類として認定されるはずの風俗画であるが、もとはおもに都市や農村の日常生活をえがきとめようとする特定のスタイルにすぎなかった。中世からルネサンスにいたる公式の絵画史のなかでは、その存在が公式には認定されなかった。たとえば時祷書の挿画として採用された風景・景観のなかに、季節的労働や都市の居住施設などが、臨時的かつ偶然に挿入されるにすぎなかった。あるいはフレスコ画として、教会の壁面を飾ることもあったが、ジャンルとして確立されるには時間が必要であった。ルネサンス絵画にあって、ことに北方の画派がフランドルを中心として、意識的に日常的な生活様態を主題にかかげるようになる。そのようにして、はじめて自立ジャンルとして採用されるにいたるのは、ようやく一六世紀なかばになってからのことである。

ピーテル・ブリューゲルは、この主題を好んで採用したが、そこではおもに農村の日常的な労働・生活風景が優越していたため、ときおり批評家たちにあっては誤解も生じた。ブリューゲルを農民画家とするロマンティックな思いこみである。しかしいずれにせよ、この主題は見者を大いに満足させた。農村・農民主題は、一六世紀から一七世紀前半まで大いに歓迎され、ブリューゲルの一族子孫たちもこのプロジェクトに参加することになった。さらに一七世紀のネーデルランドではテニールス親子らによって受けつがれ、特徴ある画題となった。この田園景観は、じつは都市在住の観賞者によって推奨されたことに特徴があるが、そのことはネーデルランドにあってはしごく自然の事態であった。同様の条件のもとにあったはずのイタリアにあっては、絵画制作上の類似例はほとんどみられない。独特の風景画をうみだしたヴェネツィア派画家たちも、農民と農村をむすびつけ、都市民の視点からこれを日常風景画に組みたてるといった戦略には、思いあたらなかったようである。

ブリューゲルやテニールスの一族の系譜をうけた日常景観画は、オランダではこれとはちがう戦略に託された。これこそ、ステーンが拓いた道である。すでにみたとおり、自然景観と社会景観とはべつに、都市的社会の住民・市民たちの生活景観を主題として確立することで、新たな可能性の発見にむかった。一六二〇年代になって、国家として独立の地位をほぼ完成させ、これとともに交易経済上の実力に自信をつけたオランダ都市民たちは、その日常的生活場面を絵画主題として推奨した。それは、従来の西洋絵画ではほぼ未知の方向性であり、模索のステップを必要としたはずである。しかし、一六四〇年代になって、ステーンは市民生活の日常的場面のなかに、独特の絵画的主題がふくまれていることを認識した。その主題は画家にとってもごくしばしば遭遇する場面であり、それらを適切な方法で物語化して、画面に仕上げることがこころみられた。

かねてより、こうしたステーンの戦略については、多様な議論がおこなわれてきた。きわどい論争もある。近年いくつかのあらたなステーン分析がおこなわれてきた結果、結論とはいわぬまでも、穏当な理解をもとにして、ステーン作品の鑑賞を享受する条件がととのってきている。ここでは、それらをもとにして、ステーンを手掛かりにしたオランダ黄金世紀の読みとりを試みることにしたい。

その一例として、ステーンの代表作のひとつとされる〈聖ニコラウス祭〉（口絵4）をとりあげてみよう。一六六五年頃の制作とされる作品は、主題としては当時のオランダ都市社会でごくふつうに目撃される場面であろう。聖ニコラウスの祝日、つまり一二月六日の祭日は、現在ではおもにプロテスタント地域で一二月二五日に、カトリックでは一月六日に設定され、贈物慣習で知られる。オランダでは当日朝、子どもたちは訪問してくる聖人がもたらすプレゼントのために靴をならべて、または布袋をベッドサイドに吊るして待ちこがれる。子どもたちの就寝中に、聖人は玩具や菓子を配って歩く。早朝、目覚めた子どもは、これを発見して歓喜に声をあげるだろう。聖人の代理人である両親たちは、その光景を傍らにして、「劇的」な光景を満足そうに観察する。図の中央にいる少女は玩具と菓子を、またその右手にいる妹は、ステッキ状の玩具をほこらしげに指し示している。ところが、その左手にたつ兄は、三歳ほど年長なようだが、聖人のプレゼントにありつけずベソをかいている。妹がその姿を意地悪そうに眺めているが、いかにもかわいげである。いうまでもなく、聖人は子どもたちの日頃の行動にかんがみて、プレゼントを与えたり、与えなかったりするわけで、その結果の風景が喜劇的に披露される。一二月六日早朝の家庭の情景が、さもありそうに描写されている。

現在のサンタクロースの贈物とあまりにも似かよったこの習慣は、クリスマス（生誕祭）の一環として、きわめて早期から、ヨーロッパで広まった。ただし、それの起源や系譜については、詳細は不明なところも多い。そのなかで、ステーンの作品は重要な民俗上の情報を提供しているといえる。それればかりではない。ステーンによる物語表示は、従来の絵画技法をくつがえす、独自の役割をはたした。絵画におけるおもな伝統としての地位をたもってきた歴史画や宗教画が表現する「大きな物語」とはちがい、ごくふつうの市民たちの家庭における「小さな物語」が、共感と鑑賞をもたらす作品として、ここに確実に風俗画としての地位を獲得することになったから。ステーンの作品は、日常世界にありふれた物語の部分的な切り取りとして自立し、市民たちの支持をうけて、一七世紀のオランダを代表する地位を手にすることになる。

この成功を実証するかのように、ステーンは数百点におよぶ作品群を提供することになるが、それらの主題上の差異を念頭におきつつ、代表的作品をみわたすことにしたい。そこでは、ステーン作品がやがて多数の継承者によって、制作と鑑賞のネットワークを拡げていくことにも留意しながら。

さて、その第一は祝祭と社交である。さきにみた聖ニコラウス祭とならんで、市民や農民にとって、もっとも賑わしい年中祝祭のひとつは、「三王祭」であろう。オランダでは、伝統的にこの祝祭は一月六日におこなわれた。カトリック世界であれば、「主の顕現日」（エピファニー）に相当する。流星の動きによってイエスの誕生を察知した三人の王（マギ）が、東方からベツレヘムの地に赴き、生まれたばかりの嬰児イエスを発見する。それぞれの贈物をおこなって祝賀をのべる。この歴史的事件を記念すべく、信徒たちはテーブルにつどって宴をかまえ、音曲を奏でて喜びを共有する。この情景をステーンは、いくつかの画面に表現した。まずは、〈三王祭〉（図20）をかかげておきたい。ひとりの男が演奏する楽器は、やや粗野ではあるが、笑いをさそう破裂音をだす。弦楽器にあわせて、金属的な音を発する摩擦楽器が、騒音にちかい爆発音をだしているだろう。そのアナーキーな音にあわせて、多数の参集者は歌い談笑する。すでに会席がはじまった頃合いらしく、座はみだれている。主婦とおもわれる女性は酒壺をさげて、酒杯をみたしている。その傍らでは、幼い女児が老婆の世話で酒杯をかたむける。二人はしたたかに酔っているだろう。

おなじ主題にもとづく別の〈三王図〉（ボストン美術館）では、室内での奏楽が中心となっている。

図20●ヤン・ステーン　〈三王祭〉

厳寒のなかの室内で一家一族と思われる一五人ほどが、愉快に会話する。テーブルにはさしたる酒食の備えはないが、全員が心おきなく談笑している。爆笑が聞こえてくるようだ。部屋の隅では、子どもたちが遊戯に興じている。床に散った遊具が、集いの盛り上がりを語る。ステーンの風俗画には、こうした多数の仲間たちが折々の名目で集い、冗談を発しつつ、時をすごす祭日の光景がしばしば登場する。この図は、そのうちでももっとも幸福感にみちあふれた作品といえよう。

これらとてつもなく乱調におちいった三王祭の光景こそ、ふつう「ステーン風放縦」とよばれるものの典型である。人びとの衣装からみて、農村というよりは、ごくふつうの都市住民の日常姿であろう。室内の壁には、かなりの大きさの風景画がかかっており、空の鳥籠や机やイスの什器も、ある程度の資産をしめしている。つまり、中流階級市民が、三王祭を機会として破目をはずしてドンチャン騒ぎに興ずる、そんな光景。見者をも心うきたたせる快楽の図である。

ステーンの画面が、幸福感をもたらすのは、こうした祝祭というかぎられた特定の時空間のゆえばかりではない。オランダの市民・農民がつどい、談笑したり音楽を奏でて舞踏に酔う、きわめて多様な場が主題となる。ここで代表例としてとりあげられるのは、〈居酒屋の前で踊る農民たち〉(口絵5)である。空間は、農村のありきたりの居酒屋前広場にあてられる。夕刻と思われる時刻に、村民たちはここに集ってくる。二〇数人の村民たちのうち、居酒屋の客は数人にすぎないが、ほかの村民たちはこの集合をそれぞれの方式で楽しんでいる。中央では、壮年とおもえる男女が手をとりあって舞踏に興じ、右手では女性が二人の男から誘いをうけている。店の前のテーブルで、ひとり飲みつづける伊達男。丸太に腰をかけ、タバコをふかしつつ、飲み物をチビチビやる男。後方では、バグパイプを鳴らす男が商売にかかる。居酒屋の二階ベランダでは、男女がしんみりと語りあう。そこの扉にたつ女性は店の女房であろうか。これら男女たちの間をぬって、ちいさな子どもが大人の行動に関心をしめす。これらすべての人物が、ゆるやかな集団行動に身をゆだねる。どうということなく、平凡だが心暖まる村の夕刻。暮れゆく村の日常的物語が、ここに記録されている。

いうまでもなくこれはステーンによる、ひとつのフィクションである。村人たちの日常にしては、着衣はいささか整いすぎており、あまりに安穏・平和な風景が展開しているとでも評することができよう。しかしながら、これらすべての寸景は見者が自然のままに受容することが可能なものであり、極端に理想化されているわけではないにしても、好ましいささやかなオランダ物語として完結している。それは、従来では創作されなかったような人間模様の表現であり、見者たちに安堵と幸福とを提供するものであった。特定の団体や職分を表示するわけではなく、たんに社交を個々の目的として、たまたま結集した人びとが構図に参加している。それを日常的風景としてとらえることこそ、ステーンが獲得したあたらしい作品戦略であった。

ステーンのこうした戦略は、一七世紀オランダにあって、きわめてユニークなものであったろう。ことによると、その戦略は画家の個人的な資質、とくにカトリック信徒としての心情的余裕とか、世俗志向性によって説明されるものかもしれない。ステーンや、おなじ日常風俗をとらえた画家ヤン・ファン・ホイエンがカトリック信徒であったということは、あるいは有用な情報かもしれない。ただし、そのことのみをもって説明が完了するとは考えにくい。あくまでも、補助的な論拠とみなすにとどめておきたい。

「ステーン風放縦」や日常風俗画の意味をめぐっては、さまざまな議論がこれまでも提起されてきた。その論争に決着をつけるわけにもいくまいが、以上のような理解を前提に、個別の作品を楽しむことができよう。近年では、文芸批評家ツヴェタン・トドロフが文学と美術の対比を念頭において、味わうべき提言をおこなっている(『日常礼讃――フェルメール時代のオランダ風俗画』、原著は一九九三年。塚本昌則訳、二〇〇二年)。日常生活に道徳観を要請しつつも、それをこえてゆく現実生活の美や興趣の表出に、ステーンらのオランダ風俗画の実質を見いだそうとする。トドロフのその提唱は、さきの解釈と十分に通絡しうるようにみえる。

2 「ステーン風放縦」をめぐって

じつはこうした日常風俗図は、ステーンの前後のオランダにあっては、急速に評判をよぶようになる。とりわけ話題となるのは酔客たちの興趣の光景だが、しばしばそれ自体が見者の興味をひくと同時に、眉をひそめさせることにもなった。ここでは、ステーンをはじめとするオランダ一七世紀画家の理解と解釈にかかわる議論が表面化しよう。酔客をはじめとする攪乱要因が、絵画になにをもたらしたかという問題である。

事例として、二つの作品をあげよう。第一は、〈老人は歌い、少年は、パイプを吹く〉(図21)。もっともステーンらしい作品として取りあげられるが、画面は一家一族の集合である。左の婦人は酒杯を高くかかげて、ワインを注がせる。すでに、かなりに酔態である。その右の男は、笑いながら話を聴いている。その右では、老婆とその嫁とが歌詞にしたがって楽曲をうたう。右へいくと、少年にむかって帽子の男が、タバコ用のパイプをさしだす。ステーン作品らしく、これらの参集者はみな思いおもいの行動にむかい、全体をとりしきる秩序は不在である。しかし、それにもかかわらず、登場する一〇人の人物は自分の行動準則で場面に参加し、それなりに全体に場をしめている。酔客である婦人と、まるっきりの子どもがくわえるタバコ・パイプは、一般的には常人には許されない禁止事項であるが、この両シーンがくずれた秩序をとりわけ強調する。

いま一枚は、この色調をさらに増幅している。〈ぜいたくの方へ〉(図22)である。ここでは個人居宅の秩序が、酒とタバコを中心にまったくの混乱におちいる。正面の女と右の男は、若い恋人同志だろうが、すっかり酔っぱらっている。主婦は左手で居眠りし、その子どもたちは、タバコ・パイプを

図21●ヤン・ステーン 〈老人は歌い、少年はパイプを吹く〉
図22●ヤン・ステーン 〈ぜいたくの方へ〉

くわえたり、戸棚からワイン用カップをとりだそうとする。右手の黒衣の男女は祈祷を心掛けているが、ほかの六人は耳を貸そうとしない。室内の床には、書類、帽子、プレッツェル、カップが散乱し、それを豚が食いあらす。左手の犬もおなじく。左端のワイン樽からは、中身が漏れ出てくる。各人は、それぞれに対話し、全体としての協同は存在ない。なぜ、この一枚が、絵画として成立するのだろうか。しかし、まったくの無秩序という共通トーンが物語を構成して、見者の異様な想像力を刺激していないだろうか。それは、さして重大な混迷までを予告するものでないとしても、ごくありあふれた居宅にあって、同時代のオランダ市民が参画する頃合いの無秩序として、見者を魅きつけるようにみえる。

いまここで例にあげた逸脱や無秩序は、一七世紀以降のヨーロッパにあっては、きわめてしばしば引例され、通常は「ステーン風」とよばれる放縦として知られる。ごくふつうの日常空間にありながら、あるべき秩序は崩壊し、あらゆる混乱に身をゆだねている。ステーンはその混乱を創出し、推賞したものとも評判された。そればかりか、画家みずからも酒乱にして、家計の崩壊におちいる性格破綻者として、葬りさられたとも伝える。一七世紀オランダ社会の高尚な画風を裏切り、あるべき限度をこえて絵画術の破局にまで至ったと。

「ステーン風放縦」をめぐる論説は、こうして多面にわたることが予想される。そこであらためて、ステーンの日常的主題による風俗画の基本性格について、主要な論点を整理しておこう。知られるとおり、画家ステーンは日常生活における放縦や秩序攪乱をこのんで主題としてきた。そのことについて、批評家や歴史家たちは作者の意図をはかりかね、苦しまぎれの解説をしいられることになった。作者は、そうした放縦や攪乱を興味ぶかげに再現し、見者とともに、「悪の快楽」を楽しんだとみることもできる。いわば、アナーキーの宣揚者として、のちのロマン派画家たちをはるかに先駆する芸術家とみなしたのである。たしかに、ステーンの作品のうちには、悪や不道徳の提示、もしくは秩序攪乱そのものの愉楽を掲げたものも少なくない。そうした「不道徳」のゆえに、ステーンの近代性を評価しようとする議論にも、一定の共感をおくることもできる。こうした路線の創始者として、一七世紀の土壌を解明するのも、ひとつの方法であろう。

しかしながら、残存する数百点のうち、放縦や無秩序をもって「ステーン風」情景をかもしだしているのは、じつはごく少数にすぎない。残余の作品の大半は、のちにもみるとおり、一七世紀オランダの市民・農民を主題として、穏やかで平和な日常生活における衣食住をあつかい、とりわけて攪乱や放縦を基調とすることなく、日常的平穏のなかの人間生活を再現している。画家ステーンは、ことさらに「ステーン風放縦」をその画業の中心主題として、制作にむかったとは断言しにくい。あるいは、そうした「無秩序」画ばかりをジャンル化して、これを特別視したようにもみえない。つまり、ステーンを「悪の無秩序」を宣揚する画家として、ロマン派芸術への帰属を求めるのは、見当はずれといわざるをえない。

それでは、これとは逆に、ステーンの「放縦」主題をそうした不道徳への警告とみなすことは可能であろうか。前述の理解法への抵抗感から、ステーンをむしろ謹厳な道徳家とみなし、したがって、「ステーン風放縦」を不道徳への戒めと読みとく提言である。これによれば、画面上で再現される放縦や無秩序は、その時代にあって現実に存在したであろう不道徳の実態を告発し、あってはならない混乱を図示することで、懲罰や戒告をこころみたものである。当時の一般的な認識を前提とすれば、絵画に期待・要請されるのは、そうした道徳的訓戒機能であり、作品の発注・購買者は、そうした価値感覚を十分に共有したうえで、あえて「アナーキー」な画面を選択したことになる。すくなくとも、一七世紀オランダの市民・農民の心情は、そのような良識（ボン・サンス）で防備されており、ステーンはそのことを認識したうえで、かの主題を選びとったことになる。「ステーン風放縦」は、道義的に「あってはならない」情景のモデルとして、観賞・購入されたのである。

この説明は絵画作品の道徳的教導性という側面を強調し、一七世紀オランダに特定してその有効性を強調する点で不自然ではない。しかしながら、画家にとっても、見者にとっても、あえて「不道徳」を主題とした作品を好んで求めたとするのは、いかにも無理があろう。懲罰的意味をもつ作品を希求するならば、さらに強烈なメッセージをもつ作品、たとえば地獄図や「死の行進」「死の舞踏」のような典型例をえらぶことができたであろう。また、そもそも日常生活場面を提示することで、教導性を発揮するような作品だとしても、そのような趣旨の作品をかなりの対価を払って購入し、室内に展示して家人や客人にたいして教導効果をはかるというような措置は想定しがたい。「無秩序」の提示による「秩序」への教導が、オランダ市民を標的としての作品の質と目的とするのは、不自然といわざるをえない。

以上のとおり、いわゆる「ステーン風放縦」について、これをアナーキーの積極的宣明として評価したり、逆に懲罰的訓戒とすることは無理であろう。できればこのことを、べつの角度からの解明できないであろうか。ステーンの作品は、その主題が「放縦」であれ「秩序」であれ、当人としてはそれらを推奨したり、警告・訓戒したりするわけではなく、もっぱら作品としての物語性の開示をもとめたであろう。すなわち、ステーンにとっての主題が、秩序であれ無秩序であれ、推奨であれ訓戒であっても、作者としては絵画作品が内蔵・開示する完結した物語性におもな関心がある。それは、ときにはきわめて常識的・良識的風俗であり、またときには逆に常識に反した非秩序であっても、それ自体を作者としては擁護したり、反駁したりするものではない。ひたすらその物語の展開の巧拙と表現の技法の適否が関心事であったろう。購入・見者としてみれば、その巧拙・適否と物理的条件（つまり、画の寸法や価格）が、判断の決め手となったはずだ。

伝統的なヨーロッパ絵画は、その画面のなかにそれぞれの物語を描きとめてきた。しかしながら、その大半の場合には、物語は神話的主題として、公共の合意のもとに継承されてきた。キリスト教に関わる神話や伝承は、そこに無数のトポスを提供しており、画家は画面をとおして、見者にそのコードにもとづく物語を送りとどけた。見者はそのコードを鍵として、表現の文脈を容易に理解することができた。むろんルネサンス時代以降には、画面上に表示される物語は多様化し、ときには読解に困難をきたすこともあった。あるいは中心主題として展開されるかにみえる物語とはことなり、その背景におかれた別途の事象に、画家としての関心が投影されるという場合もあった。しかし、いずれにせよ画家と見者にむけて先験的に用意された物語のゆえにこそ、絵画の制作と観賞の成立が約束されていた。神話画や歴史画、つまりキリスト教や古代神話などにおける、その現実の歴史事件への言及によって、絵画は共通のプラットフォームを設定することができた。そこでは、絵画世界にあって最上位をしめる神話・歴史画をかろうじて下位にあって補填するものとしてのみ、世俗的性格をもつ人物画（肖像画）が登場した。さらに本来はこれらを補強する背景（バックグラウンド）にすぎない風景画や、さらには遅れて風俗画がここに参画することになる。歴史画・神話画がもつ高尚な公認の体系から次第に独立性を強める低位の物語性は、一五・六世紀のヨーロッパ絵画でようやくかろうじて認知されるようになった。歴史・神話性に沿い、ときにはこれに肩をならべたり、凌駕したりする世俗的な物語性の誕生と登場。そしてやがては自立した地位の獲得こそ、近世絵画史のトポスだったとみてよい。

歴史画の場合とちがって、世俗的場面は、明確な物語性を完結したかたちで表現するには困難がある。なによりもその物語のコードは、作者・見者によって広範に共有されてはおらず、もっぱらくりかえしの創作によって、公共の場で認知されねばならない。表現される個々の物語の組み合わせを、言語によってでなく図像によって、平易な手段で表現しなければならない。それはヨーロッパ絵画史において、あらたな困難な課題であった。しかし、一枚の画面のなかに多様な物語を封入し、複雑な文脈をも解読可能なかたちで展開すること。これこそ、ルネサンス以降の絵画史が直面した課題であったはずだ。

ステーンたちが直面し、挑戦したのは、このような課題であったろう。むろん、たとえばルネサンス画家たちが肖像画をとおして実現した、多様な人柄・性格表現が、それに先行したであろう。あるいは、神話・歴史画の巨匠たちが、その名称にもかかわらず、じつは現存する人間たちが集合して織りあげる物語として創作した画面も、すぐれた実例を提示していただろう。そしてまた、おなじオランダ一七世紀に、集団肖像画の名のもとに、フランス・ハルスたちが築きあげようとするあらたな伝統も、ステーンにとっては賢明な範例となっただろう。そうした前提のうえで、ステーンはきわめて率直なかたちで、人びとの日常空間のなかに多様な物語性を折りこむことに成功した。ただし、ここでの物語とは、聖書や古代神話、あるいは要人や大立者が創りあげる「大きな物語」であることを要しない。ほとんどどこにも固有名詞をもたず、それが位置する時間と空間をも特定されない無名の人びとであった。けっして架空でも空想でもなく、一七世紀オランダのライデンやハールレムに現存した人びとの物語を、あえて固有名詞を脱色したうえで、画面のうえに投影したのである。

いうまでもなく、こうした物語性をもった人間風俗画は、一見すると観賞・理解が容易であるかに思えて、じつは歴史画・神話画あるいは肖像画とくらべて、はるかに読みとりが困難である。固有名詞に結びつかず、時間・空間も特定しがたい。しかし、注意ぶかく読解につとめれば、ステーンが一枚の画面に投入した物語の筋道を追跡することは不可能ではない。むしろそれをとおして、時代と空間をともにした人びとの生活や人格のありかたを、鮮明に語りあかすこともできよう。ステーンばかりの功業ではあるまいが、とりわけその秀逸の作品にあって、風俗画の精神はみごとに表現されたといえよう。生活的日常として描出された一七世紀オランダは、奏功すれば鮮明なかたちで物語られるはずである。ちなみに、「ステーン風放縦」はむろん、こうした画家の戦略の一環である。暴露でも訓示でもなく、巧みに語られた一七世紀オランダの物語図像のひとつにほかならない。それを評する当時の批評が、ユーモアとか辛辣とか悪戯とか、さまざまに形容したところは、そうした戦略の多様なヴァリエーションの一部であった。

3　生活と風俗のかぎりない愉楽

ヤン・ステーンの物語戦略がもっとも闊達に表現されたもののひとつとして、しばしば取りあげられる「居酒屋風景」があろう。農民や市民が酒杯をかわし、音曲の演奏・高唱とともににぎわいに満ちた空間をつくりあげる。そこには、とくに重大な事件性はないが、集まった人びとのそれぞれの生活物語が展開され、見者を解読に誘いかける。しかし、いうまでもなく、このジャンルはけっしてステーンが創始したアイディアによるのではなく、あえていえば、一七世紀オランダ画家たちを結集させた共通のプラットフォームであった。じつに、多数の類例をあげることができる。

たとえば、ステーンの先輩にあたり、ハールレムでフランス・ハルスの薫陶をうけたアドリアン・ファン・オスターデは、じつはこのジャンルの開発者のひとりであった。多数の類似作をのこしたが、いずれもがハールレムの町中を舞台とした愉快な空間と仲間たちをモチーフにしており、そこでの人気のほど察せられる。ハルスが集団肖像画によって、人間心理の描写に挑戦したのにたいして、オスターデは、もっぱら民俗的な生活場面のリアルな動向をとらえようとした。それは、のちのステーンのように、構成人物たちがつくりだす物語世界の精密さには到達しなかったものの、居酒屋という開放的空間の場をとらえて、見者をひとつの共有空間にさそいこむ効果をうみだした。その一例として、〈居酒屋の農夫たち〉（図23）をかかげるが、卑俗さの強調と現場感覚によって、酔客たちの姿がさわやかに描写されている。ことに、誘いかけられた同伴の客たちの愉楽にみちた酔態が、この種のジャンルの典型として、広く悦ばれたことを示していよう。

ハールレムにあっては、フランス・ハルスの集団的表象と、さりげない日常空間描写に刺激をうけ

図23●オスターデ　〈居酒屋の農夫たち〉

たかのように、オスターデやほかの画家たちも、居酒屋・酒席主題を頻繁に採用した。酒席の客である市民たちは、その上中階層にあっては、同時にこの情景画の購買者であったわけで、市民の自画像という意味をおびていたものと思われる。くわえてときには、居酒屋空間に隣接させて、浮浪者をすえていたりする。オランダの画家たちは、ときおりこの手法によって、悲惨な運命と生活をしいられる都市住民・農民を画面に描きこんだ。それは、日常空間の現実の姿でもあろうが、居酒屋・酒席の快楽情景を異化し、局面を多様化させようとする画家の特異な戦略のなすところでもあろう。じっさい、繁栄するオランダ社会であっても、貧困と無縁なわけではなく、むしろ現実世界では解決を求められる困難な問題のひとつであった。ただし、貧困それ自体が、絵画として単独にとりあげられるのではなく、ひとえにそれは、繁栄や享楽の対極として、異化作用を託されての出現だったのである。

ところで、こうした居酒屋・酒席主題の絶大な人気の背景には、なにがあるのだろうか。ヨーロッパ絵画史上、ほとんどはじめて、ここで主題化されたのだが。一般に、オランダ社会は、プロテスタントの厳格派によって統括され、世俗的享楽の過剰にたいしては、極度に抑制的であった。飲酒や喫煙は、禁圧されないまでも、世俗的享楽として限定された条件のもとでのみ、許容されたともいわれる。この事情を斟酌するとき、居酒屋情景とはじつは架空の空想物だと断定したくなる。それも無理からぬところがあろう。しかしながら、すくなくとも一六世紀の南ネーデルランドの風俗画の盛行・流行をみるならば、陽気で開放的な社交空間とその媒介物としての飲酒は、架空のものと考えるわけにはいかない。しかも、ネーデルランドでは自生しないブドウを原料とするワインや、あるいは一七世紀後半と想定されるラム酒（ジェネーヴァ）の導入など、飲酒文化の成熟は、経済・交易上の繁栄とともに、実現したものである。このことを前提としたうえで、居酒屋空間の図像化をフォローする必要がある。

さて以上のように、ヤン・ステーンの日常生活描写から物語のおもしろさを摘出できるとすれば、一七世紀オランダ社会の諸相が広範囲にとらえられるはずである。ステーンの眼をとおしてだけでなく、その時代の多様な視線のなかにも、さまざまにその様相を追いもとめることができよう。いくかのポイントから、それを試みてみたい。

まずは、オランダの市民・農民たちのあいだで、男女の交流がうみだす特異な場面、あえていえば、人びとの愛と性をめぐる問題。それは、いつの時代でもおなじことだが、画家たちにあっては、恰好の主題として取りあげられた。いつもながら、この主題についても、ステーンは画面上に微妙な物語を設定することで、思わせぶりの作品をつくりあげている。

たとえば、〈カキを食べる人〉（図24）である。卓上には数個のカキがならび、これに味を合わせるかのように、白ワインがグラスに注がれている。隣室では料理人とおぼしき夫婦が、つぎの皿のためにカキの殻をひらきはじめる。当時の人びとにとっては、生カキは特別の意味をもっていた。それは、

図24●ヤン・ステーン〈カキを食べる人〉
図25●ヤン・ステーン〈寝室のカップル〉

すでに第1章でもみたとおり、典型的な媚薬効果をもつと了解されていたからである。つまり、この図は若い美女が思わせぶりのポーズと流し目でこちらを誘いかける、艶っぽい皮肉な画面を構成している。娼婦の仕事場といえようか。隣室の夫婦は、娼婦宿の主人夫婦とみなければなるまい。この図の文脈のもとでは、ステーンにあっては性愛を主題とする明確な物語性を体現しているとみなされよう。

〈寝室のカップル〉（図25）も、見かけ上から、ただちに判読できる物語である。天蓋のあるベッドや後景の室内様相からみて、あからさまな娼婦宿とはいえまいが、さりとて気どった貴紳淑女の二人というわけでもない。男は着衣のままベッドにはいり、女はワンピース姿でベッドにむかう。手前のイスにかけられた着衣からみて、寒い季節に豪華な外套をまとった男女ということになろう。男が女のワンピースの裾を引いて、ふざけながらベッドにさそう。ふつうであれば、きわどい男女の秘儀の情景にみえながら、ベッド脇での子どもっぽい仕種によって、全体のムードはかなり快活でスポーティである。これこそ、ステーンの風俗画の骨頂といえるかもしれない。前後の筋立ては、かなり単純・素朴でありながら、男と女の両者がつくりだすユーモラスな姿態によって、カラッとした爽快さをかもしだす。しかも、猥雑さや卑俗さを回避して、絵画としての完結性を保全する。男女の性愛関係というきわどさを巧みにワープして、風俗画の領域内にとどめた。その手腕は感服ものといってよい。

ステーンの作品を二点あげて、一七世紀の愛と性の一側面をみてきたが、ステーンらしいあけすけさのなかに、民衆たちのおおらかな感性の表出をみることができる。また、その表現のかたちとして、ユーモアを忘れない生活感覚を指摘することも可能である。もっとも、同時代に作成された銅版画作品のなかには、さらに包みかくしのない性愛の情景の表出をみることもできる。宮廷や市民の生活現場にあっては、猥褻な画面や性的ハラスメントは事欠かなかったであろう。その銅版画作品は率直な表現に近いと考えることができる。いずれにせよ、油彩画におけるユーモラスで抑制のきいた性愛場面から、なまなましい銅版画の画面にいたるまで、さまざまな日常表現のなかに、オランダのプロテスタント社会の現実像を読みとることが可能であろう。

4 学校、遊び、家庭、祈り

a 学校

図像表現された社会現実のいくつかを、さらに日常事象の側から探ってみることにしたい。まずは、学校である。これをことさらに取りあげるのは、一七世紀オランダ社会が急速に初等教育への関心と熱意をもやし、これが何らかのかたちで図像表現にまで影響をあたえたのではないかと、推測されるからである。一六世紀後半に始まるオランダ国民社会の形成は、つねならぬ教育改革をうながすものとなった。ひとつには、叛乱・独立運動を牽引したカルヴァン派信徒たちが、その日常生活における謹厳実直さにくわえて、幼児や青年にたいする積極的な教育支援につとめたことである。独立の過程で成立し、強化を経験した都市・農村の自治体は、その住民把握のために公共の学校の建設と確立をもとめた。その結果、一七世紀になると各地では教育行政の一環として、初等学校が公式に設立された。伝統的に学習の開始時期とみなされる六歳児以上は、なんらかのかたちで学校に通うよう推奨された。むろんその成果は、はなはだ心もとない。教室指導の教師も、量質ともに限られており、学習の達成度は低かったではあったろう。しかしこの制度化によって、すくなくとも識字力の向上は疑いない。またその成果を基にして、商工業の経済生産や自治行政の管轄などは、大いに刺激をあたえられた。児童たちの学校生活は、一七世紀のオランダの日常生活を語るひとつのトポスともなった。

ステーンの作品には、その学校の生徒たちを主題とするものが、すくなくない。厳格な教師が、言いつけを守らない生徒を懲戒する場面などは、いかにもステーンらしい物語性をもつ作品だろう。〈村の学校〉（図26）となると、いささか事態を誇張したうえで、混迷ぶりを過度に強調しているかもしれない。村落にこれほどの規模の教室が一般化していたかどうかはともかくとして、狭い土間様の室内に、じつに三〇人ほどの同年代の子どもが集結している。一〇歳以下の児童であろうか。夫婦と思われる教師二人が指導にあたるが、とても手に負える状態ではない。数人のまじめな子どもがテ

図26●ヤン・ステーン 〈村の学校〉
図27●ヤン・ステーン 〈カード遊び〉

ーブル上で勉学を進めるが、女教師の指図をうけるとはいえ、そのほかの子どもは思い思いの様態である。つまり、学級としての団体性を体現しえていない状況。結果として、居眠りする子、取っ組み合いをする子、テーブルのうえに立ち上がり叫びあげる子……。「ステーン風放縦」の学校版である。じつにユーモラスに描きあげられる。これが、現実であるかどうかを決定することは、いつものとおり困難である。しかし、村落内にこれだけの数の児童が集結し、まがりなりにも日常的に「社会」を構成しているとする図幅は、重要な意味合いをもっている。教育の改革がオランダ社会の質的向上を保障したかどうかにかかわらず、学校が人びとの関心のトポスとなったことを、この作品が証言していることは、疑いがない。ステーン作品の多くに、このような社会的課題の表出という性格が体現されていることに着眼しておきたい。

b　遊び

ネーデルランド・オランダの図像表現にあって、とりわけ遊び場面がしめる位置の大きさについては、かねてから知られているとおりである。なによりも、ピーテル・ブリューゲルの大作〈子どもの遊び〉が、それを代表している。一五五〇年という早い時点で、ブリューゲルはアントウェルペンとフランドルにおける、じつに九〇種類におよぶ児戯を一枚の絵画に収容した。しかもいずれもが、明確なイメージを提供するさまは、ほとんど奇跡といってもよい。この児戯の概念をさらに拡大して考えるならば、広く大人たちのスポーツ一般をも加えることができる。いうまでもなく、スポーツは近代社会にあって身体競技として専門化するまでは、いずれの種目も成人にとっての遊びでもあったからである。むろん、遊びはネーデルランド、オランダだけの専有物ではなく、あらゆる民族にとって共有物である。

しかしながら、ここでことのほか強調しておきたいのだが、一見すると謹厳にして極度の合理性にとらわれるオランダ人にあって、むしろ逆説的だが生活の時空にあっては、遊びはきわめて重要不可欠な局面であり、人生のおもな場面を形成しているとみてもかまわない。その証拠には二〇世紀になっても、オランダを代表する文明史家ヨーハン・ホイジンガ（ホイジンハ）は、遊びを文明の重大な形成要素とみなし、人間を遊びの相のもとに観察することを提唱した。『ホモ・ルーデンス』（一九三八年）は、たんに二〇世紀文明にたいするメッセージであるばかりか、歴史と人間の全領域にたいする宣言でもあった。そうしたオランダの伝統が、一七世紀の絵画史に由来するかどうかは容易には断言しえないとしても、その具体的様相をたずねてみることは有用であろう。

ステーン作品のなかには、さまざまな遊びが素材としてあげられている。たとえば〈カード遊び〉（図27）である。テーブルに集った男二人、女一人は、くだけた姿勢で遊びに参加し、酒杯をも傾けたようである。トランプ・カードはすでに一四・五世紀までには、現在とおなじ構成に定着しており、遊戯としてもほぼ確立したものとされる。しかし、この作品の趣旨は、この二人の遊びではなく、手前の女性がこの遊戯亭の実質的なオーナーであって、カード遊びによって客をたのしませていることにある。しかも、その女性の左手には、ハートのエースが握られており、このカードを道具として、テーブルの男性から賭金をせしめようとする目付きを、こちらに向けていること。つまり、ゲームの進行自体に、いまひとりの男性とつるんだ女性の策略がかくれており、いわばインチキゲームを構成しているらしいこと。ステーンの画面の物語構成からみて、そのような筋立てが読みとられる。店のメンバーがグルになって、客から金品をまきあげるという他愛もない光景が、遊びのなかから浮かびあがる。見者には、しごく周知の筋書きとして展開される遊びに、一七世紀のオランダ人が快哉を叫んでいたというわけである。画家たちの関心はさらにテーブルゲームとしてのバックギャモンやチェスにも向けられている。

遊びとスポーツとはきわどく隣接する領域だが、ステーン作品はその両者を豊かにつつんでいる。さきに見たとおり、氷結した河川、運河が提供するスケートリンクは、遊びの場となった。すでに現在のアイスホッケーの先駆もみられる。あるいは、現代のボーリングに類似したスポーツは、老若男女を引きつけたようである。

c　家庭

一七世紀オランダ絵画が、しばしば家族や家庭に主題の焦点をあわせていることはたしかである。

さまざまな人間集団をとりあげうるとしても、そのなかでも家族およびそこで営まれる家庭は、この時代にあっても枢要な位置をしめていた。身分や職業を表示する集団肖像画とはちがって、家族・家庭画は一般的にいって規模はちいさく、また日常的な私的感情の表出機会を対象とするだけに、雰囲気はくだけており、特段の緊張感を要しないものだった。このことが、一七世紀オランダ絵画にユニークな温かみと親近感をあたえている。こうした家族・家庭が営まれる空間は、公式性が希薄であり、中世・ルネサンス絵画が表示しようとした極度の衒示性や権威性も脱色されるのもふつうであった。現実のオランダ上・中流階層の市民たちは、むろんきわめて散文的な現実にかこまれていたはずだが、それでも視野にはいる範囲内での洗練と完成度をかかげながら、画家たちと見者たちは、家族・家庭図を制作し、共有したものと思われる。

じつは、こうしたゆるやかな理想態としての家族・家庭図は、ステーンにはさして頻繁には登場しない。あえていえば、画面がつくる物語性の作り手であるステーンにとっては、家族・家庭図はやや平板にすぎたのであろうか。しかし、時代を共有するほかの画家たちは、日常生活画として、無数の作品をのこした。

実例として、ピーテル・デ・ホーホをあげておこう。〈リネンタンス脇の女性たち〉(図28)である。扉をこえていくつもの部屋がつらなる都市内邸宅のなかで、家庭の主婦はみずから、洗濯ずみのリネンをタンスに収納する。右手の女性は、ハウスメイドであろう。右手には令嬢が室内のボール遊びに

図28●デ・ホーホ　〈リネンタンス脇の女性たち〉
図29●ヤン・ステーン　〈食事前の祈り〉

興じている。見者の目を奪うのは、格子文様になった室内舗装の豪華さ。しかし、この豪華さはおなじ度合いにまで飾られた衣装やインテリアによっては、増幅されない。というのも、それらは過剰ではない程度に優美であり、なによりも主婦がみずから家事労働に精出す。ピーテル・デ・ホーホの多数の作品には、こうした純朴だが豊かなオランダ上層市民の折り目ただしい家庭生活が、余すところなく描出されている。

デ・ホーホ作品では、おなじく上層市民の家族たちが、食事のテーブルを囲む。皿や鉢や杯はどれも並製品であり、食品の量もけっして過大ではない。量は摂取可能な範囲内にかぎられており、貴族の場合のような、衒示性は念頭におかれていない。ただし、留保が必要であるが、デ・ホーホの場合もふくめて、家族の構成員とその家内労務には、つねに女性の小間使いが伴っており、家事の遂行にとっては必須条件であった。この女性小間使いが、労働ばかりか家族内の人間関係の緩衝剤として、あるいはときにはそこでのトラブルの要因としても、軽視できない役割をはたしており、絵画画面にもこの役割が投影されている。こうした主題をもつ家庭・家族風俗画の成立は、オランダ絵画史においてきわめて重要なモメントを形成する。これらの作品群が、それを投影したかにみえる現実の家庭・家族の室内にあって、理想像として壁に展示されることの意義を、なによりも強調しておきたい。

d　祈り

平穏な調子の家庭像をあまり残さなかったステーンには、しかしひっそりした静寂のなかにある家庭の食事風景を表示した作品がある。それを観察してみよう。まず、〈食事前の祈り〉（図29）である。ステーンには珍しく、画面上には三人しか登場しない。しかも、夫婦は窓際のせまいテーブル前に座り、幼児は母の膝のうえにしずかに座る。食事は、きわめて質素で、数片のパンとハムのような副食品を少し、そして飲み水のポットだけ。夫は脱帽して祈りの姿勢にはいり、妻は眼をとじている。それだけの単調な画面ともいえる。しかし、ステーンの作画術を念頭においてみると、この図からは、たんに食事にかかる祈祷以上に、その祈りに連なる人事や経緯を読みとらねばならないかもしれない。もちろん画面からは、それにいたる文脈は判明しない。祈りとは、その複雑な内実にもかかわらず、表面上はいやがうえにも、平穏かつ静寂であって、その内実を語らない。画家にあっては、「祈り」という主題をかかげたうえで、室内の静穏さの重大さを告知するものであったろう。窓からみえる野外や、天井からさがるベルと枝とが、祈りの中身を沈黙のうちに語っているようである。

ほかのいくつかの作品から判断しても、祈りは一七世紀オランダ人にとっては、重要な意味をもちつづけたようである。暮らしの風俗のなかで、看過されてはならない不可欠の局面だからである。

しかし、この際にあわせて指摘しておきたいのだが、ステーン作品にはあからさまに表示されることはないにしても、時代の雰囲気のなかには、一七世紀オランダらしい信仰の姿が欠けてはいない。室内の祈りとして表示されないときにも、人びとは共同で祈りの宣揚の場として教会堂にむかった。ただし、中世ルネサンスの画家のように、そこでの盛大で厳粛な儀礼や祭式としてではなく、カルヴァン派プロテスタントの公式理解を踏みこさないように質素である。一七世紀初頭に、カルヴァン派内での教義論争から、極端な厳格派が正統を形成することになったが、実際の信徒たちは、それに反しない程度の忠実さを維持しつつ従った。カトリックや抵抗をしめしたプロテスタント少数派であっても、正統教義と騒動とならぬ程度の距離をおき、厳粛な祈りからは逸脱しない方向をさだめた。これが、ごくふつうのオランダ人キリスト教徒の信仰生活の実態であったろう。画家たちの描く市民たちは、鎮静の祈りのなかに留めおかれているようだ。祈りの画面は、限りなく粛然としているからである。

日常場面に登場する人びとの姿の最後に、働く市民の姿をステーン作品のなかから摘出しておきたい。〈ライデンのパン屋アレント・オストヴェルトとその妻カタリナ・カイゼルスフェルト〉(図30)である。ステーン作品としてはめずらしく、庶民の夫婦に固有名詞があたえられている。ライデンでパン屋を営む陽気で勤勉なアレントが、妻カタリナとともに、いま朝食用の商品であるパンを店頭に運びだす。妻がその商品を自慢げに、客たちにみせつけている。右手では、売り出しの景気づけのた

図30●ヤン・ステーン　〈ライデンのパン屋のアレント・オストヴェルトとその妻カタリナ・ガイゼルスフェルト〉
図31●ヤン・ステーン　〈ちいさな集金者〉

めに、ちいさな息子がラッパを吹いている。パン屋にはこのラッパが付きものだった。パンには現在でもじつに多くの種類がある。プレッツェルとよばれるひも状のクッキーまで。

この画像は、一七世紀オランダ市民たちの中核をなす庶民の日常生活像といってよい。おそらく、どこにも巧まれたヴィジョン化はない。パン焼きという日常労働に、つよい誇りをいだき、家族三人で日々を営む偽りのない家族像。ステーンという類まれな語り手によって快いメッセージに創りあげられた。アレントとカタリナとは、こうして飾り気のない実像として四〇〇年後の時代にも、輝きつづける。

いま一枚の図像を。〈ちいさな集金者〉（図31）である。村の家屋の戸口に、一〇人あまりの村民があつまる。少女がひとり頭被りと前掛けと首飾りをつけ、祭日を記念する募金活動に巡回する。慈善活動の一環として、慣習的に定着していたものと考えられる。戸口で老人が、コインをひとつカップに投入する。遊んでいた少年が二人、その手を休めて募金活動の少女に好奇の眼をむける。たぶん、右手に着席する男が父親、エプロンの裾をまくりあげる女が母親ということになろう。ステーンの作品は、つねにこうした善意と共感にあふれている。もしかりに、スキャンダラスなふしだらがあったにしても、それは日常のなかに不断に生起する、ささやかな逸脱にすぎない。その場面で、いつも語られているはずの人びとの言葉こそ、ステーンの画面の鍵であろう。かりにそのままの姿で再現されることはないにせよ、この会話や独白による物語が、一七世紀オランダの日常生活に確実に華やぎを与えただろう。一七世紀オランダの日常風俗は、こうしたさわやかな営みと一体となって作りあげられていった。ヤン・ステーン作品は、まさしくそれの正真正銘の証言図である。

第4章　人間の探求——レンブラントの世紀の写像

1　はじめに——四つの視角から

一七世紀オランダを観察すると、画家レンブラントという巨大なスクリーンに映し出されるそれの写像は幅員ゆたかであり、一望のうちには捉えにくい。ここでは、そのレンブラントの全容を解きあかすことをおもな目標とするわけではないが、その人をとおして、できるだけ画家がいきた世紀を展望したいと企てている。

レンブラント・ハルメンゾーン・ファン・レインは、一六〇六年七月一日、古都ライデンで生まれた。父はさして裕福ではないが、古くから製粉業を営む市民である。一〇人兄弟の九番目であり、特別な成長と教育を保障されていたわけではなかった。それでも、当時の慣わしにしたがって初等教育、つまり普通学校を修了したあと、さらにグラマースクール、つまりラテン語学校に学ぶ。一四歳の年にライデン大学に学生登録された。両親の期待を想像することができる。しかしまもなく、大学を離脱して絵画の修練にむかう。ライデンで名の知られたピーテル・ラストマンの門下にくわわり、一六二〇年代なかばから作品を制作するようになる。

一六二八年ころには、すでに門下に弟子を擁する画家として知られるようになる。ヘリット・ダウはもっとも早くから知られる門弟であり、レンブラントの名は周知のものとなっていた。一六三〇年、世間の評価の高さにおされて、ライデンから二〇キロもはなれた商都アムステルダムに移住。ここから、画家としての本格的なキャリアが始まる。そののちの名声については、よく知られるとおりである。一六三二年、二六歳のレンブラントは、注文によって〈テュルプ博士の解剖学講義〉を制作。その世評を不動のものとした。

こののち一六三四年には資産家の娘であるサスキアと結婚し、家計は豊かさをました。おりからアムステルダムは、オランダ国際貿易の好況にささえられてバブル経済の真っ盛りにある。レンブラントはその追い風をうけて、異国物産をもふんだに入手して画面に登場させ、物珍しさもあって、おおいに顧客を満足させていった。一六四二年、三六歳のレンブラントは〈夜景〉を制作する。三・六×

四・三メートルという画家最大の作品のひとつは、渾身の力作であったが、注文主の警護組合からは不評をうけたとつたえられる。これを機に、レンブラント作品の市場価値は伸び悩んだとみられる。それは、アムステルダム経済の景気動向にもそっていた。折悪しく、愛妻サスキアが幼児ティトゥスを残して夭折し、公私ともども逆境に直面することになる。

画力としてはほぼ最高潮にあり、神話画から人物肖像まで円熟した作品群を送りだしつつあったものの、それが画家の財務を豊かにすることはなかった。高額消費の習慣になじんだレンブラントの家計は、破綻に直面する。くわえて愛人となった乳母ヘールチェと、その地位を襲った家政婦ヘンドリキェとのあいだで騒動がおこり、それへの手荒な措置から、教会からの信頼も傷つけられた。借金の増大から、かつて誇りにしてきた豪邸をも手放し、借家住まいをしいられるにいたった。それからほぼ一〇年間のあいだ、老境のレンブラントは整った画材もなく、また老齢からくる非力によって、得意としてきたエッチング制作からも身をひいた。近所にすまう老女たちをモデルとしつつ、最後の作品群をのこすばかりであった。一六六九年、六三歳で息をひきとったとき、遺産はわずかであり、また再婚の妻ヘンドリキェも息子ティトゥスとも死別しており、かつての流行画家はあまりにも孤独につつまれていた。

以上のように、ごく簡潔にレンブラントの生涯をたどってみたのだが、そこには芸術家に特有の世間ばなれした足跡はともあれ、経済から風俗にいたるアムステルダム社会の動向が、如実に影をおとしているともいえる。レンブラントという天才画家も、一七世紀という時代環境のなかで、それを反映しながら生涯を駆けぬけたのであった。そこには、したがって時代の微妙な綾が織りこまれている。以下では、そのレンブラントの生涯における重要な転換期に光をあてつつ、時代の様相を照らしだしてみたい。べつの言いかたをすれば、レンブラントの作品をそれぞれの視角としながら、時代の精神と心情とを読みとろうという試みである。

視角は四つあり、対応するのはつぎの四作品である。

一 〈テュルプ博士の解剖学講義〉 一六三二年

二 〈ダナエ〉 一六三六年

三 〈モーゼの十戒の石版〉 一六五九年

四 〈自画像〉 一六六九年

いずれの作品も、レンブラントの代表作といってよいが、同時に画家と時代とを結ぶ微妙な位置にある問題作でもある。順にその意味を問いなおしていきたい。

2　〈解剖学講義〉と医学・科学

a　アムステルダムの解剖学実習

現在、マウリッツハイス美術館に所蔵・展示されるこの著名な作品〈テュルプ博士の解剖学講義〉（表紙、図32）は、一七〇×二一七センチという大作である。画家の初期のものとしては、例外的に大きい。医師であるテュルプ博士による解剖実習講義は、市内で重要な位置をしめる公共の秤量所の階上で実施された公開授業である。作品は完成後そのゆかりの場に移され、のちながらくそこに展示されたものと思われる。現在のマウリッツハイス美術館に移管されたのは、一八二八年とのことである。

一見してわかるとおり、解剖実習はひとりの教授と七人の実習生からなる。これが、解剖という特別なケースであることから、古来きわめて好奇の目でみられてきたが、構成からいえば、当時にあってごくふつうの集団肖像画だとみることもできる。というのも、ギルド組織をはじめとして同一の職種や機能をもつ集団が、かなりの人数が集結して記念のためにモデルとなるのは、オランダをはじめとするネーデルランドにあっては、ごく通常のことであった。レンブラントもこの時代にはいくつかの集団肖像画をのこしている。ただし、構成員がみなひとしく前方をむき、類似のポーズをとって画

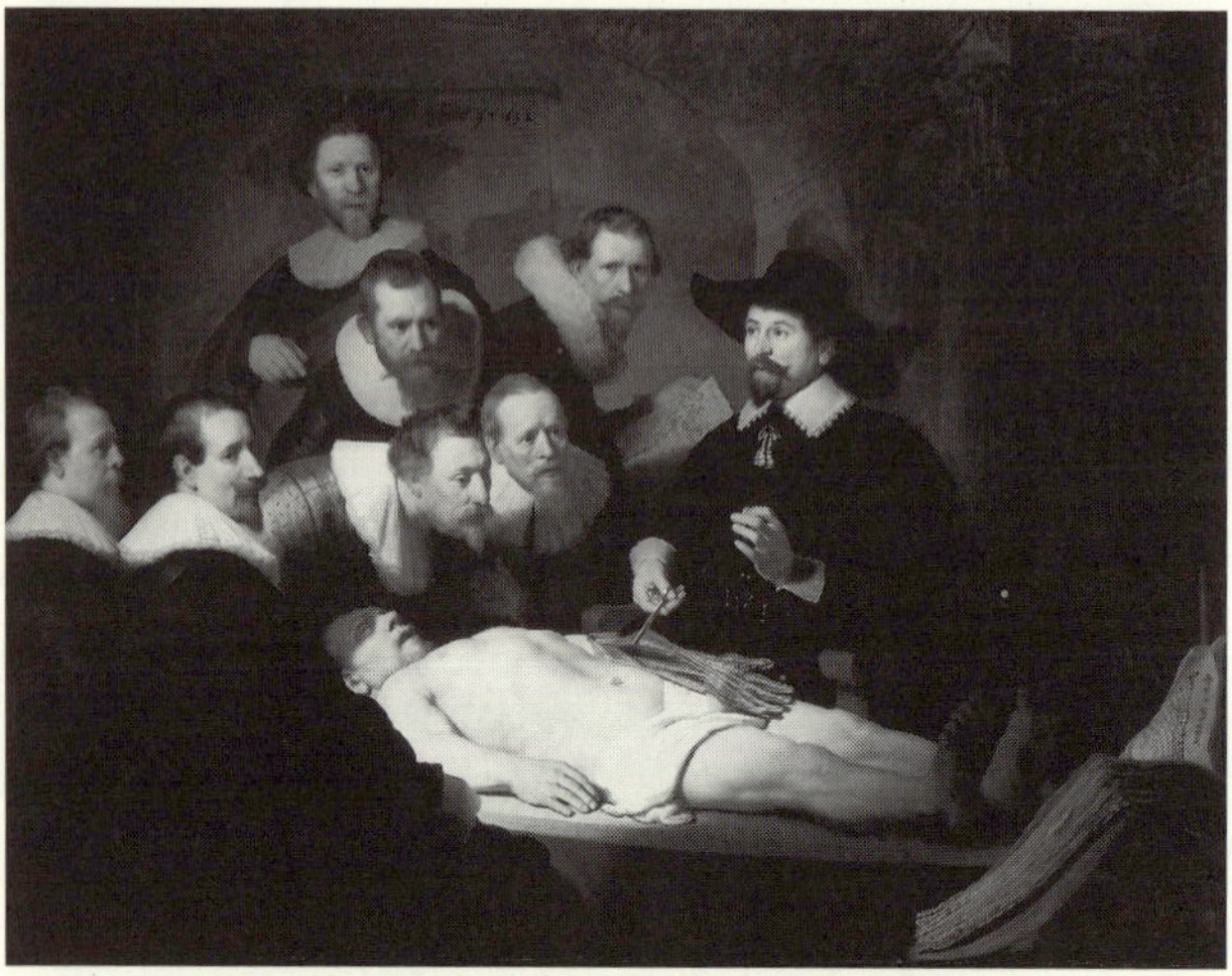

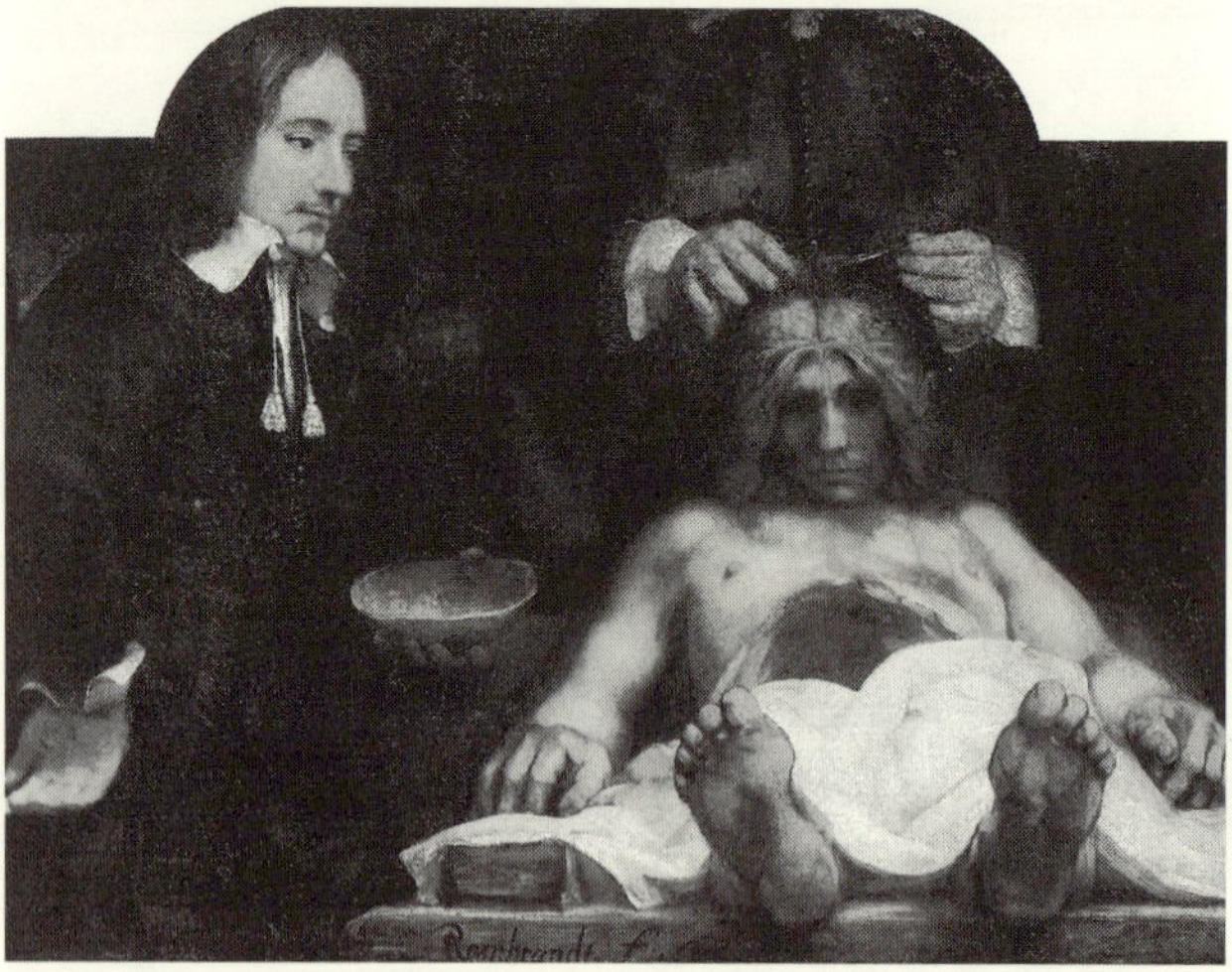

図32●レンブラント　〈テュルプ博士の解剖学講義〉
図33●レンブラント　〈ヤン・デイマン博士の解剖学講義〉

面に参加しているものとちがい、この解剖実習図は、あたかも事件現場の目撃図のように、職業的行為が切実さをもって図示されている。学生は、みな制服といってもよい同じ格好。むろん、いまだ医師になるまえの実習講義ではあるけれども。解剖の博士は、威厳をもって業務に従事しており、医学実習の場の緊張感をいやがうえにも高揚させる。

ルネサンス時代以来、解剖の現場が描かれることはまれといってもよい。その厳粛さもあって、いかに教育上の目的行動としての死体解剖とはいえ、現実に実施されることはすくなく、ましてそれが職業画家の絵筆によって描きとめられるのは、きわめて珍しい。人体の諸部分の解剖を微細に描写したレオナルド・ダ・ヴィンチですら、それがどこでいかになされたかを記録してはおらず、しかもその記録は私的ノートに留めおかれたままである。実習生といういまだ準職業的身分ではあるが、集団肖像画の姿をとって人体解剖の現場が開示されたことは、重要な意味をもっている。さらには、これはアムステルダム医学実技学校での演習として、実際に実施されたことを実証するものでもあった。じつに、この解剖は一六三二年一月に実施されたことも記録されている。

実証されているところによれば、アムステルダムにおける人体解剖は、実習目的にかぎり、一年に一度だけ公的に認容されていた。ただし、検体は犯罪を理由に絞首により処刑された男性の犯罪人のみに限定されており、しかも死体の保存上の理由から冬季に限られてもいた。この場合は、直前に処刑された重大な窃盗犯であった由。遺体にとっては不名誉なことではあれ、解剖は歴史的事件として明瞭に記録された、記念すべき事件となった。

もっとも、現実の解剖現場であるとはいえ、実際の手順からいえば、解剖実習はまず四肢からではなく、腐敗をふせぐために内臓部分を先行させたはずである。表現された手順は、おそらくは現場になんらかの資格で立ちあった画家が、美学上の理由で改訂をほどこした結果と思われる。さらには、腕の部分の解剖にあっても、筋肉の細部が手前から見通しやすいように、実際とは逆に描きとめたものと推測できるという。たしかに、画家が実習授業の全過程に陪席したとは考えにくいし、その現場を忠実に写生したわけではないことも納得できる。とはいえ、遺体の解剖という厳粛な現場にあって、七人の学生が現実の死体から発信されるメッセージに向きあう緊張した対応。さらには、熟練しているとはいっても、一年に一度だけ体験する解剖実践への医師としての誇り。これらが、あますところなく表現されているといってよい。

いまここで執刀にあたっているのは、ニコラス・テュルプという外科医である。この人物について、まずは主題からはなれて、きわめて興味ぶかい事実が指摘される。テュルプ博士とは、もともとの本名ではない。もとはピーテルスゾーンとして先祖以来の名声をほこった博士は、一六三二年にレンブラント作品のモデルとなる直前に、時代の風潮にかんがみて通称をもって呼ばれるようになった。テュルプとは、当時のオランダにあって興奮をもって受けいれられていた、鑑賞用の花卉チューリップのオランダ語形である。すでにみてきたとおり、一七世紀のアムステルダム経済はチューリップの投機活動に熱中しており、とてつもないバブル状況におちいっていた。珍奇な文様のチューリップ球根が、巨額で市場で取引されていた。テュルプ博士がいかなる形でこのバブル経済に関与していたかは明確ではないが、すくなくとも本名にかえてその名を唱えるほどの没入ぶりは、異常といってもよかろう。解剖実習にあって威厳をもって臨む博士の姿に、チューリップ投機の熱狂図を重ねあわせてみると、一七世紀の異様な背景が浮かびあがってくるようにもみえる。

さてところで、そのニコラス・テュルプは一五九三年、アムステルダムに生まれた。家系は同市で大掛かりな商業を営む名家である。医学を修めたのは、ライデン大学であった。一六一一年に入学し、一四年に修了。一六一七年からアムステルダムで開業した。その業務にあわせて市政運営にも参画し、一六二〇年には早くも執政官に任じられた。

医師としては、当時の定めにしたがって、外科医ギルドに加入したが、三五歳にして解剖主任に任じられた。三七歳で当時のアムステルダム市長の娘と結婚するなど、万事が順調に進行したようである。〈テュルプ博士の解剖学講義〉の解剖実習がおこなわれたのは、こうした時のこと、一六三二年一月一六日であった。なお、こうした現場図は毎年といわぬまでも、不定期には作成されたらしく、テュルプの前任主任官であるセバスチャン・エグベルツによる実習は、一六一九年に図像作品化されている。ここでは、遺体は頭蓋骨のみであった。また、テュルプの後任のヤン・デイマンによる実習は、一六五六年にふたたびレンブラントによって図像化された〈ヤン・デイマン博士の解剖学講義〉、

図33)。この作品では一六三二年のものとちがい、検体は縦位置におかれ、内臓部分が開腹されている。ただし、本来の図はのちに火災に遭って、大部分を損壊してしまった。復元が試みられてはいるが、原状を想定するのはかなり困難である。その状態で、現在はアムステルダム市歴史博物館に収蔵・展示されている。作品としては、テュルプ博士のものと比較すると、やや地味だ。こうしてすくなくとも一七世紀なかばについては、この三点の実習図が作品として残されている。

こうして、レンブラントによって不朽の名をあたえられたテュルプ博士であるが、じつに医師としてもまた行政官としても、時代を代表する存在であった。はじめにこのことを確認しておきたい。なによりも、医師としての学術上の識見は、軽視できないものがあった。『アムステルダム医薬学』(一六三六年)と『医学提要』(一六四一年)という著作が知られている。前者は、外科施術者としての経験にもとづく薬草論であり、一七世紀段階での外科学の水準をしめす著作である。また、後者は大冊の学術知集成である。そこには、偏頭痛に関する記述や航海者に特有の疾患としての脚気の症例、腎臓結石を除去するための手術法など、多様な記述をふくむ。さらには、当時としては最新の確認情報もある。大腸と小腸の継ぎ目部分にあって、内容物の逆流を防ぐためという、回盲腸部弁膜の存在の確認もそのうちである。これは、現在では発見者の名をとって「テュルプ弁膜」とも呼ばれる。

『医学提要』には、なおも注目される記述がある。いくつかの種類の珍奇な動物の解剖知見が混在していることから、しばしば「怪物本」ともよばれて好奇心をそそった。それらのうちには、オランダ東インド会社がアジア諸地域から将来した動物がふくまれる。なかでもインド（つまり東方の海域・地域、おもにはインドネシア周辺）から連れかえられた哺乳類について、実物の写生図が添付される。オランウータンのおもな形状を報告する項は、この種のものとしては、ヨーロッパにおける初出例とみられる。（なお、従来この件については、チンパンジーと明記されてきたが、現実の解説と図像にもとづいて判断すれば、オランウータンであろう。）アジア諸国と直接の交易関係をもつオランダの船団活動にして、はじめて可能になった貢献である。いずれにせよこの件も、一七世紀アムステルダムの専門知の表れとして、めざましい成果であった。

ところで、テュルプはこうした医学上、もしくは科学上の知見を獲得するかたわらで、アムステルダムにあっては、医療者として確実な地位を手にしていった。外科医術者として、都市の外科ギルドに加入したうえで、「解剖主任官」に任じられたが、この地位は当時はテュルプとフレデリック・ライシュという二名によって分有されていた。しばしば「教授」の名をあたえられることすらあったという。この称号のゆえに、解剖講義室での特別実習を委ねられたのである。両名の「教授」は、ほかの二名にあたえられた「薬事官」とともに、市の医療体制の監督官の地位に相当する。テュルプはこうした職業上の役割により、ギルド内をこえて、都市行政の中核にまで影響力を及ぼしたことは前述のとおりである。のちには、アムステルダム市長およびオランダの共和国執政官といった顕職をも歴任する。それは、テュルプ個人の資質ゆえでもあろうが、同時に外科医ギルドが行政体のなかではたす役割の大きさをも物語っている。

なお、このことに関連して、アムステルダムにおける高等教育、技術伝承について有用な情報をあわせ整理しておくことにしたい。テュルプは外科医としては、アムステルダムの「医療コレギウム」を代表するメンバーであった。しかし、外科医そのものは大学教育から排除されていた。このことは、中世以来の伝統である。けれども、現実には「医療コレギウム」などの職能団体は、教育機関としての機能を代行していた。オランダにあっては、それらが都市ごとに設置されて、高等教育機構に準じ、「特別学校」(アテネウム)として認知されるようになっていた。デーフェンテル(一六一〇年)についで、アムステルダムでは一六三二年に公式に認可された。そこでは、ガスパリ・バルレウスとフォシウスという二名の学者が教授に迎えられた。このアテネウムは、公式には大学にはおよばぬ地位に甘んじたが、高等教育機能を十全に備えるようになっていく。じつは、アムステルダムでは医学以外にもフランス語、ドイツ語や航海術など専門分野についても、同様の教育機関が誕生していた。

さてこのアテネウムは、公式の医療実習からは除外されたままであるが、医学教育として初等のグラマースクールと大学との中間空白地帯を埋めることになった。この際の大学とは、中部オランダの場合、一五七五年設立のライデン大学に限られていたが、アムステルダムのアテネウムは、実質的にはこれと対抗する水準を実現していった。公式には、アムステルダム大学としては一八七七年になってはじめて「大学」を名乗ることになるが、アテネウムの名はすでにオランダとヨーロッパをリードするような重みをもっていた。このようにして、医学をはじめとする高等学術は、テュルプ博士の周辺にあって、一七世紀には開花していたわけである。レンブラントの解剖図作品は、それの雄弁な実証図である。

b　ライデン大学と医学

テュルプ博士がアムステルダムにあって、医学・医療に重きをなしつつあるとき、これに先んじて中核の位置をしめていたのは、ライデン大学であった。テュルプ自身も、修学のためにそこに赴き、二年間の研鑽を経験した。ちなみに、レンブラント自身も誕生から二〇年間にわたり、ライデンに居住した。そのライデンは、一六世紀から一七世紀にかけて、オランダの経済や文化の動向にふかく関与してきた。いく条にも分岐するライン河口のうちでも重要な位置をしめる交易港のひとつであるライデンは、一四世紀以降には、南ネーデルランドのイープルから毛織物職工が流入してブームを迎えた。さしあたりは、ペスト疫病からの一時的な避難にすぎなかったが、ここに定着した人びとを加えて、そののちも地理的有利をテコに、人口の集積にむかっていった。ライン河口の移動から交易上の優位をロッテルダムに奪われてからもなお、毛織物業を中心とする商工機能に依拠しつづけていった。一六世紀なかばのキリスト教分裂の際には、ライデンは南ネーデルランド新教派の避難者の受け皿になる。ついで八〇年戦争の開始により、ライデンは叛乱勢力とスペイン軍とのあいだの争奪戦の中心となった。ライデン市民は、流入した新教徒市民をあわせて、対スペイン籠城戦をたたかうにいたる。二度にわたる包囲戦では、優勢なスペイン軍のまえに、落城の危機をいくどもくぐりぬけた。ことに、決定的な時点でオランダ叛乱・独立軍はライン河口部の堤防を意図的に決壊させ、かろうじて破局をまぬがれた。一五七四年、スペイン軍はこの必死の抵抗をまえに、ライデン市占領を断念して撤退した。この籠城戦は、オランダ叛乱・独立戦争の帰趨を決する、もっとも重要なポイントのひとつとなった。ライデン市民の功業にたいして、オランダ軍総督のオランイェ公は都市に特権を付与することで報いたい旨の提議をおこなったとのことであるが、これにたいしてライデン市民は、鄭重に辞退を表明した。かわって将来をみこした事業を提案したという。これが、ライデン大学の設立計画である。

かねてから、ネーデルランド各地から諸身分の流入をうけて、学術と教育とに展開をみせていたライデン市は、毛織物産業とならんで、大学という「産業」に将来を賭けたのであった。そのように現在まで伝承されている。この経緯の真偽はともあれ、オランダで最初の大学がここに一五七五年、創設された。各地から教師と学生群が誘致されることになった。そののち、叛乱のオランダ軍とスペイン軍との攻防の前線は、次第に南方に移動し、ライデンの戦略上の重要性は薄れていった。

ライデン大学の基礎をさだめたのは、この時点で南ネーデルランド・フランドルから避難・流入した多数の学者群であった。かれらは、かならずしも新教派とはかぎらず、人文学から医学におよぶ、多様な学術の専門家たちであった。後段でふれることになろうが、人文学者ユストゥス・リプシウスや古代学者ヨセフス・スカリージェルなどを、初期の事例としてあげることができる。その多くは、すでに南ネーデルランドのルーヴァンを拠点として学術センターを形成していたが、その重点はここライデンに移っていった。大学が急速に整備を完了する一七世紀の様相、ことに人文学上の情勢については、つぎの節であらためて扱うことになろうが、ここではライデンへの医学知集積の筋道をたどっておこう。

一六世紀の初頭にあって、スペイン・ハプスブルク家の庇護のもとに、パリやイタリアの系譜をひいた医学者が、南ネーデルランド・フランドルに集中していた。なかでも、その筆頭にあるアンドレアス・ヴェサリウスが、一五四三年には当地にあって、『解剖学（ファブリカ）』を著し、医学知に革新をもたらしていた。ルーヴァンは一躍、ヨーロッパ学術世界の焦点に浮上したのである。ところが一六世紀後半に、そのフランドルはキリスト教の新旧両派の紛争にまきこまれる。ライデン大学の設立は、それからの回避路の創始を意味した。

いまひとつの動向が、一六世紀なかばに生じていた。医学にかかわる知識配置において、パリやモンペリエなどのフランス国内から、急速に北イタリアへの重点移動がおこった。なかでも、パドヴァ大学の医学部が全ヨーロッパ的な名声を獲得し、各地から多数の学者・学生を集結させることになる。パドヴァの全盛は、医学の世界におおきな衝撃となった。そこで獲得された知見は、たちどころにヨーロッパ各地に伝達されていった。ヴェサリウスは、むろんその初期のもっとも的確な事例である。一六世紀末から一七世紀にかけて、この傾向はさらに明白となった。ことにパドヴァ学派の最大の特徴である解剖知識の集積は、おおいに学知の進展を刺激した。ヴェサリウスを追尾し乗りこえようとする著作が、あいついで出現した。スペイン人ホアン・バルベルデ・デ・アムスコやイタリア人ジュリオ・チェザーレ・カッセリといった、パドヴァに縁のふかい人びとの名をあげておこう。

解剖学ブームは、ヨーロッパ大陸からイングランドにおよんだ。イングランドでは、一七世紀初め、パドヴァ大学出身のウィリアム・ハーヴェーが心臓循環論をとなえ、解剖学上の根拠をあたえた。のちに天文学者として知られるポーランド人コペルニクスは、早くも一六世紀初頭にボローニャやパドヴァで、神学や医学を修めていた。一六世紀にライデン大学の設立にかかわったひとびとのうちにも、多数のパドヴァ大学出身者がいた。新興のライデン大学は、おりから隆盛をむかえるヨーロッパ医学・解剖学の結実を正面からうけとめ、自立を願うオランダの輿望をになって登場した。ニコラス・テュルプがライデン大学に入学する一六一一年には、確実に全ヨーロッパ的な定評を確立していたのである。

一七世紀をとおして、ライデン大学医学部は多数の学者と医術家を輩出して、その名声は新生のオランダ共和国の地位をささえた。こうした経過ののち、一七世紀末から一八世紀初頭にかけて、その名声を確実に定着させた人物の存在がことに重要である。ヘルマン・ブールハーフェである。ライデンの在にうまれ、同大学に学んだブールハーフェは生涯をとおして、その母校の栄誉を支える活動に没頭した。当初は、哲学者としての著作にはげみ、デカルトやスピノザといったオランダゆかりの哲学の吟味にあたった。のち医学に転じ、ことに薬草学のための植物学に格別な知見を獲得した。ライデン大学の教授に就任するのは一七〇九年のことである。

解剖学から出立した近代医学にあって、ブールハーフェの立場は、あえていえば臨床医学というべきものであった。薬草の医療上の効果を測定し、その多様性を強調したが、これは従来の経験知と近代医学の新知見との融合を勧め、思弁性のつよかったヨーロッパ医学に革新をもとめるものとなった。そのことがあって、ライデン大学のブールハーフェの講座には、オランダはもとより、全ヨーロッパから多数の留学生を迎えることになった。学生の過半は、外国からの留学生であったとつたえられる。ロシアの皇帝ピュートル一世（大帝）は、すでに一六九七年には皇帝のままで身分を隠して、オランダのドックで造船学を学んでいたが、一七一六年には公式にライデン大学にいたり、ブールハーフェのもとで治療学の講義を受講したという。のちに生物分類学を樹立するスウェーデン人リンネも、若年にしてブールハーフェの薬草学を聴講して、分類学のヒントをえたという。

その名声は、イエズス会士などをとおして中国にもとどいた。また、その薬草学は固有名詞をはずしたかたちで日本の出島にも伝達されていた。つまり、史上はじめて世界的な影響力をもった医学者といってもよい。ちなみに、ブールハーフェの著作『医学指針』（一七〇八年）は、のちに日本の蘭学医・坪井信道によって幕末に邦語訳された。また、著名な解剖学書『解体新書』も、ドイツ人医学者クルムスの著作がライデンでオランダ語訳されたものの重訳である。このように、認識されぬままに、鎖国下の日本の蘭学もライデン大学とブールハーフェの遠い影響下におかれていたのである。

現在でも、ブールハーフェが解剖講義を実施した実習室はそのままで保存され、「解剖劇場」として当時の面影をのこしている。また、その名を記念して設立された科学博物館は、ライデン大学付属として市内に存在し、一七世紀以降の関係医学者の遺品と記念物が所蔵・展示されている。ブールハーフェの名は、それらとともに不滅であるといってよい。

c　オランダの光学と物理学

一七世紀初までには、実質上の独立を確定させたオランダであるが、一七世紀における国際商業での台頭ぶりは、驚異の的であった。そればかりか、学術の諸分野での展開がめざましい。ここまでみてきたとおり、まずは医学の領域にあっても時代の先頭をきる役割をはたした。ライデン大学がその中心をなした。一七世紀ヨーロッパ各国がひろく科学の諸領域に展開をみせたように、オランダにあってもその形跡は、見逃すことができない。その実例をいくつか、とりあげておこう。

アントニー・ファン・レーウェンフックは、一六三二年にデルフトに生まれた。家業として交易に従事し、商都デルフトとともに富を蓄積していた。したがって科学者としては、あえていえばアマチュアの一員であった。しかし、レーウェンフックにとって幸運なことに、おりから一七世紀は光学器械の発明・開発の絶頂期にあたっていた。望遠鏡は一六・七世紀の交に実用化され、たちどころに木星の衛星や土星の輪の発見などが、興奮をもって受けいれられた。天動説の当否が天文学者を騒がせていたが、それとは無縁にも天体現象を望遠鏡をもって観測することが可能になってみると、かりにアマチュアであっても、忍耐と研鑽によっては予想外の発見が可能であることもわかった。同じ原理は、顕微鏡にもひとしく適用できた。レーウェンフックは、そのような好機に恵まれたのである。

二種類のレンズを組み合わせて、倍率の高い観察器具を創出すること。むろんそのためには、精巧なレンズを磨きこむことが必須であったが、商務に勤しむかれは、日夜をとわずレンズを磨きながら、観察対象を求めていった。最大で三〇〇倍にちかい顕微鏡の制作にも成功した。バクテリアと細菌の存在を確認したのは、その結果である。肉眼をもっては判別できない、こうした微細な生物の存在は、人びとを驚かせた。しかも、これらは、たんに既知の生物とは異質の存在であるばかりか、人間の肉体に介在してなんらかの作用をはたしているかにもみえた。

人体の構成部分についての観察も、レーウェンフックの関心であった。男性の精液の顕微鏡観察からは、生殖の基本をなすものと予想される精子が発見された。筋肉からは、運動の起動力の察知が可能となった。眼の水晶体からは、視覚をささえる構造が推測された。人体の構成部分が解剖学によって特定されるようになると、さらにその細部の洞察が必要とされる。その必要性こそ、顕微鏡の開発の動機である。その意味で光学器械としての顕微鏡は、まさに一七世紀の主役に躍りでたといってもよい。

しかし、科学上の一大イベントといってよい顕微鏡については、当時からある種の反発もあった。ことに正統の神学者からは、不穏な情報だとして告発された。精子の観察は、人間存在や生殖の秘密を不当に暴露するものと疑念をしめされた。けれども、科学者のあいだからは、確実に評価がおくられた。レーウェンフックは、アマチュアながらこの状況に正確な見通しをもっていた。その観察情報は着実なレポートとして、知友や関係施設・機関に送付された。イギリスの王立協会やフランスのアカデミーは、いずれも設立されたばかりであったが、はやくもレーウェンフックの通信相手となった。実質上は、科学者間の通信コミュニティが誕生していたのである。このことの意義を、いちはやく察知したことが、顕微鏡とそれによる観察がおおきなインパクトを発揮した理由である。

レーウェンフックは、生涯にわたって二〇〇種におよぶ機能のことなる顕微鏡を作成したとされ、その大部分がライデンのブールハーフェ科学博物館に収蔵されている。ライデンの医学部では、かならずしもレーウェンフックとの共働が実現したわけではないが、確実にその成果は共有されて、医学知の向上に資していった。一七世紀の知的ネットワークは、成熟したかたちでオランダを包んでいった。その一例として、つぎの件をとりあげることには、疑念もありうるであろうか。レーウェンフックがデルフトで一六三二年に誕生したその数日後に、おなじ町の近隣で画家フェルメールが生まれている。この事実から、ことによると両名は同一人物ではないかとか、密接な協力があってのことではないかと、推測もおこなわれたほどである。しかも、フェルメールの死後、その遺産管理はレーウェンフックに委託されているという事実も報告されている。さしあたり、これ以上の関連を実証することは難しいが、すくなくとも両者のあいだにはデルフト市民としての共感と、それをつつむ共通の文化的空気を読みとることができる。科学と芸術とは、ここでは手を携えてオランダの一七世紀をつくりあげていたのである。

いまひとりの一七世紀オランダ人科学者をとりあげてみよう。クリスティアン・ホイヘンスである。一六二九年、ハーグで生まれた。レーウェンフックとちがい、正規の学術上のキャリアをふんだ。ライデン大学で法学をおさめ、さらに南部のブレダ大学では数学をおさめた。当初、強い関心をむけたフランスの科学者のもとで、パリで活動した。おりから設立されたばかりのアカデミーでルイ一四世の愛顧をうけ、中年までそこに滞在した。オランダにかえったのは、一六八一年のことである。ナントの勅令の廃止が、カルヴァン派教徒としてのホイヘンスの帰国を促したといわれる。その後、九五年に没するまで、故郷のハーグで思索と著作に没頭した。

天体と物体の運動を追求したホイヘンスであったが、そのモチーフはいかにも一七世紀らしく光学器械に発するものである。レーウェンフックとはちがい、ホイヘンスは望遠鏡を手掛かりとした。土星の輪の発見やその第四衛星の発見など、時代の先端をはしった。しかしホイヘンスにとって、より重要なのは天文現象の基礎をなす運動力学の原理であった。それを望遠鏡によって確認し、天文現象の普遍的理解をもとめるものである。それこそ、一七世紀をふくむ近代の物理科学全般の中心課題であった。ニュートンやフックなどのイギリス人科学者とともに、そのステージに参画した。ここでは、オランダという国籍をこえた科学知見のヨーロッパ的な拡がりの存在が確実である。

さて、そのなかでホイヘンスは、あらたな自然観にもとづく力学上の遠心・求心力の理論や、音響の生理学的基礎、あるいは計算機構想の基礎や天体時計、内燃機関、確率論など、物理・数学の諸分野にひろく関心をしめした。後述する光についての分析もある（本章5節c）。なかでも、のちの注目をあつめたのは、地球外生物の存在予言である。生物の存在を地球のみに限定することを避け、あらゆる可能性を予言したが、著作『コスモテオロス』に記載された所説は、騒動をおそれて生前には公開されなかった。それは、あくまでも数理・物理学としての理論的必然性への信頼をあらわすものであるが、科学者として不動の合理性の信頼こそ、時代の精神の一端をよく表現するものであった。

d　デカルトの存在

こうして一七世紀のオランダでは、医学者をはじめとして、多様な科学者がはなやかに活動した。そこには、オランダ出身の科学者だけではなく、諸国からさまざまな経緯で来訪し、定着したものも多数ふくまれている。そのあらましは、べつなところでも触れることになろうが、この文脈でさしあたり話題にしておきたい事例がある。ルネ・デカルト（一五九六〜一六五〇年）である。フランスに生まれたデカルトは、青年時代をパリでおくったのち、ドイツにむかって軍隊生活をおくり、この間に自身の哲学の基盤をととのえた。同時代の諸説を比較考量したのち、精神指導の原理を体得し、いわゆる合理主義哲学への見通しに達した。慎重に選びとった認識論と形而上学とは、一貫した世界観にもとづき、また緻密な自然観察をも介在させて、のちの近代哲学に基礎をあたえるものとなった。

思想表現の危険をも察知していたデカルトは、パトロンを模索しながらヨーロッパ各地を遍歴したのち、一六二八年からはオランダに蟄居して、著作活動に専念する。最初の原理的著作である『方法叙説』は、一六三七年、ライデンでフランス語によって刊行された。そののちも、『省察』（一六四一年）など、一連の考察によって議論は整備されていった。大学に所属することもなく、またはじめイエズス会に所属していた宗教活動からも身をひき、パトロンと弟子たちに囲まれながら、思考をふかめてゆくのみであった。

しかし、その所説は虹の観察や乗合馬車のアイディアなど、いたって世俗的な主題にもかかわっていた。あるいは、計算機設計の原理を発想するなど、実際には生活実践からみちびかれたものも多かった。それゆえに、意外にも多様な支持者を獲得し、著作にも予想以上のバラエティがある。

さて、デカルトはオランダ各地を転々としたため、定着の教場をもったわけではない。けれども、その徹底した合理主義哲学は擁護者をみいだし、各地にはデカルト主義とでもいうべき学派が形成されるにいたった。一六五〇年に没してからも、その影響力は減退することはない。ライデン大学やアムステルダム特別学校（アテネウム）などの機関に、デカルト主義者と評されるスタッフがくわわるようになった。後者では、ヨハネス・デ・ラエイ、あるいはルイス・ヴォルツォヘンなどという固有名詞が知られている。かれらは、デカルト主義の合理性を追求して、キリスト教原理やスコラ主義に固執する正統哲学に異議をとなえ、デカルト没後もその立場をつらぬきとおしたといわれる。オランダでは自然科学や、それを支える理論科学・自然哲学が踵を接して登場し、それらの立場にたいする、相対的にはゆるやかで寛容な風潮もあって、他国にはない多様性が許容されていた。それゆえにこそかえって、知的活動には高揚感がやどり、局外者であってもそれに信頼をよせるようになる。この雰囲気は、テュルプ博士の解剖講義を聴講する学生たちの真剣な眼差しにも、表れているようにみえる。

e　出版文化の隆盛

『方法叙説』は、一六三七年にライデンで出版された。印刷・出版者は、ジャン（ヤン）・メールという人物である。この事実をめぐって、じつは多様な背景が浮かびあがる。これまであまり注意されてこなかっただけに、やや詳細に扱っておこう。

ヤン・メールは、フランスのヴァランシエンヌで、一五六七年に生まれた。一家はカルヴァン派の篤実な信徒だったようである。ユグノー戦争の波及により、身辺が危険になったことをうけ、メール家はそこを脱出した。一五八四年にはオランダにむかいライデンに定着した。ライデン大学の設立をうけて、メール家はそこに出版業を開設したようである。ヤンが家業をついだのは、一七世紀に入ってから。着実に学術・教育系の書籍の刊行にむかっていた。一六〇九年にグロティウスの『海洋自由論』を刊行したのも、その一環である。一六三七年、すでに六〇歳代にあったヤンは、その地で識りあったフランス人哲学者ルネ・デカルトに感銘をうけ、最初の著作の印刷・出版を引きうける。しかし、デカルトの著作がもつ意味、もしくはより正確にはその現実上の危険性を、十分に察知していたであろうか。

デカルトが当初にあって念頭においていた出版者は、後述するエルセフィア社だったようである。けれども、その企図は実現しなかった。理由は明らかではない。ことによると、エルセフィア社はその危険性を敏感に察知して、出版を拒んだのではないかとも推測できる。ここで危険性とは、この著作がもつキリスト教への根源的な批判性にちなむ。『方法叙説』は、「我思う、ゆえに我在り」の原理によって、神や教会の存在との絶縁を断言しているかにみえるから。それは、端的にいって無神論の危険を潜在させていたから。この主張はときあたかも、イタリアの教皇庁の足元でガリレオ・ガリレイが、天体の運動について唱えた論調、つまり地動説ときわどい接点をもつようにみえた。ガリレオは、一六三二年に著作『天文対話』によって、教皇庁の非難の対象となり、翌三三年に異端のゆえに幽閉された。オランダでも同様の措置がとられ、出版者にたいしても、経済上かつ身分上の危険がおよぶことが危惧された。エルセフィア社はデカルト著作の出版引きうけを断念し、かわってヤン・メールが『叙説』の刊行にあたったというのが、事情についての推定である。あるいは、その原文がフランス語によっており、通常のラテン語ではなく市場性にとぼしいというのも、理由のひとつであろうか。それ以上の詳細については、知られていない。

デカルトのフランス語版『叙説』は、一六三七年に公刊された。著者名は隠されているが、やがてオランダ人によって知られるところとなった。ただし、メール社による『叙説』は、はじめ三〇〇〇部製作されたが、予定どおりには売れなかった。著者にわたった一割分をべつにして、かなりの部数が在庫として販元に滞留したようである。

フランスから移住してきたメール家は、けっして豊かな印刷・出版業者ではなかったようである。一六五七年までに、ライデンにあって四〇〇点もの出版にあたったが、おそらくは書籍の販売をもかねていたであろう。というのも、同様の印刷・出版・販売に関与する業者が、オランダ各地に集中しはじめていた。ハールレム、ハーグ、ユトレヒトとならび、ことに大学設立以降にあっては、ライデンがその拠点となった。その多くが、身の危険におびえて来住したカルヴァン派信徒であった。ヤン・メールのようにフランスから移住してきた者もあるが、過半をなしたのは南ネーデルランドからの脱出者であった。一五八五年のアントウェルペン陥落によるカルヴァン派信徒への強圧などがあって、この傾向はさらに強まった。

アントウェルペンで印刷・出版の中核をなしていたプランタン家では、一五八三年に当主のクリストッフェルが、本社を留めおいたままで、故地をはなれてアムステルダムに拠点を開設した。クリストッフェルは、そこで約二年間、支店の基盤整備にあたったのち、アントウェルペンにもどったが、両市のあいだでいずれに重点をおくかは、のちにもかなり流動的であった。

さらにくわえて、オランダに強固な基盤をおいたのは、二人の印刷・出版業者であった。第一には、エルセフィア家のルイである。南ネーデルランドのルーヴァンに生まれ、プランタン社に入った。スペインの圧迫のもとでここを去り、一五八六年にはライデンに書店を設けた。プランタン家と同様に、印刷と編集に注力したが、むしろやがては出版と販売に軸足をうつしていった。ライデン大学用の教科本を編集し、各国から訪れる留学生のために、多国語版の刊行やリサイクル供用のための古書取引など、アイディア豊かな書籍業の展開をはかった。印刷・編集など古来の業務にくわえて、広範囲な新刊・旧刊の書籍取引とそのネットワーク化といった、関連の業務の展開こそ、ネーデルランド・オランダのあらたな業務態勢だとみなすことができる。それは、パリ大学が各国からの留学生を念頭においておこなってきた業務のシステムに近似している。エルセフィア社は、この措置によって国内ばかりか、国外にまで商圏をひろめていった。ルイの子イサークは、ライデン大学の印刷官としての役割から業務を拡大し、オランダ周辺に支店を開設した。一七世紀中にはアムステルダム店の比重がましたが、やがてヨーロッパ最大のネットワークをもつ書店としての名声をほしいままにする。

学術上の書籍とならび、地図・地理書の出現もこの経過をたどった。ルーヴァンで地理学研究をはじめたゲラルドゥス・メルカトールは、一五六九年にははじめて世界地図を制作した。アントウェルペンの陥落ののちにはアムステルダムにむかい、世界図の改訂をつづけた。それは、オランダが東インド会社によって、急速に世界進出にのりだす直前であった。その死後にも、アントウェルペンのアブラハム・オルテリウスとその子孫によって継承され、ますます地理情報と地図への需要がたかまっていった。ここにアムステルダムにあって、出版業務にかかわるブラウ家が進出する余地があった。このブラウ家こそ、エルセフィア家についでオランダを代表する第二の出版業者である。同家は、はじめ古典的な書籍出版にあたってきたが、この情勢をうけて大掛かりな地図出版を射程におさめるようになる。そこには、複合的な特殊技術としての世界図制作が必要とされるが、ブラウ家は地図・海図を専門としつつ需要にこたえた。個別の地図の製作によって蓄積された世界地図情報は、一六六二年にはブラウ版の「世界図」として集大成された。

同社の地図は、ヨーロッパ各国の王侯や商人たちの嗜好にも対応した。チェコのプラハで天文学者ティコ・ブラーエのもと、地球・天文観測法を学んできたブラウは、その専門知をもとに幾何学や旅行記の出版にも関わった。折から、オランダにもたらされた世界情報が、メルカトールの地図制作術とあいまって、ブラウ一族の地図出版を支えた。そののちには、さらにヨドクス・ホンディウス、ヨアンヌス・ヤンソニウスなど、評判の高いオランダ地図学が、この延長上で成熟を迎えることになる。エルセフィアとブラウという構えも大きい書店から、ヤン・メールなどの中小規模の印刷工房・書籍出版人にいたるまで、ライデンやアムステルダムなどオランダ都市では、その産業分野を代表して、繁栄をつづけた。コルネリウス・クラーシュやクラース・ヤンシュ・フィシェルといった、一七世紀中葉以降に活躍するアムステルダムの出版社が、これにさらに力をあたえる。

オランダ、ことにライデンとアムステルダムでの出版業と書籍業の広がりは、さまざまの要因によって促されたものである。ここまで見てきたように、商品交易がもたらす世界情報への接近や利用が、あらたな形での出版業を生みだした。あるいはライデンにはじまる大学の設立にともなって、教育者と学生が教科図書や研究書籍への旺盛な需要をあらわにした。また、往来する各国民の交錯する言語が、アムステルダムのような国際都市によって広く受けいれられた。

しかしそれにもまして明白なことには、オランダは書籍出版に関わるユニークな精神風土によって貢献するところが大きい。デカルトの『叙説』の出版事情は、かならずしも明確ではないが、ともかくも危険をともなう書籍であれ、検閲や抑圧の恐れの少ないオランダが出版地に選ばれたということは確かであろう。大勢としては、カルヴァン派厳格派が優越する宗教状況の地であったが、異説の公表については、相対的には寛容であった。プロテスタント諸派ばかりか、カトリックからユダヤ教にいたるまで、教説の発表・発信にさしたる抑制が加えられなかった。ガリレオ事件のようなシリアスな状況にあって、たしかに出版を躊躇させるような状況があったとはいえ、それでもあえて出版を敢行する者もあったのである。さらには、オランダにあっては明白な少数派であるカトリックのイエズス会からも、教義にかかわる微妙な件でないかぎり、広範な書籍の編集と刊行がこころみられた。たとえばイエズス会士アタナシウス・キルヒャーの『地下世界』や『シナ図説』などの書籍は、そのアムステルダムで一六六五〜六七年に刊行されたのである。

こうした精神的状況があってこそ、きわどい状況にもいたりかねない宗教・科学・思想上の書籍の執筆と刊行が許容・敢行されたといえよう。その事態は、かつてその一世紀前にヴェネツィアで見られたと同様に、書籍の出版と流通に大いに貢献することになろう。一六八〇年になって、ようやくアムステルダムにも、書籍商ギルドが結成される。このギルドは、中世起源の組織が陥りがちな業務規制化を回避し、むしろ流通の自由で開放的な展開を推進した。これを促したものこそ、一七世紀オランダを象徴するユニークな文化的開放性であった。

3 人倫としての「ダナエ」のかなた

a 裸体の表現

レンブラントの全作品のうちで、油彩画には裸婦像とされるものがすくなくとも三点ある。定義による多少の違いがあるにしても、ヨーロッパ古典絵画にあっては、けっして多いほうではない。しかしまた、一七世紀に全盛をきわめたオランダ絵画のうちには、ほとんど純粋の裸体画は存在しないことからみれば、かえってレンブラントのスタンスにはあらためて注目すべきものかもしれない。

まず、本節の主要な視角として取りあげておきたいのは、〈ダナエ〉（図34）である。制作年月については諸説あるが、さしあたり一六三六年としよう。もっとも、のちの加筆もあるようだ。三〇歳のころ、つまり〈テュルプ博士〉につづく若々しい活力の表現と説明できよう。現在、ロシアはサンクトペテルブルクのエルミタージュ美術館の至宝として所蔵されている。かつて一九九七年に観客によって傷つけられてから、かえってその存在が注目を浴びるようになった。

裸婦のモデルは妻のサスキアである。主題となるのはダナエであるが、古代ギリシア神話にもとづく。主神ゼウスがアルゴス王の娘ダナエの美しさの噂をききつけた。予言によれば、ダナエは父を害

図34●レンブラント　〈ダナエ〉

するだろうとのことだった。これをうけて、王はダナエを地下室に幽閉していた。色欲旺盛なゼウスは、黄金の雨粒に姿をかえ、ダナエが横臥する室内に侵入して裸体のうえに降り注ぐ。こうして、ゼウスは欲情を達したという。そこから生まれた息子ペルセウスと母ダナエは、数奇な運命をたどることになる。いずれにせよ、この筋書きのなかで、ゼウスがダナエのもとに雨粒となって降りかかる様態が、画家の霊感を刺激した。レンブラントのダナエは、豊満そのものの肉体をベッドのうえによこたえる。カーテンの陰から侍女がそっと顔をだしているほかは、とくに装置はない。ダナエの裸体はきわめて妖艶であり、あたかも鑑賞者を誘いこんでいるかのような情景となっている。

ダナエが西洋美術の主題となったのは、一五二七年のヤン・ホッサールトの作品が初めだとされる。これ以降、おなじ趣旨からダナエはかなり頻繁に援用されるようになる。コレッジョやティツィアーノなどの代表的画家がきそって、ダナエ主題を活用した。ホッサールトを例外として、ほかの画家たちにあっては、ダナエはみな全裸でベッドに横たわり、脇には侍女もしくは天使がつかえる。その情景については、一七世紀になってのジェンティレスキやホルティウス、そしてレンブラントはみな同様である。いずれも、ベッド上で、片腕を伸べだし、相手をさそっているかのようだ。そして、ゼウスはふつうは黄金の雨粒で表現されている。

第二の裸婦像は〈バテシュバ〉(一六五四年、図35)である。旧約聖書「サムエル記」(下)の11章3節に記載される古代イスラエル神話による。ユダヤの王ダヴィデは、王宮の屋上を散歩するうち、

図35●レンブラント 〈バテシュバ〉
図36●レンブラント 〈スザンナ〉

たまたまちかくの住居で水浴する人妻バテシュバの姿に眼をとめる。宮殿に呼びよせ、言いよって関係して子ソロモンをはらませる。ダヴィデは、バテシュバの夫であるウリヤを従軍中の戦場から召還して、バテシュバと関係させようとするが拒まれる。やむをえず、ダヴィデはウリヤを危険な前線に配置して戦死させる。ダヴィデの行動は神の怒りをかうが、謝罪のうえで赦免をうけ、はれてダヴィデの息子と認知されたソロモンは王位の継承を認められる。バテシュバは、ここではダヴィデからの誘いの手紙を読む姿態で描写される。王宮にむかう場面ということで、全裸で表現されている。

レンブラントの作品〈バテシュバ〉は、同主題の西洋絵画としてはやや早い時期に属する。これに先立ってヴェロネーゼの同名の作品が存在するが、ほぼ同趣旨の構成となっている。また、女性画家アルテミジア・ジェンティレスキの作品では、水浴するバテシュバを侍女たちが世話する情景であり、陰影の濃厚な劇的光景である。レンブラントのバテシュバは、モデルがヘンドリキェであるところから、やや豊満な裸体として描写されるのが特徴といえる。

第三は、〈スザンナ〉(一六四七年、図36)である。旧約聖書の「ダニエル書」第13章にもとづく。水浴する人妻スザンナの姿を、かねてから懸想してきた二人の長老が、通謀してのぞき見する。そのうえで関係をせまる。これを拒絶したスザンナにたいして、長老は謀りごとをなし、青年と密通していたと讒言する。しかし、裁きの場で破綻が生じてふたりの虚偽証言が発覚し、処刑されてスザンナは無事に解放されたという。レンブラントの作品では、スザンナは全裸の姿を惜しげもなくさらして沐浴している。長老は、木陰に隠れてのぞき見しており、その顔はいかにも下品そうな欲望にあふれている。

ここでも、スザンナはルネサンス以降の西洋画家によって、ほぼ同様の構図のもとにおさめられている。早い時期のものとしては、ロレンツォ・ロットやグイド・レーニ、また一七世紀にはルーベンスやヴァン・ダイク、ティントレットなど、レンブラントに先行する代表的な画家によって、きわめてしばしば援用されてきた。沐浴姿であるからには、ほぼつねに全裸であるが、それが誘惑的であるかどうかは、場合によってことなる。とはいえ、長老たちの下品な情欲に溢れた姿と対比して、スザンナはいかにも無垢さが強調されるのが通例である。

b　裸婦像の倫理

さて、以上にみてきたところから、つぎのことを確認しておこう。裸婦像は、西洋古典絵画にあってルネサンス期に創始され、のちバロック期以降にも継承されるが、そこには著しい偏りがある。イタリア・ルネサンスからイタリア・バロックまでその系譜は、ほぼ連続して追尾できる。またおなじことは、フランドル・ネーデルランドについてもいえる。ところが、ルネサンスの初期の数例を別として、オランダをふくむ北方のバロック期以降には、ほとんどその例をみいだすことができない。むろん、その事情はそれぞれの国と地方によってさまざまである。さしあたり関連するところをみわたせば、南ネーデルランドでは宗教改革の規制から免れていたため、一七・八世紀以降までも、裸婦表現はかなり自由におこなわれた。他方で、北方ドイツではルター派の強い倫理抑制支配のもと、裸婦表現は近代までも抑制的であった。

ところで、オランダについていえば、カルヴァン派新教徒にたいする規制のゆえに、独立以降の一七世紀にあっては、あからさまな表現は姿をけしていった。事実、黄金時代のオランダ絵画では、物語画もしくは神話画をとおして裸婦が主題として採用されるのは、きわめてまれだったといってよい。そのなかで、その代表格というべきレンブラントにあって、ここでみてきたようなかなり自由な表現をみることができるのは、どのような理由からであろうか。たしかに、スザンナ主題やバテシュバ主題は、旧約聖書に正統的に連なるものであり、そこに裸婦が登場するのもとくに問題性をふくむものではないともいえる。しかし、ギリシア神話に属するダナエ主題の作品となると、その蠱惑的な肢体や表情からみて、いささかの逸脱を感得するのも無理からぬところがある。事実、ダナエ主題の主要な作品は、みなイタリアのルネサンスからバロックにおいて制作されたものであった。はたして、この文脈にあってレンブラントの芸術精神は、どの系譜におかれるのであろうか。

一九世紀以来、レンブラント研究の主流は、この偉大なオランダ人を黄金期のカルヴァン派信仰と結びつけ、謹厳実直なピューリタン倫理の体現者とみなしてきた。そのように解読される作品が大多数をしめているかにみえるからである。このため、いくつかの裸婦表現は、倫理感情とは無縁の冷徹な事実描写にすぎないか、もしくは少数の例外か逸脱とみなされることになる。旧約主題のスザンナとバテシュバとは、もっぱら美学的要請から慎重な裸体表現をえらんだのであり、画家の倫理感情を裏切るものではない。そのように説明された。

けれども、のちになってさらに別の材料から、レンブラント作品の倫理的性格についての異論が提出されて、問題はもっと複雑になってきた。油彩作品とはべつに、レンブラントのエッチング・エングレーヴィング作品などに、さらにあからさまな性愛表現が存在するからである。なかでも〈フランス・ベッド〉(図37)と古来、表題されてきたエッチング作品である。そこでは、その名から推測できるとおり、ふっくらとしたベッドのうえで、男性が女性に覆いかぶさり、交接する姿そのものを表している。いま一枚は、収穫中の野外の麦畑で破戒の修道士が、おなじ行為にふけるという異常な光景をとらえる〈破戒の修道士〉(図38)。あまりのきわどさゆえに、ときには作者名を虚偽とみる場合もあったという。あのレンブラントであるわけがないと。けれども、とくに前者にはレンブラントの明白なサインもみられ、疑問をいれる余地はない。

この二作品をめぐる議論は、なおも展開が予想されるが、すくなくともつぎのことは確認しておきたい。レンブラントという画家をして、先験的に潔癖な倫理観で防備させるのは誤解のもとであろう。ポルノグラフィー紛いの作品であれ、それの意味は十全に解明されねばならない。また、現存する二点のみから、あまりに性急に結論を引きだすのも、軽率というべきだろう。課題は、現実に生きた画

図37●レンブラント　〈フランス・ベッド〉ドライポイント
図38●レンブラント　〈破戒の修道士〉ドライポイント

家とその時代の倫理感情や価値観を総体としてとらえたうえで、作品がおかれた位置を理解すること。いまこの章において努力しているのも、じつはそうした慎重な取りあつかいの手続きにほかならない。

c オランダの立ち位置

裸婦表現という一面をとりあげて、レンブラントの倫理感情を考えてみたのだが、いますこし広範な角度から、一七世紀オランダの価値観のありかたをとらえてみよう。というのも、裸婦表現の一面のみをとって、世界観の全体をみとおすことがむずかしいとすれば、いったいどこに価値観の基本をみいだすことができるのであろうか。

レンブラントが忠順なカルヴァン派信徒であるかどうかですら、じつは明確ではない。サスキアとの結婚にあって、教区の教会に登記したことは事実であるから、けっしてキリスト教徒であることを否定したことはない。しかし、サスキアの死後、雇用した家政婦と、ついで再婚を約した使用人ヘンドリキェとのあいだで紛争となった。解消できぬまま教会から懲罰をうけたのも、事実である。しかし、だからといって、教会にたいする抵抗として反キリスト教の立場をとったとか、ユダヤ教に接近したというのも、正確ではない。現実のレンブラントは、同時代のオランダ社会、アムステルダム都市社会にあって、じつに輻輳した相互関係をもつ諸種の思想や信仰、職業や身分のただなかにあった。その行動は、実際には首尾一貫したわけではなく、複雑な位置をとりつつ、画業に勤しんでいったと理解するほかあるまい。宗教上の諸宗派や思想上の主義主張は、先験的な原理としてレンブラントの芸術的創造に、一義的な決定力をしめすことはなかった。画家はイデオロギー信条や利害関係の交錯のなかで創造力を磨きあげたようにはみえない。あえていえば、レンブラントは身辺に寄せる諸思潮に洗われつつも、芸術表現上の必要や発想を択びとっていったであろう。

いうまでもなく、レンブラントの立ち位置とはべつに、一七世紀オランダ社会は特定の人倫条件のもとにあった。このことは広い視野から考察しておかねばならない。まず、オランダ社会の基盤をなすキリスト教会をめぐる状況を観察してみよう。スペインへの叛逆と独立を希求した闘争にあって、その脊梁をなしたのはたしかにカルヴァン派改革教会であった。改革教会は、始祖カルヴァンの峻厳な教義にもとづいて、救済予定説を信条とした。現世を、人知をもってしては推定できない救済宿命にむかう待機とみなし、神への絶対的服従とその限定内における禁欲的節倹を倫理として掲げて、生活の運営につとめるべきものと理解した。とりわけ、この教義を厳格、忠実に履行することをもとめる宗派が、一七世紀になるとオランダで勢力をました。神学者フランシスクス・ホマルスを代表とする「厳格派」が、教授職をつとめるライデン大学を拠点として、オランダ社会に支配を確立したとされる。教会会議にあって多数派をしめるにいたったことから、政治上もホマルス理論を強要し、叛乱・独立戦争に由来する緊張感を背景として、人々の生活態度の全般にわたる規制の体制をうちたてた。一七世紀オランダ社会は、別名ではホマルス主義社会である、と。

これにたいして、他方にはホマルス厳格主義に反発して、より緩やかな救済予定説に依拠しようとする構想が、オランダ社会にあって批判勢力を構成していた。これを代表するのは、これまたライデン大学教授のヤコブス・アルミニウスである。アルミニウスは、予定救済は限定的であるとみなし、より自由意思のはたらく余地を拡張しようと論じた。この穏健説は、オランダにあっては有力市民を中心に支持を拡大していった。他方では、ホマルス主義は中層以下の急進的市民によって、熱狂的に信奉されたことになる。戦争の休戦化にともない、一六一〇年代に激化した論争は、一六一九年のドルドレヒト全国教会会議において決着がつき、ホマルス派の勝利におわった。アルミニウス派は、ライデン大学からも追放され、オランダの市民社会は、カルヴァン派信仰によって武装された強力なイデオロギー集団によって統括されたようである。これが、一七世紀オランダ社会の見取図だとされる。

しかしながら、ホマルス主義がオランダ社会のすみずみまでを統括しつくしたとみるのは、現実的とはいいがたい。中下層の過激派が救済予定説を掲げて全権を獲得し、オランダ市民社会を牽引したとするわけにはいかない。現実のオランダ社会は依然として、上層市民が信奉するゆるやかな予定説のもと、倫理的努力を人生観にかかげて、着実なもしくは冒険的な経済活動に専念していったようである。教会会議や戦場でのホマルス派の優勢にもかかわらず、ゆるやかに理解されたアルミニウス派は、ホマルス主義に反発する「抗議」派の名のもとに影響力をまして、市民生活の実質をリードする役割をはたすようになってゆく。そのように理解するのが、穏当なところではあるまいか。

じつは、平均的なアムステルダム市民は、表面的にはホマルス主義に従うものの、けっして過激な理想主義カルヴィニストではなく、アルミニウスによって代弁される穏健な行動規範を体得しつつ、市民生活を営んでいったのであろう。こうした、オランダ社会の不可解な表裏一体性が、繁栄の一七世紀の実態であると考えることにしたい。

d　グロティウスとアルミニウス

一六一九年、ホマルス主義の勝利を確定させたドルドレヒト教会会議は、いずれにせよ、全オランダを巻き込む騒動に発展した。このことを察知して、発言もしくは行動にいたった理論家が注目される。その第一は、法学者フゴー・グロティウス（フロート）である。国際法学理論の創始者としてつとに高名なグロティウスであるが、ごく初期のライデン大学の卒業者であった。一五八三年、デルフトで生まれたグロティウスは、一五歳でマウリッツ伯の外交使節団の一員に加わって、パリで外交団を驚かせる学力を披露したという。ついでは、おりから出来したオランダ東インド会社船舶拿捕事件にあたって、対抗するポルトガルを非難する論文を執筆。これが、のちに有名になる『戦争と平和の法』や『海洋自由論』の原型となった（第6章5節参照）。

一七世紀になると、グロティウスは現実性の高い問題への没入をしめすようになる。おりから対スペイン叛乱と独立をめぐる戦局が沈静化して休戦になるとともに、キリスト教会の周辺でおこった教義上の問題をめぐってである。先にみたホマルス・アルミニウス論争である。ホマルスを標的としてアルミニウスが、人間意思の自由のもとに、救済予定の相対性を訴えたかの論争。前者は、ラディカルに教会の戦闘性に固執して、現世の価値の否定に傾くのにたいして、後者はゆるやかな命令として教会の準則を理解しようとした。グロティウスはアルミニウスを支持して論陣をはる。一六〇九年、アルミニウスは死去するが論争は続行した。主流となったホマルス派にたいして、これに抗弁するアルミニウス派はレモンストラント（抗議派）ともよばれた。その宣言文は一六一九年に公表されるが、その実質的な執筆者はグロティウスだと推定されている。両派は、神学レヴェルでの全国教会会議において決着しようということになった。

一六一九年、グロティウスはドルドレヒトでの全国教会会議におもむき、アルミニウス主義を弁護しようとした。三六歳の中心論客である。その論旨は、キリスト教上の行動は、普遍的理性に呼応せねばならないとするものであった。この議論はいかにも穏当なものであったにせよ、ホマルス主義派の逆鱗に触れるところとなり、激烈な論争のすえに、異端として葬りさられることになった。論者グロティウスは、会議直前に総督オランイェ公によって逮捕され、会議の議決により異端宣告をうけた。全財産の没収と、終身の拘禁刑である。グロティウスは、ルフェスティン城内に厳しく拘禁されながらも、自然法学の研究をすすめ著作の準備をすすめた。

一六二一年五月、グロティウスは劇的な方法で拘禁を脱出した。城内に運びこまれた書籍運搬用の収納箱に身をかくし、監視をあざむいて運びださせ、無事に脱獄に成功した。こののちグロティウスはオランダを離れ、フランスの各地をめぐりつつ自然法学の彫塑にいそしんだ。具体的帰結のひとつは、よく知られるとおり、航海自由の原則である。これは海洋国家としてのオランダに、船舶航行活動の広汎な領域を保証するものであり、その意味では、あくまでもオランダ寄りの理論選択であった。しかし、前提としてはあくまでも自然法による理性的処理を提起したものであり、宗教上の対立はもとより、国家政治上の紛争もまた普遍法のもとで収拾さるべきという自然法原理を前面に掲げた。これは、あえていえば、アルミニウス主義のいう「自由意志」の適用であって、一七世紀オランダの人倫徳目のひとつの表現でもあった。

さて、第二の理論家はスピノザである。この主題については、古来さまざまに扱われてきたが、ここでは近年の問題作であるスティーブン・ナドラー『スピノザ　ある哲学者の人生』（有木宏二訳）の趣旨などにしたがいながら、重要な論点をフォローしてみよう。

著名な哲学者であるスピノザの生涯は、この時代の変動ときわめて密接な関連をもっている。一六三二年、アムステルダムに生まれた。ユダヤ教徒である。ユダヤ教が意味するところについては、次節であらため論ずるので、ここではその哲学思考にともなう人倫行動の様式についてたどってみよう。スピノザもまた、グロティウスとおなじく、ホマルス対アルミニウスの論争から刺激を受けてそだった。一六一九年のドルドレヒト会議において、ホマルス主義が勝利すると、その周辺には少数派におしこめられた諸宗派が結集する場が出現した。少数改革派であるメノン派、イギリスに起源するクエーカー派、旧アルミニウス派を母体とする抗議派そのほかである。かれらは、共通の集会をもつなど連携をつよめていった。集会を意味するコレーゲに由来するコレギアントがいちおうの共通名である。スピノザが青年期に達する一六五〇年代には、「コレギアント」はライデンやアムステルダム、あるいはほかの小村にも存在がたしかめられる。スピノザは、これとの接触から宗教上の自由主義を嗅ぎとったようにみえる。

しかしより重要な点は、ライデン大学で正規の学生としてではないが、聴講をゆるされた講義にあって、デカルト哲学の洗礼をうけたことである。すでに、一六五〇年代の初頭からデカルト著作にふれていたが、ここでデカルトの主知主義、理性の立場、あるいは自然と人間の関連、そして神学と哲学の相互性といった立場を体得した。のちの汎神論や神学・政治学の関連性といったスピノザ主義は、ここから徐々に形成されていった。二四歳のスピノザは、その宗旨から生来の信仰であるユダヤ教と齟齬をきたすようになり、非難をうけて公式に破門を宣告される。こののち、スピノザは父祖以来のユダヤ教コミュニティから離脱し、孤独のうちにレンズ磨きを正業としながら、思索と著作の日をおくることになる。

神と自然の一致という汎神論。人間存在の絶対的自由。日常的習俗からではなく、存在それ自体に起源する自由。これらスピノザ哲学の規準と確信の成立とともに、スピノザの筆はかえって、世俗世界の政治論争に介入して自由闊達さをましていった。それは、政治を神学から解放し、存在と行動の自由をゆるやかな規範のなかに置きなおしたからであろう。こうして、スピノザに向けられた「極貧にして破門の哲学者」という通俗的イメージはみごとに裏切られる。はたせるかな、「オランダの自由の哲学」はあいついで異様な相貌を呈することになる。

スピノザというユニークな哲学者については、その神秘的な人物像をふくめて、解明を拒むところがきわめて多い。哲学著作の難解さと、それにもかかわらず、測りがたいほどの理論的波及力は、後代にいたってますます昂進する。歴史的実像に関しても、なお不可解な部分がある。たとえば、ユダヤ人居住地にほど近く居住したレンブラントとのあいだの関係はいかなるものであったのか。画家からいくらか遅れてオランダに住んだ哲学者は、ほとんどアムステルダムに足を印さない。この両人が、個人的な折衝をもったという確証はない。スピノザは、一六五六年にユダヤ人シナゴーグから破門されたのち、ラインスブルクやフォールスブルクといったローカルな町に居住した。そこには、少数派コレギアントの集団が残存していたからでもあろう。そこでの思索の展開から、やがてスピノザ主義といわれるものが形成されていったのだが、画家と哲学者との接点は、残念ながら想定することがむずかしい。

さて、第三の人物は、やや遅れてやってくる。ヤン・アモス・コメニウスである。チェコにうまれ、戦乱の中欧で遍歴をしいられた哲学者であった。一五世紀にさかのぼるボヘミア同胞団の最後の司教として、ついには三〇年戦争の余波をうけて、プラハから政治亡命をしいられた。スウェーデン、ポーランド、ハンガリー、ドイツ、イギリスとアルプス以北のほぼ全ヨーロッパを流浪し、そのたびにも司牧活動をやめなかった。しかし、その間にコメニウスは小児・青年の初等・中等教育に関心と貢献をこころざし、哲学的人間観にもとづいた教育哲学の形成につとめた。ことに、フランシス・ベーコンの人間知識発達論を援用して、教育課程の合理的構成を構想し、これを学校経営の実際に活かそうとした。このことから、のちにコメニウスは、ヨーロッパ教育学の父祖と称されるようになる。

ところで、そのコメニウスがなぜ晩年にオランダを最後の地にえらんだのかはミステリーともいえる。一六六四年頃の成立とされるレンブラントの〈ある老人の像〉(図39)が、二〇世紀初めにコメニウスがモデルであると論じられてから、その謎はますます深まった。疑義もありうるが、かりにこの同定を前提に考えてみよう。たしかに、コメニウスはボヘミア同胞団の遺産をつぐ愛国者であって、オランダの宗教的動向とは直接の関連をもっていない。けれども、宗教上の寛容の原則にそって、多様な宗派の信徒をうけいれてきたアムステルダムであってみれば、コメニウスがここを終焉の地として選ぶのも不自然ではない。そこでふたりの老人、つまりコメニウスとレンブラントが画家と教育哲学者として、イーゼルをはさんで対峙したとする。そして、コメニウスは人倫にかかわる主題をもっぱら教育の場で考察したとする。それは、独立後のオランダにとって、実質上の効果をもたらす方途にもみえただろう。現実の倫理問題への発言の機会をあたえられなかったが、コメニウスにあっては

図39●レンブラント　〈ある老人の像〉

オランダが希望を託する場であることに、たしかな予感を抱いたにちがいない。

貧困とはいえ、往年の名声も鳴りひびくオランダ人画家の前で、純白の顎髭をたくわえたボヘミア老人がポーズする光景は、どこか一七世紀の良心を映しだしているようにも思われる。レンブラントは、一六六九年に、コメニウスは一六七〇年に、あいついでアムステルダムで世を去った。

4 「モーゼと十戒の石版」と歴史

a 「十戒」の石版をめぐって

一七世紀にようやく正式に独立を達成したオランダは、ヨーロッパにあっては、もっとも新しい国であった。けれども、それを構成するオランダ人の意識にあっては、自分たちはけっして新しいばかりの民族と文化のにない手なのではなかった。発想のよりどころは、つねに古く、由緒ただしい過去に蔵されていた。

レンブラントの作品にはじつに多くの「古代」モデルが所属しているが、なかでもキリスト教の聖典は、信仰の対象・依拠先であると同時に、みずからのアイデンティティの対象でもあった。そこにモチーフをもとめた諸作品のうちから、とりわけ印象ぶかいものを、まず一点取りあげてみよう。〈モーゼと十戒の石版〉（一六五九年、ベルリン国立絵画館、図40）である。

旧約聖書の「出エジプト記」にもとづくストーリーでは、モーゼは神ヤーヴェから授かった行動命題としての「十戒」を、エジプトに逃避する最中のイスラエルの民に言いわたした。しかし、イスラエルの民はしばしばその緊張感を忘却し、歌と踊りで日々をおくっている。このことを目撃した族長モーゼは、怒りも心頭に発して戒めを記載した石版を頭上にかかげたのち、これを振りおろして叩き割ってしまう。この作品は、まさしくその瞬間をとらえたものであり、モーゼの顔面は憤怒であふれている。背景はシナイ山の麓にある荒野であり、イスラエル人の窮地をまともに表現している。顔面いっぱいにはやした髭と粗末な白衣が、予言者モーゼの逼迫した心情をよくあらわしていよう。石版は、当時のイスラエル人にとっては唯一の記載手段であり、白い石墨によって記入された十戒の章句が、正面から眼にはいる。本文は、二枚の石版に書かれ、「十戒」の第6章から10章にいたる五章分を収容している。本文は、いうまでもなくヘブライ語による。一六五九年のレンブラントは、ユダヤ人街の一郭に居住していたことから、みずからもヘブライ文字を手習いしていたであろうし、また近所に住むユダヤ系住民の手助けをもうけていたであろう。その特定のユダヤ人の名もあげられる。こうした事情から、異様な書記規則にしたがいつつも、章句は正確に書かれており、見者にたいする啓蒙的意図が、よく達成されている。民族の苦難と族長モーゼのリーダーシップをともにイスラエル人

図40●レンブラント　〈モーゼと十戒の石版〉

に告知する方法として、この構図は卓抜のものといえる。ただし同時代にはこれに比類できるものは存在せず、石版のヘブライ文字もふくめて、きわめてユニークな性格のものである。五〇歳台のレンブラントは、この時期に集中的に新旧聖書本文に題材をとる作品を手がけており、これはまさしくその代表作である。

b　主題としての旧約聖書

〈モーゼと十戒の石版〉をはじめとして、レンブラントは生涯にわたり、ほかにも多数の旧約主題、もしくはユダヤ主題の作品をのこした。その総数は、作品の帰属の問題とも絡んで、容易には決定できないが、おそらくは数十点にのぼると推定される。そのうちのいくつかに注目してみたい。第一にあげられるのは、〈ベルシャツァルの祝宴〉（一六三五年、図41）である。〈モーゼと十戒の石版〉に比して、はるかに若年の作品であり、場面の劇的性格がきわだっている。主題は、旧約「ダニエル書」5―25にもとづく。王ソロモンが、領国内のベルシャツァルにいたって、有力者一族の大宴会に招待され祝杯をあげる。その瞬間に、後方の壁に意味ありげな章句がうかびあがる。そこには、「メネ、メネ、テケル、そしてパルシン。意味はこうです……神はあなたの治世を数えて、それを終わらせられたのです。」そのようなヘブライ語が記されている。

この趣旨のミステリアスな章句の出現は、古代に各地でもしばしば見られたようだが、ことにイス

図41●レンブラント　〈ベルシャヤツァルの祝宴〉

ラエル民族にあっては頻繁であり、かつ高い象徴性をもっている。王ソロモンはもとより祝宴の同席者がみな振りかえり、このしるしを眼にして大いに驚愕する。二九歳のレンブラント作品としては、意味ありげである。ヘブライ語表記は正確であるとされるが、しかし異様なことに、ヘブライ語は通常のように右から左へではなく、その順にしたがうものの、縦書きされている。またそもそも、その言語を解するユダヤ人コミュニティ自体にあっては、人事的事項をリアルに図解表現することは、教義上は許されない。ところが、そのような能力をもつ職業画家は、アムステルダムには、もともと存在しなかった。レンブラント自身がヘブライ語記載に習熟していたわけではないから、いずれかのユダヤ人による教示をうけていたであろう。そうした成立事情からみても、この作品は非ユダヤ人のものとして、〈モーゼと十戒の石版〉ともども、重大な謎をふくむものといえる。

レンブラントの旧約関連作品を、いま二つほど取りあげておく。ひとつは、〈ヨセフを訴えるポテパルの妻〉（一六五五年、図42）である。〈モーゼと十戒の石版〉とおなじく、物語性の強い作品である。旧約聖書の記述を正確に理解したうえでないと、読みとりにくいものとなっている。ヨセフは父ヤコブから寵愛をうけたことで兄弟から疎んじられ、エジプトに奴隷として売られる。そこで、ファラオの親衛隊長ポテパルの執事として仕える。性的魅力の旺盛なヨセフをめぐって、ポテパルの妻が誘惑をこころみベッドに誘いこむ。拒絶したヨセフに意趣返ししようとする妻は、帰宅した夫ポテパルに、ヨセフの不始末振りを訴える。事情を知らぬポテパルは、妻からの誣告を真剣な眼差しで聴取する。旧約聖書は、こうした異様な物語をつたえる。

じつは、このストーリーを主題とする作品は、工房作をあわせると、ほかにも二点ほど知られている。レンブラントとその周辺では、人気の高いテーマであったろう。その趣旨は、エジプト王朝の乱脈を告発することではなく、旧約のイスラエル・ユダヤ民族の要人が出遭った困難な局面を題材に借りて、予想外の人事展開を図像化するという、絵画制作上の戦略を読みとるほうが適切であろう。旧約聖書は、たしかに新約に比べれば、はるかにそうした錯綜した物語性にあふれている。レンブラントは、ことがらの倫理的適合性の当否とまったく無縁に、人倫上のさまざまな混迷を、旧約本文のなかに読みとろうとしたようにみえる。それは、さきに引用したいくつかの物語、たとえば〈スザンナと長老〉や、〈バテシュバ〉の場合とおなじく、旧約聖書本文が、キリスト教世界の芸術家にたいして提供した、豊かな遺産であるといってまちがいない。

いまひとつの作品は、〈銀貨を返すユダ〉(一六二九年、図43)である。作品の作者帰属について問題もなくはないが、ここでは不問に付すことにする。主題は旧約ではなく新約だが、ユダヤ人の行為であることを明示した作品である。ストーリーは、複雑である。ユダが、「無垢の主を裏切ることの報酬として」銀貨を受けとったのち、このことを悔いて司祭長に銀貨三〇枚を返還しようとする場面(「マタイによる福音書」二七—三～一〇)である。おそらくは、二三歳の若いレンブラントが、ライデンにあって父親ほかをモデルに使って描いたものだが、物語の筋の意外な展開に驚く会衆の感情交錯

図42●レンブラント 〈ヨセフを訴えるポテパルの妻〉
図43●レンブラント 〈銀貨を返すユダ〉

が、のちの集団肖像画の手法を思わせるような技法で描きとめられている。このために、ユダという人物を主題に選択し、しかもその当の主題を画面の最右端にちいさく収めるという意外な技法をとった。キリスト教世界で不評のユダを、歴史的行為事実のなかに位置させて、人間群の構図をつくりあげるのは、のちのレンブラントの作法につながるものといえる。

意外なことには、この一六二九年の作品には、左手前の書記と思える人物が、後ろ向きで表情をみせぬまま座っている。その書物は、内容まで立ち入って分析することを許さないが、ページを開いたままにして、ことの成行きを見守る。その書物は、内容まで立ち入って分析することを許さないが、ページ面から判断してヘブライ語による手書き本である。ユダをめぐる人びとの手元におかれたヘブライ語書籍。このさりげない構図は、若いレンブラントの作為としては、すみやかな評価を許さないものがある。しかしライデン居住の若いレンブラントにあっては、すでに日常的にヘブライ語とユダヤ人との存在が、脳裏にうごめいていたのではあるまいか。むろんレンブラントとユダヤ人との親交ぶりについては、かねてから論者によって強調の度合いがことなる。しかし、すくなくともユダヤ人のよき友人であることを自覚していたであろうことは、否定できないように思われる。それには、どのような背景があるのだろうか。

c　アムステルダムのユダヤ人

ここまでみてきたように、レンブラントは歴史的主題の作品を制作するなかでも、ことに旧約主題、もしくはユダヤ人主題に、なみなみならぬ関心をいだいていた。新約や古代神話の主題については、さしあたり留保するにしても、この旧約ユダヤ主題の選択の意味を、いますこし詳細にたどっておくことにしたい。というのも、ルネサンス以降の画家たちにとって、旧約主題はその取りあつかいから表現法まで、特別な配慮や予備知識を必要とするものであり、特有のバックグラウンドの存在を想定せざるをえないことも、しばしばだからである。

レンブラントにあって、旧約主題がリアリティをもったのは、まちがいなくアムステルダムにおけるユダヤ人住民の存在との関わりにおいてである。このことは、ルネサンス以降の数世紀のヨーロッパにあって、一六世紀のヴェネチアとならんで、特筆すべき条件だったと思われる。アムステルダムの一七世紀は、ユダヤ人の存在と密接な関連で語られる。

オランダのユダヤ人は、ほかの北方ヨーロッパ諸国の場合とはことなる背景を有している。すくなくとも、一五八〇年代までは、オランダにはヴェネツィア由来のユダヤ人集団がわずかに存在したにしても、さして多数の住民の影をみいだすことはできない。しかし、一六世紀末以降、急速に事情は一変することになる。一五八〇年代になり、遠いイベリア半島にあって、帝国スペインがフェリペ二世のもとに強硬さを増進させたことが、大きなきっかけとなった。ネーデルランド住民が、フェリペ二世の強い植民地締めつけを嫌って、叛乱と独立の運動を開始したこともその表れであった。おなじ圧力が、スペインの西隣の国ポルトガルにもくわわった。おりから一五八〇年に、王位継承者が欠除したままで、エンリケ王が死去すると、フェリペ二世は直近の継承者を自認し、国内貴族に無理やりの同調をもとめ、ポルトガル併合を決定した。スペインとポルトガルというイベリア半島の二国は、同君連合のもとで統合された。この併合は、六〇年後の一六四〇年、三十年戦争に忙殺されるスペイン帝国が、ポルトガルにブラガンサ朝のもとで王室を再興させ、ポルトガルを手放すことを決意をするまで続行される。

併合下のポルトガルでは、従来の緩やかな国内統治策にかわって、絶対主義王政による行政的締めつけが強化された。ユダヤ人への強圧策は、そのうちでも険しいもののひとつ。これまで一六世紀の大航海時代以来、ポルトガルは海外への拡張に主力をそそぎ、ユダヤ人やプロテスタントへの加圧は、激しさを求めることは少なかった。ところが、一五八〇年にフェリペ二世の統治が導入されると、ユダヤ人への強硬な取り締まり、つまりキリスト教カトリックへの厳格な改宗強制がおこなわれる。表面上で繕っていた仮装改宗にたいする捜索が強行された。なかでも、首都リスボンには、数千人と想定されるユダヤ人の集落が、おもに傾斜地の上方に立地して、実質上の住民扱いをうけてきたが、ここで正面きった、抑圧がくわえられた。その執拗さは、ハプスブルク朝スペインに特有のものといえる。

対抗手段を容易には発見しえないまま、リスボンのユダヤ人は脱出を余儀なくされた。一五八〇年代の初頭には、ユダヤ人集団が取るものもとりあえず、海外へ向けて出発した。抑圧がやや緩やかな、大西洋のかなたブラジル植民地に向かったものもある。しかし、大多数のユダヤ人集団が選択したのは、スペイン領ネーデルランドの北部地帯、すなわちスペインからの自立をもとめて蜂起した「オランダ」である。すでにみてきたとおり、この地はスペイン・ハプスブルク朝の圧力をはねかえし、政治的自立をもとめて叛乱の戦闘に突入していた。かねてから、リスボンとアムステルダムのあいだには、ユダヤ人商人による通商と通信が、ゆるやかながら存在していた。ユダヤ人の流入が顕著になるのは、一五九〇年代初期である。当時は、いまだアムステルダムのユダヤ人は外来の「リスボン商人」とみなされていた。しかし、一七世紀の一〇年代までには、すでにアムステルダムの城外には、ポルトガル系ユダヤ人コミュニティが成立していた。市境界外であることを条件に居住を黙認し、また非公式にはユダヤ人の固有の礼拝、つまりシナゴーグ様の集会所を活用することも認めた。のちには、アムステルダムの市民権を、一定の忠誠条件とかなりの額の対価支払いをもとに、購入することも可能となった。一六三〇年代には、その数も三〇〇〇人を上回ったものと推定される。

一般的に認められているとおり、ヨーロッパ大陸におけるユダヤ民族は、中世初期以来、きびしい条件下にありつつも、次第に増加し居住圏も拡大していった。そのなかでことに顕著な情勢はといえば、ヨーロッパのユダヤ民族には、明白に二つの分派が存在することである。当初から東ローマ帝国領をとおして東ヨーロッパに浸透してきた東方系ユダヤ人、つまりアシュケナージム。他方では南方の地中海からイベリア半島を経由し、もしくは直接、西地中海をこえて、南ヨーロッパ地域に浸透したユダヤ人、つまりセファルディム。この両者は、当初から相互の交流をあまりもたぬままに数百年を経過した。やがて一五世紀までには、この両者は大陸を一巡して出会いと混和の機会をもつにいたった。また、一六世紀初頭にはスペイン、ポルトガルからのセファルディムの追放によって、両者は西欧諸地域で出会うこともあった。しかし一般には、アシュケナージムとセファルディムとは、言語においていちじるしい差異をもっていた。文化・宗教上も、祖元における同一性は大いに失われていた。

アムステルダムに定着したユダヤ人は、さしあたりはセファルディムである。ことに市壁に近く、ユダヤ系住民が多数をしめる地区は、現在のヨーデンブレ大通りを中心とする一帯であった。この地こそ、じつはサスキアとの結婚のあと、二度の転居をへてレンブラントが画家としての成功を背景として、一六三九年に広壮な住宅兼作業場を購入する土地である。二〇年余にわたって、画家はここに居住したのち、経済上の理由から手放さざるをえなくなる。なおヨーデンブレ大通りのレンブラント旧宅は、二〇世紀になって買いもどされ、現在ではレンブラント・ハウスとして美術展示館に供用されている。

一七世紀の進行とともに、アムステルダムのユダヤ人は人口を増加させた。ドイツやポーランドからの流入がはじまったアシュケナージム系ユダヤ人の存在もみのがすことはできない。こうして、その総数は一〇〇〇人を超えたものと考えられる。しかも、一六一九年にはユダヤ人としての公然の祈祷が、法学者グロティウスの提言をもとに承認されるようになって、その存在は明確になっていった。さらに注目されることに、セファルディムの定着にともなって、後発のアシュケナージム人口が、ここに参入しはじめた。この両者は、文化上の差異から単一の共同体を構成することはなかったとはいえ、しばしば隣接した地域に居住し、すくなくともヨーロッパ・キリスト教住民からみれば識別しにくいほどの共通性を示すにいたった。レンブラントが、ユダヤ人の隣人たちと交流を体験する一六三〇年代以降、この一体化はますます進行していった。レンブラントがモデルとして採用する多数のユダヤ人老爺・老婆は、その顔貌のみからは、どちらのグループに属するかが識別しがたいほどといわれる。こうして、アムステルダムは、ヨーロッパでも、もっとも濃密なユダヤ人居住世界を構成することになった。

もちろん、この集団は宗教儀礼をとおして、民族上の共通観念を共有するとはいっても、均質性をつらぬくわけではなかった。商業活動をとおして、市の経営・運営にすくなからぬ影響力をもつ上層から、新来で極貧の都市生活をおくるものまで、その差異は大きかった。アシュケナージムにたいして、セファルディムは来住の経緯などもあって、明確に優位にあったようにみえる。こうしたなかで、ユダヤ人共同体の社会的態度決定から、文化的所産の所有にいたるまで、重大な内部懸崖を構成するにいたったといえよう。しかしともあれ、急速に成長する経済都市アムステルダムにあっては、ユダヤ人共同体の存在感はけっして稀薄ではない。キリスト教諸派グループにあっても、またこの地に来住することになった思想家・芸術家にとっても、ユダヤ人の存在は特別な意味をもつことになったのである。

なお、アムステルダムとレンブラントにおけるユダヤ人の位置については、ことに近年になって、先に名をあげたナドラーが総括的な分析をおこなっている（巻末、参考文献リストを参照）。本書はきわめて多くをこれに負っていることを註記しておく。

d　バタフィアという故郷

おりからユダヤ人共同体がオランダにおいて姿を明確にしようとするとき、そこでもともと中核をなしてきた住民、ことにネーデルランドに旧来の居住地をもつ人びとのあいだで、歴史的アイデンティティを補強するような論議が話題をよんでいた。オランダの民は、宗教上の理由から流浪を余儀なくされたすえに、仮の居住地をえらんだというような新来の人口集団ではないというのだ。ライン川口からフリースランドにいたる土地は、ローマ帝国時代このかたバタフィという名で呼ばれる部族の地、バタフィアであったという。

一六世紀の叛乱・独立運動のさいに、当事者たちがここで依拠したのは、古典テクストであった。ユリウス・カエサルの『ガリア戦記』と、タキトゥスの『年代記』そして『ゲルマニア』。カエサルは、すでにその記述のなかで、ライン川口の南に居住するケルト人、つまりベルガエ系のガリア人の存在を明記しているが、さらにそれの北方の住民、つまり「ラインのかなたのバタフィ」についても特記する。タキトゥスは、紀元後二世紀になって、さらに詳細な情報を提示した。ローマ帝国の支配が拡張するなか、バタフィ人は勇猛にして、気品たかい行動をもって知られたという。これらの情報は、ことにタキトゥスの『ゲルマニア』の伝来テクストが一五〇六年に発見されてから、はっきりと確認されるようになる。

叛乱と独立戦争におけるネーデルランド人が、みずからをバタフィ人に同一化し、その名称と領地の祖元をもとめようとするのも、自然の勢いであった。タキトゥスの記述は、一五一七年に刊行された『オランダ・ゼーランド年代記』にも再掲された。こうして、独立運動には歴史上の事実からの正当化があたえられ、この論調はそののちも、有力な学説として受けつがれる。グロティウスは、ライデン大学修了後の一六一〇年には、『バタヴィア共和国の古代』を執筆して、これらの古代史料を紹介し、独立の正義を強調した。古代のバタフィア共和国の実在は、独立の正義を確実に保証するものとなった。

これには、なおも後日談がある。古代のバタフィアは、象徴的意味をもちつづけた。のちの一七九五年、フランス革命の思潮をうけてオランダ王国は解体され、バタフィア共和国が創設されたのである。しかし、一八〇六年にはフランス軍の侵入とともにバタフィア共和国は消滅し、フランスからの国王を受けいれる破目になった。ただしこの時代になると、古代からのバタフィア人の確実な持続的存在はあやうくなり、ロマン主義政治理論によっても、十全に保証されることはむずかしくなった。むろん、現在のオランダ国民国家理論にあっては、バタフィア国家のアイデンティティは保全されない。けれども、一六世紀以来の国民的思念の基盤としての役割は、忘れることができない。

一七世紀における、オランダのバタフィア起源説をみるにあたって、いまひとつ重要な手掛かりとなる事象をみておきたい。ほかならぬ画家レンブラントがのこした歴史画である。〈クラウディウス・キヴィリスのもとでのバタフィア人の策略〉（口絵6）と題される。伝承によれば、ローマ支配に屈したバタフィア人は、王キヴィリスのもとでその転覆をねらい策略を講ずる。この謀略は、すんでのところで発覚し、あわれキヴィリスは失墜の身に甘んずることになる。その策謀の場が、レンブラントによる独特の暗黒場面として再現されている。おそらく一六六一年の作品であり、アムステルダムに新築された市庁舎のために制作された。しかし、作品は不評のためか、ただちに撤去された模様である。画面には民族の政治的自立の歴史事実が、なまなましいイメージをもって現前していたらしい。この作品は、もともとは五×五・五メートルという、画家にとっても最大の規模をもつものであったが、のちに周縁部が切断された。全体が判読困難となって、現在はスウェーデンの王宮に掲げられているが、それもこの作品がもつ政治的リアリティが、急速に減退したことの結果かとも推測させられる。

e　スカリージェルの古代史

ネーデルランドの歴史的存在根拠を古代の文献にもとめ、その由来を実証しようとするとき、そもそも古代という歴史を、あらためて展望しなおそうという企図があらわれてくるのも自然の勢いであったろう。というのも、これまでルネサンスが古代として対象化したのは、古代のギリシアやローマというういわゆる「古典」的古代の像にほかならなかった。けれどもその両者のほかにも、古代として展望し考慮される別の古代が存在しうるはずである。

そのひとつは、さきの古代バタフィア人の当代への関連から推論して、オランダ人の歴史的存在を、おなじ古代のユダヤ人国家と連関させようという試みである。近代歴史学が認識したように、ユダヤ人国家はローマ人による政治上の支配をうけて、独立性を失ったとはいえ、なお紀元前後には民族としての自立性を保持していた。このことは、バタフィア人の境遇と並行するものがあろう。民族としての自意識を継承してきたユダヤ人とおなじく、バタフィア人もタキトゥスが証言するとおり、北方において自立を保全していたのだから。しかもユダヤ人とバタフィア人とは、共感をもって密接に連携していたと推論された。いずれにしても、その両民族のいにしえの自立と、一七世紀における希望としての自立とが、同時に表明される。つまり、ことなった地域の古代は、それぞれの根拠にもとづいて自立を証明することが可能であること。

こうした思考の展開を、文献上で大胆に提起した思想家がいる。ときに軽視されがちであるが、一六世紀末のヨーロッパ、なかでもネーデルランドの学識世界のなかで、その驚異的な学識から尊崇をうけていたヨセフス・ユストゥス・スカリージェルである。一五四〇年、フランスのアジャンで生まれたスカリージェルは、系譜からみてイタリア人であったが、パリ大学で古典学を修めた。宗教的には、本来のカルヴァン派信徒である。ヨーロッパ各地で古典語や東方諸語を学習したのち、しばらくのあいだジュネーヴにおいてアリストテレスやキケロを講義した。その間にスカリージェルは、従来の古典文献学に決定的な誤謬を発見し、おりかえして自身の研究成果に導入した。古典哲学・歴史学や新旧の聖書解釈に、ギリシア・ローマ以外の諸要素と事実を導入しようと提唱する。ペルシア・バビロニア・エジプト・ユダヤなどの周辺地域の歴史や記録を探索し、これと従来の知見との照合や調整をはかったのである。

いうまでもなく、のちの歴史学や聖書解釈学の正統的発想は、ここから展開してゆくであろう。『時代の修正について』は一五八三年に初版を刊行し、おおかたの強い注目をあつめた。古代史と聖書学とは、ともに広範な時代研究の対象となった。人文学としての正統的な道はここに発端をみいだすことになろう。そればかりか、スカリージェルは複数の歴史的展開を比較・考量するにあたって、コペルニクスの天文学をはじめとする諸学の方法的補助をもとめ、古代学の名目を一新するにいたる。一五九〇年、五〇歳のスカリージェルは、オランダのライデン大学から招聘をうける。創設以来、講座を担当しておおいに声評をたかめてきた古文献学者ユストゥス・リプシウスの死去にあたり、大学はスカリージェルに白羽の矢をあてた。慎重に逡巡したのち、かれは新設のオランダの大学に赴任し、嫌がる講義の義務を回避しながらその所説を伝達した。その評価はきわめて高く、強烈な指導力を発揮したとつたえられる。たとえば、一六歳の早熟な青年であった学生のグロティウスは、スカリージェルの指導のもとに、古代哲学者カペラヌスの論文テクストの校訂を勧められて、学力を証明したという。カルヴァン派信徒としてのスカリージェルは、ライデン大学の知的雰囲気に適合して、新設の大学を健全な軌道にのせるべく、旺盛なアカデミズム活動に従事することになった。

5 光のなかの肖像

a 最晩年の自画像

一六五六年に、レンブラントは五〇歳をむかえた。画家はけっして世間的な評価の失墜をみたわけではないが、人気のほどは確実に人後におちていった。当人もまた、経済上の状況ははかばかしくなく、いささか老境というべき寂しさの影もしのびよってきたかのようだ。これ以降、レンブラントの作品の主題は、人事をめぐってであっても、しんみりと落着いた情景をとらえるようになっていく。しかも、モデルの採用にも不如意を感じたのか、身辺の人物が頻繁に登場する。ことに顕著なのは、初老もしくは老境の隣人たちの肖像画、あるいは画家それ自身をモデルとする自画像に力点がおかれるようになる。古典絵画にあって、レンブラントほどに自画像を多数のこした例はとぼしいというほどに。

ヨーロッパ美術において、明確な意識をもった肖像画、もしくは自画像の成立は、いうまでもなくルネサンス美学とふかく関連している。一七世紀までのあいだに、その肖像画制作の文化は、深く耕されていったといってよい。オランダでは一七世紀にむかって、像主を固有名詞の個性から切りはなして、いわば寓意的な特性を表現する顔貌図像が頻繁に作られた。トローニーとよばれるもので、ことにこの時代に流行した。レンブラントはその潮流に関与したことはまちがいない。しかし、固有の肖像画をとおして、ひとの内面にまできわどく接近しようとする伝統の自画像手法を放棄したわけではない。

なかでも一六六〇年代、つまり六〇歳代前後の画家の作品は、円熟した作風から判断しても、また当時にあっての批評をもとにしても、代表作といってもよいものにあふれている。ロンドン・ナショナルギャラリー所蔵の有名作〈自画像〉（口絵7）をとりあげておきたい。一六六九年作とされ、画家が没するその年の、まさしく最大の遺作というべき自画像である。六三歳の画家は、すでに白髪も目立ち、額から頬にかけては明白に老人の皺につつまれる。着衣は地味な上着であり、重ねられた両手もいくらか寂しげである。この風貌は、最後の一〇年ほどのあいだに制作されたほかの自画像とほぼ寸分ちがわず、画家・芸術家というよりは、落着きはらったアムステルダムの賢老人といった趣だろうか。しかし、あえて自画像に提示したメッセージ性は、確固たる自信にみちあふれている。その存在感こそ、ながらく人をひきつけてきた魅力のもとであろう。

なによりも、像主が無地の背景から浮かびあがるという、この構図が注意をひく。モデルを浮きあがらせるのは、左手から射しこむやわらかな光線である。その光はけっして強烈に顔面を照らしだすことはなく、背景の壁からうっすらと抜きんでる程度である。現実のモデルはなにか騒動を予感させるドラマを演じるのではなく、むしろ六三年の生涯を皺線にきざみこんで、ゆるやかな解読を要請しているといった趣。しかもゆるりと浮きあがり、微光をうける顔貌と両手とは、画家としての栄光と成熟を語りだしており、けっして凡俗の市民としてではない存在感を、さりげなく主張している。これこそ、レンブラントが開発してきた画法の到達点であった。

じつは、レンブラントが例外的に自画像の多い画家であるのは、なぜであろうか。売れっ子と評されたころから、自画像にとりくんでいることからみて、たんなるモデル雇用の経済上の理由ばかりではなかろう。自己の内面への関心もさることながら、画法の追求を自前の手段で可能とする、独特の探求法といえるだろうか。しかし、その結果として自画像の手法には明白な転換のプロセスがみてとれる。一六六〇年代に先んじて、四〇年代には、輝かしく光線を浴びた顔面の自画像が頻出している。たとえば、おなじロンドンのナショナル・ギャラリー所蔵の〈自画像〉（一六四〇年）では、当然のように壮年らしい自信にみちあふれた顔貌がまぶしい。光線は右手から顔面と胸、および身の前におかれた右手に集中され、その残光は背後の壁に一部だけしるされる。モデルの爽快な雰囲気もあって、画面の中央部の光沢がとりわけ支配的な作品である。

ところが、この作品からさらに一〇年ほどさかのぼってみよう。一六二九年ごろの自画像作品である。マウリッツハイスに所蔵される〈自画像〉（図44）は、二三歳という若さなりに、いかにも青年らしい、侠気にあふれかえる。左半分だけが、強い光線をうけてはげしく浮かびあがり、顔面は輝かしい。背景から衣装にいたるまで、ほぼ漆黒の闇におおわれ、それだけに顔面の存在が強調されて画面から飛びだしてくる。くどくどと説明するまでもなく、そこには光線が予告するドラマが伏在し、いやがうえにも像の存在感が強調されてくる。若々しいメッセージが、そこから放射されてくる。自画像の戦略が光と闇のコントラストによって明瞭に語られる。その二三歳の自画像である。

さて、三枚の自画像をたどってみたが、よく似た構成でありながら、画法上の転換をかなり明瞭にたどることができる。それは、モデルとしての画家と制作者としての画家の、年齢を重ねることからくる、生理的な変容にそったものとみることもできる。しかし、それとともに、その三〇年間のうちに生じたヨーロッパ美術史上の転回を念頭におくことも可能であろう。レンブラントにおける自画像

図44●レンブラント〈自画像〉
図45●カラヴァジョ〈聖マタイの召命〉

の転変を視点として、その道筋のあらましをたどってみたい。

b　カラヴァジョとフェルメールの光

一六二〇年代のレンブラントは、その明瞭な明暗対比法を、ミケランジェロ・カラヴァジョの画法から学びとったと説明されている。イタリアへ直接おもむくことのなかったレンブラントであるが、一七世紀初頭にイタリアからネーデルランド、フランスへと急速に拡大したカラヴァジョの技法について、強い関心をしめしたものと推測される。極端な明暗対比と、それを前提にした劇的な動線が、カラヴァジョ開発による画面構成法である。このカラヴァジョ風（カラヴァジェスキ）は、ルネサンス絵画における均衡のとれた明朗な色彩空間とはちがい、それを否定するかのように、劇的な運動性と明暗の競合・対比を模索した。それは、結果として、のちのバロック絵画の台頭を準備する時代的な特徴を代弁することになる。

一例として、〈聖マタイの召命〉（一六〇〇年、ローマ、サン・ルイジ・フランチェージ教会所蔵、図45）を取りあげてみよう。福音書作家マタイのもとにイエスが出現する場面を描いた作品である。地下室内に集合した信徒たちのもとに、右手からイエスがさりげない姿で登場する。それとともに、地上からの光線が室内にたちこめ、マタイたちを照らしだす。この周知の場面をあらわすにあたって、カラヴァジョはリアリズムの極致とでもいうべき切迫性と、光がつくりだす演劇性とをともに援用する。カラヴァジョにあっては、光は画面にダイナミズムを与え、闇との響和によって存在に力感をさずける主導因であった。現実世界における光とはことなり、絵画における光は特定された位置と方向をもって、自由に操作できる魔法の図像メディアとなる。

この理解と技法がいったん認知されると、当のカラヴァジョはもとより、これに示唆をうけた画家たちは、いっせいにカラヴァジェスキを実行しはじめた。一七世紀初頭は、さしずめカラヴァジョ技法の適用フィールドとなった。光は画家の要望に対応して、方向も質量も、そして消去と増幅も可能とする魔法の筆となる。レンブラントは、やや遅ればせながら、師のラストマンらと相はからって、カラヴァジョ風をネーデルランド・オランダに導入する先駆者のひとりとなった。一六二九年の自画像は、そうした試作のひとつである。

イタリアを発現地とするカラヴァジェスキが、一七世紀を席巻しつつあるとき、フランスにあっていささか別筋から、この画法を展開した画家がうまれた。ジョルジュ・ド・ラ・トゥールである。ラ・トゥールは、東部フランスのロレーヌ公領を拠点としたこともあって、一七世紀中葉の戦乱期、つまり三十年戦争とそれに伴う社会的・精神的な混迷の余波を正面からかぶる立場にあった。そこでカラヴァジョ風を継承することは、たんに光と闇とを画法上で自在に操作するにとどまらず、人間存在の光と闇の形而上学をも主題化することを要請されるようになった。ラ・トゥールは敬虔なカトリック信徒として、その要請をうけいれつつ、聖書場面の作品化にとりくんでいった。一例をとりあげておこう。
〈灯火の前のマグダラのマリア〉（ルーヴル美術館所蔵、図46）である。残存点数がきわめて少ないラ・トゥール作品のなかで、例外的に多数をしめる「マグダラのマリア」シリーズの一点として、つとに著名な作品である。膝のうえに頭蓋骨をおき左手を顎にあてて、悲痛な懺悔にしずむマグダラのマリアは、右手テーブル上のロウソクから灯火の投射をうけている。机のうえには、いく冊かの書物が乗るが、そのいずれもが無常さの象徴である。マリアは人生前半での過誤に苦悩し、現在の非情さと未来の頼りさに絶望する。その暗澹たる情景をロウソクの灯火が、あかあかと照らしだしている。代表的なロウソク画としての知名度もさることながら、一七世紀の混迷を念頭において観察するとき、この光と闇との交錯は、マグダラのマリアばかりか、人間存在の寄る辺なさにすら思いをいたしたくなる。ラ・トゥールにしてみれば、ロウソクという仮体をとって、頼りなげな救済の光の探索に希望を託したといってもよい。そうでないとしても、ここでは光は自然物としての人間存在をさししめすばかりか、形而上の秘密をあぶりだす手段とみなされているかのようである。ラ・トゥールの光と闇とは、カラヴァジョの技法をとりつつも、さらに進んで絵画にとっての限界というべき、形而上の真理をもときほぐす技法を蔵しているようにみえる。

一七世紀の絵画にあって、光がいかなる位置をしめるかを論ずるために、レンブラントとの関連で

図46●ド・ラ・トゥール　〈灯火の前のマグダラのマリア〉
図47●フェルメール　〈手紙を読む青衣の女〉

考えてきたが、最後に例題として取りあげるのは、ヨハネス・フェルメールである。カラヴァジョとラ・トゥールとが、イタリアとフランスというルネサンス伝統と深く連携した地域にかかわるのにたいして、オランダはあくまでもネーデルランドを起点とする北方の絵画伝統に連関をもとめてきた。そのうえで、レンブラントとラ・トゥールとは、個性的な仕方で光と闇の主題をそれぞれに取りあつかっていた。ところがおなじオランダにあって、この主題をまったくべつの方向で処理しようとしたのが、ほかならぬフェルメールであった。

一六三二年、デルフトに生まれ、その生涯のほとんどをこの町で過ごした画家は、その世紀にあって隆盛をきめるオランダ絵画の主流に、密接に関連をもとめることが、すくなかった。二六歳の年長者であるレンブラントはもとより、フランス・ハルスやヤコブ・ファン・ライスダールとも近接した活動領域をもたない。したがって、独特の色彩感が創作されるにあたっての経緯についても、詳細は知られない。ただ、すでに見たとおりおなじデルフト市民であり、生誕日もほぼおなじという奇縁のレーウェンフックの光感覚のみについては、慎重な考察を必要とするであろう。

さて、そのフェルメールにあって、光はどのような位置をしめるのであろうか。ここでも、ただ一点のみ事例として掲げることにしたい。〈手紙を読む青衣の女〉(一六六三/六四、アムステルダム国立美術館所蔵、図47)である。この作品はのちに完成にむかうフェルメールの色彩表現の初発に属する作品である。古典的構成をとる初期の作品群から、次第に色彩表現の特異さを発揮するようになる、その起点といってもよい。多くのフェルメール作品とおなじく、室内のごく狭い空間に、女性がひとり佇むだけの静穏な日常風景。左手からは窓をとおして屋外からのやわらかな光線が差しこむ。女性は、立ったままの姿勢で手紙を読んでいる。表情は、穏やかであり、手紙が女性にたいして好ましい情報を提供しているらしいことが、推知される。女性はおそらく妊娠しているが、それ以上の詳細は憶測の域をでない。室内には、簡素なテーブルと椅子があり、背後の壁にはやや大きめのオランダ地図がはられているが、その意味するところも推測できるほどではない。つまり、この室内風景には、なにか重大な事件性はみられず、ただ穏和で平和な「手紙」の空間が表現されているばかりである。

以上のように解説してみると、このフェルメールが、なぜこれほどにまで現代人を虜にするのか不可思議にすら思えてくる。しかしたしかに、〈青衣の女〉が発するメッセージには、オランダ絵画のほかの作品にはない独特の色彩感覚が宿り、稠密な空間を創造している。そのさまが、いかにも古典絵画の作風との差異をともなっていることから、奇跡の画風と呼ばれるにふさわしいように思われる。その決定的なポイントはどこにあるのであろうか。

おそらく、それはきわめて狭小な室内空間のなかに充満する光線と、それの発現たる色彩の交錯のゆえではなかろうか。〈青衣の女〉では、女性の衣装や椅子の背をいろどる青と、背後の壁の乳白色、それに地図を一面におおう黄土色。それだけであって、けっして多様な色彩の乱舞が演じられているわけではない。著名なフェルメールのほかの室内空間図に比べれば、単調さすら感得できるかもしれない。けれどもこの室内には、左手からゆるやかにはいりこむ光線が、どこにも急峻な射出をとらず、ただ光のちいさな粒となって、家具や壁や着衣に反射し、室内空間を構成している。その青や白の粒は、ゆるやかな暗がりを構成する椅子の背もたれの部分ですら、跳ねあがることをやめない。騒然さを避けてしっとり落ちついた光線が、それぞれの色彩を演出することで、室内の全体がひっそりとしたこだまの連続をしつらえている。このように、フェルメールの色彩空間を説明したい。

それは、カラヴァジョによって創始された、あの壮烈な色彩ダイナミズムや光と闇の交錯といった絵画空間の構成とは、あまりにも異なった原理にもとづいている。そこでは、光が闇をつんざいて事件性を実現するといった、英雄的な構成力は援用されない。光はただゆるやかに波動しつつ、温厚な空間の設定者として、現場にたちあっているといってよかろうか。

このようなフェルメールによる室内空間の創設が、おりから創案されたカメラ・オブスクーラに相即するものだという仮説がある。じっさい、一七世紀のオランダでは、小型の暗箱の一方の面に針穴をもうけ、他方の面に外界の像を結ばせるという機器が人気を博していた。その遊具は、光学機械の開発者であるレーウェンフックによって改良され、その隣人であるフェルメールにたいして提供されたのではないかとも、推測される。ことの当否はなお検討の余地があるとしても、光学器械の採用が画家の想像力を、するどく刺激したことは否定しえないだろう。フェルメールの画面を支配する、異様なほどの幸福な色彩光学は、たしかにユニークな理論として、絵画に独特の魅力をさずけたのであった。それはレンブラントとはまるでことなる、オランダ流のもうひとつの極点とでもいえる。こうした経緯は、まさしくオランダ絵画の広大な裾野の存在を告知するものといいたい。

c　光の科学と形而上学

光が表現美学の手段として重大な意味をもつように、それは他方では、科学的分析の対象でもあった。しかし、それが「科学」であることについては、慎重な留保が必要である。なによりも、一七世紀にあって光は純粋の自然現象であるまえに、神の霊妙な創造物として、思弁と論述の枢要な標的であったから。

古代ギリシアの自然哲学や、アラビアのイスラム科学の成果をうけつぐかたちで、ヨーロッパ中世は、光の自然的性格と形而上学を同時に継承してきた。このためルネサンス以降にあっても、光の学術的研究には、その痕跡が明瞭にあとづけられる。一方では、光が提示する自然的現象のなかでも、とりわけ虹などの自然現象についての、解明がもとめられた。あるいはレンズの多様な開発が眼鏡の実用化をうながし、さらには顕微鏡・望遠鏡などの光学器械となって、光学の地平を拡大していった。くわえて、視覚のメカニズム解明にともない、光学は人体生理学とのかかわりを要請することになる。眼球の筋肉構造は解剖学上の知見によって解明されることになろう。こうした自然・生理学上の視点は、一七世紀のトポスとして、さかんに探求をうながした。

しかし同時に、ヨーロッパ人にあっては光にはつねに形而上学的神秘が付着している。光は神の創造物としての神秘性を体現している。このことの説得的な解説は、近世の思考にあっては不可欠の要件であった。これまた、一七世紀の共通のトポスとなって、ユニークな論説をうみだすことになろう。この論点は、そのままで光の美学上の表現技法と重要な関連をもつことになる。つまり、光の科学は不可避的に、光の美学と密接な接点をたもち、それに多大なヒントを提供するはずである。

一七世紀のこうした状況は、けっしてオランダにあってのみ特異な展開をしめしたわけではない。むしろ、全ヨーロッパ的な状況として、説明されるべきものではある。けれども、光の科学の進展をみわたして、この世紀のオランダがユニークな役割をはたしていることに留意しよう。たとえば、まったくの逸話として取りあげるのだが、哲学者スピノザは、ユダヤ教会から追放をうけて孤絶の生涯をおくるなか、生業としてレンズ研磨をつづけた。そこにはたんに象徴的な意味をこえたものをはかりとることができるかもしれない。これについての、実証的な証拠は提供されていないのだが。それでも、実例として観察するとき、オランダとかかわる特異な事実が、ほかにも列挙されるのもたしかだ。

まずは、ルネ・デカルトの場合である。哲学者デカルトは、また傑出した自然観察者でもあった。すでに言及したところだが、近代哲学の誕生記念碑とでもいうべき『方法叙説』は、そのタイトルから推察できるように、理論的推論の多様な実践活動を示唆している。屈折光学、気象学、幾何学など、現在ではそれぞれに自立した領域をしめる科学的実践が、ひとくくりに「哲学」と総称されている。ここでいう屈折光学とは光の屈折現象を対象にえらんでいるが、入射角と屈折角の正弦（サイン）値は一定であることを証明する。このことから、虹をはじめとする自然現象は、その理論値によって論証できると結論した。このことを計算上で説明したメモも残存しており、合理主義哲学の形成過程にあっても、自然との対話が必須であったことを想起させる。すでに見てきたとおり、『方法叙説』は、ライデンで出版されたが、それに先だちデカルトは、二二歳の一六一八年に、オランダ軍の将校として生地フランスを離れた。一六二六年ごろからはオランダに定着して、光学の研究に専念してきた。屈折論はその成果である。

じつは、すでにオランダでは自然学者スネル・ファン・ライエンによって、光の屈折の一般的考察が先行して公表されていた。スネルは一五八〇年生まれのオランダ人科学者であるが、一六一三年にはライデン大学教授として、物理学の講義にあたった。水中で物体が浮きあがってみえるという、周知の現象を分析して、光の屈折によるものと説得的に説明した。オランダは、一七世紀には光学研究の故郷となっていたのである。すでにレンズの実用化が進行しており、それの普及が光現象をなじみぶかいものとしていたからか。デカルトによる、屈折現象の証明もその環境のなかで実現したのである。

いまひとりの哲学者の事例をとりあげておこう。イギリス生まれの理論家であるトマス・ホッブズは、本国での鬱屈感もあって、四〇歳をこえた一六二九年に、第二回目の大旅行をこころみた。そののちの一〇年間ほど、ホッブズは各地で理論家たちと討議をおこないながら、切磋琢磨をつづけた。オランダに到着したのは、一六三四年である。ここで、ホッブズは、かねてからの研鑽の結果を『哲学原論』として刊行した。哲学というタイトルの印象とちがい、そこにはあらゆる理論学がふくまれるが、なかでも当人がもっとも強調したのは光学であった。第2編「人間論」にふくまれる一五章のうち、八章にわたって光学原論が展開される。そこでは、光と色彩の自然現象をいかに人間の視覚経験とむすびつけて説明するかという、困難な課題が正面から提示される。内なる自然としての視覚能力と、外なる現象としての光線と色彩とを、いかに結合して論ずることが可能かと問いを発する。ちなみに、光の屈折というトピックについては、ホッブズは力をこめてデカルトを批判し、現象の特異性への注視を勧める。

一六三〇年代の段階では、かならずしも先端知というべき水準になかったとしても、ホッブズ当人にとっては、もっとも重要な論点にかかわるものと理解されていた。いわば、ホッブズ哲学の要諦に位置するものとして、光学が構想されている。それは一七世紀の知的状況にあっては、ごく当然の事態であったろう。光学はけだし自然学と人間学の接点として、その両者を視野におさめる絶好の眺望台だったからである。

のちにホッブズはイギリス革命（ピューリタン革命）の進行を視野におさめつつ、オランダとフランスにあって、政治現象についての論説に筆をそめる。『市民論』のフランス語版は一六五二年にアムステルダムで刊行される。また、周知の『リヴァイアサン』は一六五一年に出版された。この不羈の理論家にとってオランダとは、光学はもとより、諸学をとおして豊かな発信をおこなう拠点を提供するものであった。

光学の展開にとって、もっとも重要なオランダの貢献は、じつは一七世紀の末葉になってやってきた。科学者クリスティアーン・ホイヘンスはライデン大学を卒業ののち、ヨーロッパ各地を巡歴して科学者のコミュニティ形成に参画した。衝突現象をとおして、物体の運動原理の解明にすすんでいたホイヘンスは、さらには振子時計の等時性の分析から世界の機械学的論証の絶対性をとなえた。土星の環やその第4衛星の発見など、科学実践においても貢献はいちじるしかった。これらは、ガリレオ・ガリレイやデカルトによって唱導された一七世紀の物理学的世界観の、実質的な成果の表明であった。

ホイヘンスの光学理論は、一六九〇年の『光学論』で表明された。光の伝播を、伝達媒体の視点から理論化した。球面の波の重合による伝播を核にするものであり、ふつう「波動説」とよばれる立場の創始である。光の屈折や反射といった一七世紀のトピックスは、この波動説によって平易に解説されることから、波動説はひろく受けいれられることになった。「ホイヘンスの原理」と呼ばれ、光は機械的説明によってのみ解明できるとの立場を、明瞭に提示することになった。中世以来、ながきにわたり影響力を行使してきた光の形而上学は、ホイヘンスの機械理論の仲介をえて、拒絶されないままでも、視野のそとにおくことが可能となったのである。

ちなみに周知のとおり、光の伝播については、すでにこの一七世紀以降、現在までもふたつの立場が並立している。波動説はこのホイヘンスによって確立されてのち、現実の現象の説明原理として有用性を保証され、主導的な立場をつづけてきた。しかし、これにたいして、粒子説とよばれる立場がこれまた一七世紀以前からとなえられ、ことに一七世紀からつぎの世紀まで、つよい説得力をほこることになった。その理論を強力に推進したのは、イギリスのアイザック・ニュートンである。ニュートンは、力学研究において万有引力の法則などを提起し、また反射望遠鏡の実用化によって太陽系天体の運動を実証したが、それと並行してはやくから光学講義をすすめてきた。光の本性をあつかう論考は、『光学』としてまとめられた。そのなかで、ニュートンは光の伝達を微細な粒子の運動として理解した。その原理は、光の粒子という存在を仮定することから、妥当性が疑われることもあったが、「粒子」の定義によっては整合性を保持しうるものであり、現在でもなお合理性をたもっているといえよう。

いずれにしても、ホイヘンスとニュートンの登場する一七世紀の末葉までに、光についての科学はそれまでとは容貌を一変させた。キリスト教の形而上学の有効性とは無縁のままに、科学は光を冷徹な考察の対象としてあつかう方途をみいだした。こうして、ながい一七世紀は、ホイヘンスとニュートンとともに、終焉をむかえることになる。

あらためて、「光」の一七世紀をみじかく回顧してみよう。カラヴァジョからレンブラントまで、画家たちは光の美学上の効果を習得し、ついにはその形而上学的な表現力までも獲得することになった。オランダばかりかヨーロッパ全土の美学は、この問題にかかわりをもち、表現力に強大な手段を提供する。フェルメールのように、その方途からの離脱をもとめたものも、じつはそれを意識しながら、あらたな方向を選択したのである。

他方で光の自然学は、中世以来の伝統をうけつぎつつ、しだいに物理現象学としての自立性を確信しうるようになる。デカルトからホイヘンスにいたる光学理論家は、屈折や反射あるいは、虹の出現や太陽光の攪乱など自然現象の観察をとおして、しだいに物理現象を機械仕様から説明するようになっていく。

こうして、光にかかわる科学と美学とのあいだには、しだいに溝がはしるようになっていく。一八世紀をむかえるヨーロッパは、光の特権的地位をみとめるようになり、文字どおり「光」の世紀、つまり「啓蒙」の世紀をむかえる。啓蒙を主要なヨーロッパ語では、enlightenment とか lumière とかよぶが、いずれも光の語調を色濃くのこしている。光は、そこでは光明であり、進歩であり、人類の全体が標的として選択した理想でもある。このような展開のもとでは光の美学は、すくなくともいったんは後景にしりぞいたかにもみえる。主役の交替は、たしかに時代の兆候として明らかであろうか。

一七世紀にオランダが、その国民であれ、客人であれ、貢献の合言葉としてきた「光」は、ここでは華麗な舞台から退場していった。それは、ヨーロッパの歴史が全体として経験した、巨大な歯車の動きにしたがったところであった。オランダ人をもってしても、抵抗することのかなわぬ歴史の動向だったのであろうか。

第5章……異境の目撃——南アメリカからの贈物

1 「東インド」と「西インド」

一六世紀の後半、対スペイン叛乱の武力抗争を有利に展開してきた北部のユトレヒト同盟は、一七世紀初までには、事実上はその目的を達成し、ネーデルランド連邦共和国（オランダ）として独立した。すでに、北海を中心として海上貿易に進出していたオランダ各州の商業団は、遠方への航路探索にのりだした。その標的は、まずもって東方のアジアであった。ポルトガル人によって開発されてからすでに一世紀、アフリカ南端をまわる遠路は、ヨーロッパ人にとっては、じゅうぶんの情報をそなえた海であった。

一五九七年、海外交易をめざす新アムステルダム会社は、四隻からなる艦隊をアジアにむけて派遣した。艦隊はインド洋を横断して、マラッカ海峡を通過し、現在のインドネシア多島海に達した。そこは在来のアジア海上勢力にくわえて、ポルトガル船の跳梁する地域であり、オランダ船としては、その間隙をぬって交易をこころみるといった困難をともなっていた。しかし、オランダ艦隊は各港で有利な取引に成功し、翌九八年秋にオランダに帰着した。その成功についてすでにニュースを聞きしっていたオランダ市民は、歓呼のうちにこれをむかえたといわれる。この成果を基礎として、オランダ各州の商業団体は後継の船団を準備してアジアへの遠征をつづけた。一六〇〇年秋、南シナ海を航行中に暴風雨にまきこまれ、日本の豊後海岸に漂着したロッテルダム交易会社のリーフデ号は、その一部である。

一六〇二年、個別に船団を用意してきた交易会社は統合にむかい、六州の合意のもとに連合東インド会社を設立した。アムステルダムに本部をおき、各州支部の活動を支援するとともに、艦隊の援護や商業政策の統括をもとめて、計画的な海外交易にむかった。とりわけ、先行するポルトガルの勢力を駆逐することに精力を注入して、インドネシアの海域に勢力をかためていった。ジャワ島に強力な根拠地をもうけ、ここを起点にさらには、台湾、日本にまで交易路をひらいていった。一六〇二年には日本において、公式の貿易活動を認可され、〇九年には長崎の平戸に商館を設置。先行のポルトガルが、出島への移転を命じられるとこれにしたがった。ついで一六四一年、キリシタン禁令によってポルトガル船が出島を追放されたのち、その商館を専有するにいたった。カトリック改革によって布教を熱心に追求するポルトガルとは対照的に、オランダは厳格派（いわゆるホマルス主義）のプロテスタントを主流としながらも、交易と布教とを慎重に分離した結果、長崎での商業活動を維持することができたのである。

一六〇二年に、連合東インド会社が統合・設立されてのち、オランダ商人の拠点形成は、段階的に着実に進行した。多少、後年のことになるが、オランダ人の活動が図像として伝承されている。まず、一七世紀中葉までには、インド亜大陸東部のベンガル地方にあって、オランダ人の商業・居住拠点が設置されている。同年代の詳細な絵図がつたわっている。ヘンドリク・ファン・シャイレンブルク〈ベンガルの東インド会社商館〉（図48）がそれである。この図の中央部分には、オランダ人の耕作・居住施設が広壮な囲みで防備されている。遠方では、航路をたどって到着したオランダ船が荷卸しにかかる。インド象、駱駝、馬が、乗用または運搬用に多数使役される。一郭は、ほぼ数百人のオランダ人とその使用人によって管理される。しかも、個々の施設についてみれば、他地域の拠点施設（ファクトリ）にはるかにまさって、活動的な光景がみてとれる。現実との対応関係はともあれ、図示されるような完結した入植・管理地域が、ある程度はすでに機能を開始していることは否定できないであろう。

図48●ファン・シャイレンブルク　〈ベンガルの東インド会社商館〉
図49●ベークマン　〈バタフィア城〉

東インド会社はこれを進出の拠点として、ついでマレー半島のマラッカを攻撃し、ポルトガルから奪取した。さらには、南下してジャワ島に到達し、スンダ地域をめざして攻勢をつよめた。ポルトガル勢力および在来のマレー住民によるはげしい抵抗にみまわれながら、ここをオランダ領として確立した。旧地名のジャカトラを改名してバタフィアと命名した。さきに見たように、オランダ地方の古代名である。バタフィアには防備用の城郭が建設され、従来とはことなる軍事景観を形成した。図はアンドリース・ベークマンの〈バタフィア城〉(図49)であるが、ここでは画家は一七世紀のオランダ絵画の慣習にしたがい、労働する現地住民や植民者の活動様態を如実にえがきだしている。一六五〇年代とみられるこの景観は、東南アジアにおける初期の実像であろう。一般に、こうしたオランダ人の経済活動拠点はファクトリとよばれるが、ここでは商取引や加工業の多様な経済活動が展開され、さらには東インド会社の管理部門も、あわせてここに立地した。

〈バタフィアの上級商人〉(図50)はヤコブ・コーマンの作品だが、その東インド会社に駐在するオランダ人をえがく。注意されることには、右手の女性はコルネリアといい、会社幹部の妻と想定されるが、日本人とオランダ人の混血と識別できる。すでに国内的には閉鎖状態にむかっている日本であったが、じつは東南アジア諸地域にあっては、こうした混血や出稼ぎは通常の事態として、広がっていたようにみえる。

オランダ東インド会社は、バタフィアを本格的な本拠としたのち、さらにすすんで台湾に到達して

図50●コーマン〈バタフィアの上級商人〉

これを攻撃した。一六二四年にポルトガル人とともに侵攻を開始して、現在の台南にゼーランディア砦（安平古堡）を建設。さらに内陸の赤崁楼をもって堅固な支配態勢とした。しかし、一六六一年になって、本土中国の内紛から逃亡を余儀なくされた鄭成功が来襲して、ゼーランディア砦を奪取する。北部の台北郊外の紅毛城（サント・ドミンゴ城）をあわせて、鄭成功軍の支配するところとなった。オランダ人とポルトガル人は、このため台湾から追放されることになる

これと並行して、オランダ人はさらに北進して日本列島に商業拠点をもうける。はじめ平戸に、ついでは長崎港内の出島にその拠点を設置した。ただし、キリシタンの厳格な排除をめざす徳川幕府は、中国人のほかには、オランダ人のみを交易対象として認知することになったものの、その活動はきわめて厳しく限定された。周知の通り、この「鎖国」政策は二〇〇年あまりも続行され、オランダと日本との交易関係はごく狭いルートを経由するばかりとなった。こうして、東インド会社の活動は限定されたものの、ごくわずかな貿易品であれ、インドネシアを経由して本国オランダにまで送達されてことたしかである。和紙や陶磁器は、インド洋の港湾をへて喜望峰のかなた、オランダの地にまで運ばれた。残念ながらここでは、オランダ人による画像制作物は、かりに存在したとしても保存されておらず、検討の対象とならない。とはいえ、極東からの情報はなんらかの伝聞をとおしてオランダ本国に伝達され、想像力を刺激したことであろう。東インド会社による貿易品は、デザインや工芸品

として本国において再生産されることになった。

もっとも、ヨーロッパ各地の東インド会社あるいはキリスト教伝道者たちは、「東インド」で活発な活動をすすめ、情報の収集と紹介にあたっていた。それらは、著作や伝聞をもって、ヨーロッパ各地にも伝達される。たとえば、オランダ人アルノルドゥス・モンタヌスである。ライデン大学出身の神学者であったモンタヌスは、ラテン語教師をつとめるかたわらで、東インド会社等関連の情報集積にあたり、世界の地理・歴史・文明について多くの著作をのこした。なかでも『オランダ東インド会社遣使録』（一六六九）は、日本に関する最初の詳細な記述として、広く注目をあびた。じつは当人は、日本はおろか海外のいずれの土地にも足跡を印さなかった。しかし、送達された報告書をもとにして画家に九〇余枚におよぶ銅版画をも制作させ、未知の国・日本に関するイメージを提供した。一七世紀黄金時代におけるオランダの人文知を証言する著作として、きわめて雄弁である。じつは、そこに描かれた日本は、いかにも荒唐無稽であるが、その奇態はヨーロッパ人につよい印象をあたえ、日本像をながらく左右するほどであった。

さてオランダ東インド会社は、その活動域としてはインドネシアのバタフィアを中心として、西はインド・ベンガル地方にいたる広大な商業圏に展開していった。のちには、インドネシアを領域的に支配する植民地体制をも確立して、オランダはヨーロッパにおける交易大国の仲間入りをはたした。

一七世紀初頭における東アジア世界は、これらヨーロッパ諸国の交易や、在来のアジア諸勢力の交錯のもとにおかれていた。オランダは新参者としてこの状況に対応しながら、地位の確立を求めていった。

他方で東インドとならび、西インドつまり南アメリカ大陸の北東海岸も、オランダ人の航海者にとって、馴染みの海であった。ことに、北ネーデルランドに居住するユダヤ人は、南アメリカ海岸に親しみを感じていたろう。ユダヤ人の多くは、もとは一六世紀にあって、ポルトガルから追放された離散（ディアスポラ）の子孫であり、ポルトガル船が頻繁に交易する南アメリカ北岸に交易ルートを確保し、また離散の過程でそこにコミュニティをも設立していたからである。オランダの独立ののちにも、そのユダヤ人は、おもに現在のブラジルとアムステルダムとのあいだに交易路を確保していた。新教徒のネーデルランド人は、ユダヤ・ルートを踏襲しつつ、すでに一六世紀末までには、ブラジルの北西部（ノルデステ）の重要な港湾に出没して、交易に従事していたものと推定される。こうした事情から、すでに南アメリカ北海岸へのオランダ進出の条件はととのっていた。

ときおりしも、一六一二年にオランダはスペインとのあいだに休戦条約を締結して、軍事的な安定を確保すると、西インドへの商業政策に乗りだした。一六二一年には、東インド会社をモデルとして連合西インド会社（ＷＩＣ）を設立した。その射程は、とりあえずは南北のアメリカ海岸と、これまたポルトガルの活動域にあたる西アフリカである。西インド会社の設立前にも、すでにオランダ商船は、現在のブラジル領の諸港にむけて出帆しており、それの実質的な領有に関心をしめしていた。西インド会社の設立とともに、オランダは軍事力をもってその宿願の達成をめざした。一六二四年には、ポルトガルのブラジル植民地の枢軸であるべきバイア（現在のサルヴァドール）を攻撃して、翌年には占領。また二九年には、ペルナンブコ地方のレシフェを制圧した。さらに、三〇年には同地区の港湾であるオリンダを獲得。こうして交易拠点としての港湾支配から、さらに領域的な制圧にむけての転換が開始される。それは、東インドのインドネシアにおいて、バタフィア支配から近在の領域支配へと拡大がはじまるその時点と、ほぼ一致している。

こうして、南アメリカにおけるオランダ植民地が成立した。一六三〇年がほぼその時点とされる。たんなる商業上の拠点としてだけではなく、領域を確保するにあたっては、むろん実質的な目標があった。すでにポルトガル植民者が実践してきたように、南米にあっては農地の獲得が有意義な活動だと理解されたからである。主要な作物は、サトウキビである。サトウキビは、一六世紀初頭にはポルトガル人によって、大西洋のカナリア諸島やアゾレス・マデイラ諸島から導入されていた。高温多雨の気候は、旧大陸にあっては灌漑施設を前提におこなわれてきたサトウキビ生産にとって、はなはだしく有利であった。しかも、生産にあって必須とされる安価な農業労働力は、西アフリカから輸入された黒人奴隷によってまかなわれた。ブラジルの北西部（ノルデステ）地方は、そのもっとも好適な土地とみなされた。オランダ植民地は、交易国家がこれから展開する農業プランテーションによって、将来性がおおいに期待された。オランダ植民政策はあらたな時代に突入することになったのである。

南米の新大陸の獲得の際に、ポルトガルはスペインとのあいだで東西の分割線が教皇の権威によって設定されたが、ほとんど予想外にも、ポルトガルはブラジルの広大な土地への支配権を手にした。しかし、スペインがアンデス山地の巨大な在来帝国を征服して豊かな資源を獲得したのにたいして、ポルトガルのブラジル植民地は、さしあたりはそうした資源を提供してくれなかった。ブラジルという語は、染料の名に由来するが、熱帯地域に由来する植物からの収穫もわずかであった。こうした事情から、ポルトガルにとっても東インド会社と比較して、西インドの重要性は見劣りしたであろう。しかしながら、後発のオランダの世界商業戦略にとっては、ブラジルは無視しえぬ地位をもっており、それだけに西インド会社の支援には特別な方策がもとめられもした。

2 ナッサウ伯のブラジル遠征

ポルトガルの支配をかわしてブラジル植民地を成立させたオランダ政府は西インド会社の要請にもとづき、一六三七年には、軍事上の統率権と行政上の権能をもあわせもつブラジル総督の派遣を決定した。オランダ北部に所領をもつ伯爵家の当主である、ナッサウ・ジーヘン伯ヨハン・マウリッツ。地付の名家出身であるヨハン・マウリッツは、叛乱と独立戦争の英雄である、マウリッツ伯ヤン一世の孫にあたる。さらにそのヤンはオランダ建国の父、オランイェ公ウィレム一世の弟。つまり同家は、戦闘のなかで軍事経験をつんできた家系である。このとき、ナッサウ伯ヨハン・マウリッツは三三歳。西インド会社は、ブラジル植民地の命運を、このナッサウ伯に託したのである。

ナッサウ伯マウリッツは、当初の契約どおり、一六四二年まで総督として勤務したのち、しばらくの任期延長をして、一六四四年に帰国した。ナッサウ伯は、帰国後はオランダでは「砂糖長者」との綽名をうけたといい、財富の蓄積をねたむものがいたことは事実のようである。じっさいのところナッサウ伯は帰国ののち、都市ハーグのただなかにあらたに宅地を獲得して、豪奢な邸宅を建築した。名声もたかい建築家ヤーコブ・ファン・カンペンとピーテル・ポストの設計にもとづくイタリアのパラディオ様式にならった古典様式デザインをもつ邸宅である。これこそ、のちにマウリッツハイス美術館として、盛名を博する施設となるものである。

ナッサウ伯マウリッツが帰国したのち、ブラジル・スリナム植民地の周辺は不安定な状況となった。もともと、オランダの進出に警戒をしめし、軍事上も対立してきたポルトガルにくわえて、あらたに新教国イングランドが、艦船をカリブ海に派遣して交易基地の設立をめざす。北アメリカ大陸から南アメリカまで、各地に基地をもうけた。これにくわえて、カリブ海からユカタン半島までを版図とするスペインもこの地に関心をしめし、ヨーロッパ諸国の対抗関係は、きわめて複雑になってきた。一六五四年、そのオランダとイングランドとのあいだで、第一次の戦争（英蘭戦争）が勃発した。ヨーロッパの北海における覇権争奪に発した戦争は、ただちに海外植民地への波及をみた。イングランドはおりしも、クロムウェルによるピューリタン革命政府によって統治されていたにかかわらず、新教国オランダとのあいだでは、国益をかけた戦争に突入した。海上の制海権をあらそう戦争は、イングランドの有利のうちに展開した。結果として、イングランドはオランダから海外植民地を奪い、ブラジル植民地はいったんイングランドによって没収される。しかし、オランダ領ブラジルの運命はこれで決着したのではない。

一六六七年に再開された第二次英蘭戦争は、全般的にオランダ優勢となり、イングランドとのあいだで、海外領地の取引が提議された。ブラジル植民地は、イングランドの提案どおりポルトガルに返還するかたわら、それの西方に隣接する土地、つまりスリナム一帯をオランダに提供するものである。かたや、イングランドはオランダが所有する北アメリカ大陸植民地の一部を譲渡された。この北アメリカ植民地は、オランダの西インド会社が一六二九年に獲得し、ニューネーデルランドとして開発にとりくんできたもの。ただし、南米とはことなって、気候にめぐまれず、農業用地としてのメリットはほとんど皆無であった。イングランドは、すでに前世紀末にピューリタンの信徒が小規模な入植地を建設していたこともあって、北アメリカにより親近感をもっていたことは事実である。一六六七年にイングランド領となった北アメリカのニューアムステルダムは、ニューヨークと改称された。数世紀のちに巨大な世界都市となるニューヨークは、南米スリナムとの交換物だったわけである。

スリナムは、東に隣接するかねての植民地ブラジルとおなじく、南アメリカ・サヴァンナの地であり、サトウキビ生産にとっては好適であった。オランダはかつてとおなじく、アフリカ由来の黒人奴隷を使役してその生産にあたった。一六七四年に西インド会社は解散するが、のちには政府の直営植民地としてアジアからインド系農業労働者を導入しながら、オランダ海外植民政策の一環をしめつづけた。アジアのインドネシアとともに、第二次世界大戦までその地位はたもたれる。インドネシアの独立ののちも、スリナムは宗主国オランダのもとで自治権を獲得したうえで一九九〇年に独立した。このような南アメリカ東北部との関係は、オランダ側からすればごく局地的な展開をみたにすぎないようにみえる。しかし、ほぼ数十年ばかりの支配歴が、宗主国オランダにのこした文化的な遺産は、じつはきわめて大きなものがあった。そのことの内実を順次あつかってみよう。

3 エクハウトの民族図誌

さて、ナッサウ伯マウリッツのブラジル遠征は、オランダ人やほかのヨーロッパ人に多大な情報をもたらしたが、むろんこれがまったく最初の南米踏査というわけではなかった。ポルトガル人の南米渡航は、すでに一六世紀前半から断続的におこなわれ、それなりの情報集積もおこなわれてきた。テオドーレ・デ・ブリの『大旅行記』(一五九二年)には、世界周航の途上において目撃したブラジルの自然と民俗が、銅版画とともに叙述されている。ただし、それはあまりに荒唐無稽であり、時間をかけた着実な目撃と調査ではなかったことをうかがわせる。

もっとも、ブラジルについての地理的探索つまり地図製作にあっては、一七世紀初頭までのうちに、ある程度の蓄積はみられていた。一五九九年にオリヴィエ・ファン・ノールが、ついではハルトマンとブレールがブラジルに滞在して、地図製作にあたった。一六〇九～二一年には、あらたに設立されたオランダ西インド会社が、旧来のポルトガル人によるブラジル地図に改訂をくわえた。これは同社の交易・開発戦略にとって不可欠であった。一六三〇年には、西インド会社によるブラジル地図が、アムステルダムのエルセフィア社から刊行される。さらに、一六四七年にはアムステルダムのアテネウムの教授であるガスパール・バルレウスの著作に付された「図版」が公刊されて、情報は着々と豊かになっていった。

こうしたいくつかの先行例のあとをうけての、マウリッツによるブラジル遠征であった。マウリッツ隊は一六三八年にオランダを出発し、四三年までの約五年間、現地の統治と管理のためにここに滞在した。そのマウリッツ一行は当の総督を先頭として、必要な行政官を同行させた。すでに着任していたオランダ人をあわせ、ほぼ四六人におよぶ集団をなしたという。

マウリッツ隊は、ブラジルにおける植民地経営全般を統括するばかりか、ポルトガル、イングランドなど競合諸国との外交・軍事関係をとりむすぶことをも役割とした。実際、経済権益をめぐって、これら諸国とのあいだでは衝突もあり、つねに緊張がもとめられたであろう。オランダ植民地はさきにみたとおりの転変をへて、隣接のスリナム地方に拠点をおくことになり、一六七九年までに地位を確立する。植民地経営にあたっては、なかんずく植民者の居住域の整備が必要であった。原生林にかこまれたブラジル・スリナムにあっては、これを開墾して居住地の建設が急務である。判明するかぎりでいえば、マウリッツは、フレデリック、フリブルグム、オリンダなど、この地域に新設の植民都市を整備した。これらをあわせたペルナンブコ地方において、植民地建設は順調に進行していった。これらは、ガスパール・バルレウスの「図版」に、同時代資料として図版収録されている。こうした事業にあっては、本国の場合とはことなり、明確に特定の計画意思にもとづいて建設がおこなわれた。都市計画とよぶこともできる。計画どおりに実現しえた部分はわずかであるにしても、図面におとされたところからは、都市の空間秩序構築への明白な意図を読みとることができる。

こうした都市計画発想とならび、さらに重要なのは、マウリッツが遠征にあたって四人の科学者・画家を同行させたことである。四人とは、自然学・博物学者であるウィレム・ピソとカスパール・マールグラフ、および画家フランス・ポストとアルベルト・エクハウトである。四人は、基本的にはマウリッツとともに同一の期間、ブラジルに滞在し、それぞれ指定された業務に専念した。これは当地における最初の科学的調査行であり、さらには四者いずれもが、十分の力量を発揮して作成した調査報告は、一六・七世紀の大航海時代のうちでも、特筆にあたいする出来栄えをしめした。

ピソとマールグラフの両名は、博物学者として標本の採取と記録にあたった。その成果は、オランダに帰国したのち、『ブラジル自然誌』として、一六四八年にアムステルダムで刊行された。総計一七〇点あまりの図版を掲載した『自然誌』は、ブラジルに関する最初の博物学調査報告であり、オランダとヨーロッパ全域できわめて大きな注目をあつめた。また、あわせてブラジル滞在の間に天文学的調査をも実施して、天体の運行についての記述をのこした。赤道域の天体観測としては、その周到さについていえば、ほとんど最初・最高の成果といえる。この両名の報告著作のほかに、非公式のものとして、動植物や人間風俗に関するスケッチがのこされている。刊本としての公表にいたらなかったが、コレクションの整理・作成者であるザカリウス・ウェゲナーの名は銘記されてよかろう。

さてついでエクハウトとポストである。その順に、活動と成果についてみていこう。まずアルベルト・エクハウト。一六三八年にブラジル遠征に参加する以前は、北オランダのフロニンヘン市民であったことが知られている。一六〇八年から一二年のあいだに生まれた。遠征時には、したがって三〇歳前後であった。それ以前のことは不詳である。ブラジルから帰国後、フロニンヘンにもどり、東部ドイツのドレスデンに赴いたのち、故郷の地で生涯をおえたものと推定される。

エクハウトは、マウリッツ隊に参加して、ペルナンブコ地方に滞在するかたわら、スリナムをふくむ周辺地域を踏査し、ことによるとチリ地方にまで足をのばしたかとも推測される。滞在中に、八〇〇点におよぶブラジルの人間と動植物についての図像作品をなした。これらは、帰国にあたって業務成果としてマウリッツに提出された。この作品の多くは、のちにマウリッツからブランデンブルク選帝侯フリードリヒ・ヴィルヘルムに贈与された。また、帰国ののち、現地でのデッサンをもとに事後的に作成された油彩画のうち八点は、おなじくマウリッツからデンマーク国王に寄贈された。一点が二七〇×一六〇センチという大型の連作はのちにみるとおり、その美術的・科学的価値からみて、一七世紀を代表する作品として記憶される。現在もデンマーク王室のもと、コペンハーゲンの国立美術館において所蔵・展示されている。

さてその八点（仮に〈ブラジルの四種族〉（図51）とよぶ）の作品を話題にしよう。八点は、一定の基準にもとづいて分類されるブラジル居住の四種類のグループ、二人ずつの図像である。マウリッツ隊にとっては、敵味方や親疎さまざまな関係をもつが、四つのカテゴリーに分類される。そのカテゴリー基準は明言されていないが、あえていえば「文明化」の度合とでもいおうか。着衣や習俗の洗練度をもとにした「文明化」度である。

もっとも文明化度の低い種族としては、タプヤ（tapuya）族があげられる。この種族は、その言語すらオランダ人にとって疎遠であるが、獰猛な同盟者としてポルトガルに抵抗することもあった。ここで像主となる男女二人はともに、ほとんど裸身であって、局所のごく一部のみを覆っているだけ。男のほうは、槍の武器で武装し、両手にはともに象徴的な装飾のついた投板と棍棒をもっている。他方で女性のほうは背中に籠を負うが、おそらくは他種族をターゲットにした狩の終了後であり、猟犬を従えている。右手には、獲物となった人体から切りおとした右手首をもち、また籠のなかにはおなじく犠牲者の右足が積まれている。ごく単純なわらじと、象徴的な頭被りとが、種族の所属をあらわしていよう。背景にはスリナムの自然が展開するが、大蛇と大クモがきわだつ。植物はいずれも熱帯性だが、女性の背後に吊りさがる豆類の果実がことに特徴的である。ややちいさく描写されているためにに判然としてないが、男女の背後には、おなじタプヤ族の仲間たちが、群れをつくっている。いずれも、裸身であり、人間狩りの終了後もしくは準備中かと思われる。図柄からみても、タプヤ族は人肉食を慣習としているかにみえるが、それが常食なのか、それとも狩と戦闘にともなう儀礼的嗜食なのかは、ここからは判断できない。いずれにせよ、タプヤ族はもっとも原始的な種族であることが強調されている。

第二には、トゥピ（tupi）族の男女である。二人はともに下半身は着衣し、しかも純白の衣装で腰に密着している。男は弓矢と刀を装着し、女は頭上に所持品を籠に盛って運んでいる。右手には水壺をさげ嬰児を抱きかかえる。女の頭髪は長く編みあげられ、また男のものは端正に刈りあげられている。ただし、両者ともに裸足であり、対人狩猟のような粗暴な労務には従事していないものと察知さ

タプヤ族（女）

タプヤ族（男）

トゥピ族（女）

トゥピ族（男）

図51●アルベルト・エクハウト　〈ブラジルの４種族〉

黒人（女）

黒人（男）

マメルーク（混血、女）

ムラット（混血、男）

れる。足元にはカエルと川蟹、およびバナナと豆さやが場をしめる。男の後景には、河で沐浴する僚輩が、また女のほうには、整った列をなすプランテーションの作物と、ヨーロッパ風の住居がみえる。これはトゥピ族のものではなく、おそらくはオランダ人の入植者のものであろう。いずれにせよ、タプヤ族よりは一段と「文明化」されたトゥピ族の様態である。

つづいて第三のカテゴリーは、黒人の男女である。アフリカから運ばれてきた黒人の子孫であろうが、ここでは奴隷労働者として表示されてはいない。男は腰布をまき、槍と刀を備える。トゥピ族とのあいだでの文明度の高低は意識されていない。女は腰布をまき、印象的な紅色の帯をしめる。籠には果実が盛られ、また幼児はトウモロコシをつかみ、野鳥を手にする。ともに裸足であるが、精悍な顔つきと体つき。幼児のみが全裸だが、野蛮の表現とはいえない。背景の海辺には、おなじ黒人とみえる数人の人物が作業にはげむ。見張り塔の設営であろうか。かなたの沖合には数隻の帆船がうかび、また波打ち際には、簡易な防波堤など、港湾施設の営みがみえる。

最後の二枚は、これまでの六枚とは大きくことなり、きわめて「文明化」された図像である。男は、ワンピース状の短衣に、毛織物のショールをかける。女は足首におよぶワンピース状のドレスを着用。ともに上質の布製である。裸足であるとはいえ、十分に文明化された姿態と読みとることができる。男は長めの剣を腰にすえ、同時に長尺のライフル銃をかかえもつ。植民地にあって、こうした武器を所持するのは儀礼用とはいえ、きわめて高い身分を表示する。女のネックレスや髪飾りも豪華であり、竹籠には食用の果実ではなく、摘みとられた装飾用の草花が盛られる。男のほうは、ムラット(mulatto)、女はマメルーク(mameluke)と表示されるが、いずれもオランダ人またはポルトガル人と現地住民との混血を意味する。男の背後の中景にはサトウキビと大きな果実が描かれ、女のほうには色彩豊かなビロウ樹の実がさがっている。遠景はゆたかな田園風景と海洋であり、熱帯サヴァナの南アメリカという雰囲気である。

これまで広く紹介されることがなかったため、やや詳しめに観察してきたが、これら八枚の図像は、どれも構図上は同一である。近景の人物と中景の樹木、そして左もしくは右に大きくスペースをとった中空がひろがり、そのもとに原野か海洋がよこたわる。こうした構図のとりかたが、一七世紀オランダの風景画における通有の方式であることは、すぐに察知できるであろう。ライスダールたちが、オランダの空の下に展開させた風景は、ここ熱帯で再生産さる。空はおなじように広く、雲がかかりながらもほぼ晴天であって、赤道の陽光はけっして強烈ではない。

同一の構図のもとに、四種類の住民をランク別に整理し、その文明化度ごとに段階を設けて認識させようという制作意図。そのうえで植民地統括者であるオランダ人、もしくは場合によっては混血者もくわえて、これを最高位にすえる。この作品群が、エクハウトのオランダ帰国後に、マウリッツのために制作されたことを考えると、その意図は容易に理解される。これらは、調査を役務とした画家としての復命書だったのである。もっとも、ある見解によればこの八枚のあとに、二枚の失われた作品があり、それはマウリッツ夫妻をモデルとしたものではないかとも推測される。こうすることで、植民地居住民の人種構成図は完結するはずという。ただし、この推定にも十分の根拠がそなわっておらず、当面のところ判断を留保しておきたい。

この八点の作品は、のちにデンマーク王室に贈られ、ながらく公共に展示されることがなかった。本格的な一般公開は、じつに二〇〇二年以降のことである。しかしながら、これらの図像はコペンハーゲンに送られる以前には、すでにブラジル派遣のオランダ人の目にふれており、ピソとマールグラフの著作『ブラジル自然誌』のなかには、人物部分のみがほぼ忠実に再現されている。公刊された同書の挿図として、タプヤ、トゥピをはじめとするブラジル居住の種族の様態は、オランダでは認識されていたのである。

ブラジルにあって、オランダ支配の開始以来、たしかにタプヤ族のみが植民地政庁の強制をこばみ、風俗的にも古来の伝統を保持していたことは、バルレウスの『諸部族誌』のなかにも記載されていた。タプヤ族についての目撃記録はすくないが、それらはいずれもいささかパターン化されており、人肉食慣習についての強い嫌悪感情がただよっている。これがいかなる目撃にもつづくものなのか、明確に特定することはむずかしい。しかし、ここに一枚だけ、エクハウト自身によって制作されたタプヤ族についての図像が残存し、きわめて貴重な情報を提供しくれる。〈タプヤ族の舞踏〉（口絵8）である。この作品をみよう。

さきの四種族図とおなじく、舞踏するタプヤ族は二人の女性をふくめて全員がほぼ裸身である。男は小ぶりのペニス・ケースだけが着用される。この舞踏では、男が全員、槍か刀を手にして武装しているものの、戦闘の場そのものではない。儀礼的な舞踏の最中とみえる。鼻飾りや耳飾りには、それぞれに装飾がほどこされている。共通に舞踏に酔っており、その集中した熱狂ぶりは、右の二人の女性たちが、手に口をあてて興奮をかくしているところからも推察できる。八人の男たちはみな片足立ちとなり、楽器をともなわないものの、声や音を発しながら熱狂する。身につけた飾りものの個々についても、その由来が特定可能であり、ヨーロッパやアフリカからブラジルへの、物資や文物の導入事情が推測されるほどである。じつはこの作品もデンマーク王室によって所蔵され、近年になってようやくその価値が再認識されたが、一七世紀ブラジルの状況を再検討するさいの、重要な図像資料であることは言をまたない。むろん、描写の精確度についての疑念はある。完成にいたるまでには、作品としての改編がおこなわれたでもあろうが、タプヤ族関連の最高の民族資料として評価はゆるぎない。

エクハウトがのこしたブラジル民族誌上の絵画資料は、以上の五種九点にすぎないが、ほかに散在する素描資料が何点かある。しかし、それらは基本的には残存絵画のための下絵もしくは習作であって、あらたな証拠資料とするには足りない。だがいずれにしても、一六世紀から一七世紀にかけて、ヨーロッパ人が南アメリカで、「目撃」によって作成した多くの図像資料が、一般的にはあまりに荒唐無稽であり、信頼をおくにあたいしないのとは対照的である。エクハウトの作品は、マウリッツ隊からの厳しい職務命令にもとづいた成果であるということもあって、より高度の信認をうける事例となった。

さて、これと同様の判断を、エクハウトがブラジルでおこなった自然物についての図像資料の作成についても、くだすことができる。エクハウトの自然物観察は、あらましは人物表現の随伴物であったが、それとはべつの資料も存在する。マウリッツの私的要請に応える目的で制作された図像である。これらは、専門性の高い自然誌観察の作品とはちがい、図像表現上の意図・目的に合致させようとするものであり、美学上の配慮があからさまに働いていることは否定できない。いくつかの実例に即してみよう。

総計で12点からなる自然静物画群〈ブラジル自然誌〉、図52）は、エクハウトがブラジルから帰国したのち、マウリッツのためにスケッチメモをもとにして制作したものと推定される。図は、スイカ、パイナップル、オレンジ、パプリカ、大麦穂などからなっているが、その姿は現在の形状とくらべても大差ない。図には、マニオクが描かれているが、新大陸産の根菜類がすでに広汎な農耕の対象になっていることは、重要な知見である。そのほかに、詳細に事例をあげるいとまがないが、アラバシュ、大根、ココナツ、ウリなど、熱帯地域での生育の結果、色彩ゆたかな結実をみせた果実、蔬菜類が豊富である。

図52●アルベルト・エクハウト 〈ブラジル自然誌〉

むろん、こうした新大陸自然・農耕物の図示は、エクハウトを初例とするわけではない。版画作品をふくめれば、一六世紀このかた、多数の先例をかかげることができる。しかし、ここでことに強調しておきたいのは、エクハウトが自然誌画家としての「科学者」の眼をそなえていること。さらには他方で、画家としての眼でこれらの自然物の熱帯における色彩や形態の発現に注意をむけ、いわば静物画としての構成につよく意をもちいたことである。エクハウトは、一七世紀オランダで急速に展開をみせた静物画ジャンルの構成原理を意識し、その眼をブラジルにむけた。多くの作品は、テーブルの上に盛りあげた植物を中心とし、その背景には通常にみられる室内の壁ではなく、ブラジルの天空をすえた。それは、予想できるような快晴の天空ではなく、適度に雲をちりばめた空であって、その限りでは、オランダのそれとも想定できるようである。いずれにしても、野外における静物の配置は、それ自体のエキゾティシズムもあわせて、好奇の眼を誘った。カボチャやピーナツ、ズッキーニといった新大陸作物は、ヨーロッパにたいして未紹介ではないものの、広く普及していたとはいえず、明白に異境の匂いを発していた。エクハウトの熱帯静物画はこうして、ヨーロッパ絵画史でも類例のないユニークなイメージを、人びとに提供することになった。民族誌図像とともに、これら自然物図像も一七世紀オランダの作品として、長らく鑑賞されつづけたのである。

4　ポストのブラジル風景画

エクハウトとならぶ同行画家は、フランス・ポストである。一六一二年のライデン出生の事実以外には、家系については不詳である。若年にして、兄にあたるピーテル・ポストとともに、活躍の場をあたえられた。兄もブラジル遠征に参加したが、すでに著名な建築家であり、ハーグにマウリッツ家の邸宅を構えるにあたって、その主要な設計と施工を担当した。

フランス・ポストは、ハールレムで画業への準備をつみ、サロモン・ファン・ライスダールのもとで修業につとめたらしい。一六三七年、マウリッツがブラジル遠征の職務遂行にあたって、エクハウトとならびフランス・ポストを随行員として指名したわけだが、その採用の経緯についてはよくわかっていない。おそらくは、ライスダールの甥にあたるヤコブ・ファン・ライスダールが、ポストの作風を評価したのであろう。実際、ブラジル・スリナムにおいての制作にあっては、ヤコブの影響が濃厚であることは、否定できない。フランス・ポストは、こうして一六三七年から四四年までペルナンブコのレシフェなどに滞在し、上司であるマウリッツのもとで職務にあたった。近辺への遠征をふくむ業務に専念したであろう。ことに植民地統治に必要な地理情報収集や土木・建築などの記録は、ポストに託された重要な用務であった。エクハウトのような自由かつ活気のある取材とくらべれば、やや実務的性格の要請がまさったようである。いずれにしても、ポストはこの遠征・職務の五年間を着実にこなし、何枚かの油彩画を現地で完成させた。小ぶりの油彩画と多数のデッサンをたずさえて、一六四四年、マウリッツとともにオランダに帰着した。ときに三二歳であった。

ブラジルで制作完成した作品は、ほぼ一〇点程度と推定される。これにくわえて、帰国ののちはハールレムに定住して、すくなくとも百数十点におよぶ作品をのこした。これらは、いずれもブラジルに関連するものであり、その多作ぶりからみて、かなりの人気を博していたものと思われる。それらの多くは、銅版画に複製され、バルレウスの『ブラジル誌』の挿画としても採用され、読者たちに受容されていった。他方でブラジルにおいてすでに完成していた一〇点ほどの絵画作品は、帰路、マウリッツ隊によって伯の居宅に運ばれた。そののち、これらのブラジル風景画は、マウリッツから外交戦略の一環として、フランス国王に寄贈された。その国王とは、一七世紀後半にオランダへの軍事攻略を企てるルイ一四世であり、その進攻を回避するための外交手段のひとつであったと推定される。フランスにむかったブラジル風景画は、王室において愛蔵されたのち、いったんはその消息が不明となったが、ふたたびルーヴル宮殿に帰還して、いまなおこの美術館に健在である。大きめの四点と小さめの四点、あわせて八点は、ルーヴル美術館のオランダ絵画コレクションの中核として、壁をかざっている。

このような事情から、独特の風景画としての評価をかちえたポスト作品は、レンブラントやフランス・ハルスとならび、ヨーロッパ公衆のあいだでも、よく知られてきた。そればかりか、帰国後に制作されたもののうちの何点かも、アムステルダムの王家コレクションに入り、さらにはのちにアムステルダム国立美術館で重要な位置に展示されている。帰国後のポストが、ハールレムを中心に一六八〇年にいたるまで制作にはげんだ作品は、現存するだけでも一三〇点におよぶが、それらの悉皆調査は完了していない。フランス・ポストの作品は、こうしてエクハウトにくらべても公衆への展示機会が多く、「ブラジルもの」として、人気を博してきた。

さて、そのブラジルもののいく点かをみていこう。まず、〈サン・フランシスコ川とマウリッツ砦〉（図53）である。現地にあって制作されたと推定される一〇点前後のうちの一点である。帰国後には、マウリッツ伯からフランス国王ルイ一四世に贈られた。画面の過半をしめるのは、ブラジルの空であり、熱帯であるにもかかわらず曇天。すでにみたとおり、かりに快晴の熱帯の空と赤道直下の太陽をかかげたのでは、かえって見者に違和感をあたえたであろう。水面もまたこれについで大きな場面をしめ、全体としてはまるでオランダの干拓地海岸のような趣である。手前左の岸辺にはサボテンがはえ、ガマが三本きわだつ。岩場から身をのりだすのは最大の齧歯類《げっしるい》のひとつとされる野生のカピバラであり、ポストが実際にブラジルで目撃したものであろう。右遠方にちいさくみえるのは、マウリッツ砦。帆船が浮かぶのがみえる。このゆったりとしたブラジル風景は、たしかにヨーロッパ人に訴えるものがあったろうが、それはエクハウトのように強烈な異形をもちこむことを避け、極度の緊張感

図53●フランス・ポスト　〈サン・フランシスコ川とマウリッツ砦〉

を回避しえたからともいえよう。フランス・ポスト作品の多くは、このように、ヨーロッパ人の熱帯への好奇心をごくゆるやかなかたちで吸引したのであった。この作品では、あくまでも熱帯風景画という特徴によって、エキゾティックな景観が強調される。実際にポスト作品の多くにあって、動植物や地形などについては、物珍しさがことに注目されたにちがいない。熱帯風土を積極的に図像化した作品群として、人気のほども推察できる。ただし、あまりの異種にこだわることなく、むしろあきらかに同時代のオランダ風景画との構図上の類似も意識されていることにも注意しておきたい。

さてそうした熱帯風景画とならんで、ブラジルの入植地事情を描いた作品も少なくはない。事例として掲げるのは、〈イタマルカの風景〉（図54）である。イタマルカは熱帯ブラジルの典型的な入植地であるが、オランダ人入植者は、先に到来していたアフリカ系住民を使役した。乗馬するオランダ人に付きしたがう三人の現地住民が描かれるが、この四人が広大な空と海とに向きあった情景は、まるで故郷オランダの水辺景観と相同するかのように見えたであろう。

さらに踏みこんで観察すると、ポスト作品にはなお、オランダ植民地の積極的な入植活動がふんだんに登場する。典型的な作品を一点、掲げておこう。〈プランテーションの景観〉（口絵9）である。ポストのオランダ帰国ののち、一六五三年頃の作品と考えられる。対象となった景観は、ブラジル植民地の中心地域であるペルナンブコの近辺とみられ、平坦な田園と農耕地が地平線まで広がっている。左手には、熱帯性植物が繁茂するが、中景にはプランテーションの作業場が設定されている。収穫の農産物の整理や加工がおこなわれ、そこには多数の現地労務者が描かれている。その細密な描写は読みとりが困難ではあるが、労役はけっして苛酷なものとは表現されていない。ポストにあっては、ブラジル農村は、穏和な熱帯プランテーションによって耕作されていた。

プランテーションには、管理支配者としてのオランダ人のもと思われる邸宅も加えられている。現地住民もふくめた穏やかな熱帯農村の情景が、一七世紀オランダ市民の鑑賞に供された。遠方の植民地に心騒ぐエキゾティシズムを感得するのではなく、もっぱら故地オランダとの相同性が見者に安堵感をあたえたであろう。それゆえにこそ、ブラジルから帰国後の画家ポストは、居地のハールレムから多数の同傾向の作品を世に送りだすことができたのである。

ただし、ポストがのこした図像には、これらとはちがって、ブラジル地誌紹介のために提供したスケッチ作品がくわわる。これらは、インク描写に彩色があっさりとほどこされているが、ほぼすべてオランダ植民者たちの施設の図示である。なかでも、オランダ人による製糖工場のスケッチ（〈製糖ファクトリ〉、図55）は、歴史的にもきわめて斬新なものである。図はその典型。木造の工場内には、水車による破砕器具やサトウキビを煮沸する器具が設置され、黒人系と思われる現地住民がこれの稼働のために労働している。別の図によれば、その周辺には十数人の労務者がそれぞれ作業に従事しており、一体として製糖工場というべきものを構成している。一六三八年の作とみられるが、現地にあってかなり現場を忠実に写したものと考えられる。この種のものとしては、もっとも早期にかつ正確

図54●フランス・ポスト 〈イタマルカの風景〉
図55●フランス・ポスト 〈製糖ファクトリ〉

に描いた記録として、価値はきわめて大きい。

ヨーロッパとはあまりに異なるブラジルの自然・社会景観であったが、ポストはこれをオランダ絵画にとって通有の構図のなかに収容して、見者にも安堵を保証した。しかも、先住インディオや黒人系住民をはじめとする現住の人びとを風景のなかにおき、中景に無理なく収容することに成功する。また、熱帯の動植物を適切に配置し、植民地の特異性を印象づけることを忘れなかった。天空をはじめとする「熱帯」の色彩を、青と緑の落着きをもって中和し、北国オランダと主題の風景とのあいだに親和性をもたらした。エクハウトが、全裸や人間狩猟の主題により、強烈な刺激で見者を挑発したのにたいして、ポストは大地と風景を適度に緩和して保存した。こうして、異境へのオランダ人の好奇心と親和感とを刺激し、保証しえたといってよい。これをたんに「オリエンタリズム（エキゾティシズム）の歪み」と嘲笑するのは、見当はずれというべきだろう。一七世紀オランダ人画家たちは、それぞれ独特の戦略をもって異境の取りこみに成功したといってよいであろうから。

5 メーリアンの卓抜な好奇心

一七世紀末までに、ブラジルがオランダ領から失われ、また入れちがいに隣接するスリナムが最終的にオランダ領になってからは、本国からの同地にたいする探査は、急速に減退していった。マウリッツのあとでは踏査行は組織的にはおこなわれなかった。これにともない、本国民のブラジル・スリナムへの関心も薄れていき、絵画表現や博物・民俗調査も踏みこんでは行われない。しかしそうではあっても、ここに一件だけ、このことを裏切るようなスリナム調査行の事例がある。一七世紀の終幕ともなるこの一件をとりあげておこう。

一六九九年から一七〇二年にかけて、おこなわれた自然誌的調査とそれによる成果報告である。これの遂行者はドイツ生まれの女性であるが、オランダ植民者の支援をうけてスリナムにおもむいた。マリア・シビーラ・メーリアンという。一六四七年、フランクフルト・アム・マインに生まれた。母はもともとオランダ系であったとつたえる。出版と印刷を職とする父のもとで、版画制作を学んだ。また少女時代から、昆虫観察に没頭するメーリアンであった。結婚後、ニュルンベルクにあって植物画を制作するなど、博物学の素養をみがいた。こうして知的好みに現実味をあたえた。はじめメーリアンはイエズス会に関わり、ここを脱退ののちは、プロスタント集団のラバニスト会に加入した。ラバニストは、その信徒獲得を南米植民地にもとめていた。メーリアンは北オランダのフリースランド、ヴィーンヴルトのコミュニティにおいて、南米への関心をうえつけられる。そののち、アムステルダムに移住したメーリアンは、ラバニスト会から情報を受けるかたわら、おりしも世界探査の中核をなしてきたオランダ東インド会社で、現地情報とそのコレクションにアプローチすることができた。当時、東インド会社は西インド会社の解散をうけて、アジアばかりか南アメリカについても、厖大なコレクションを集積していたのである。メーリアンの熱意はいやがうえにも、高揚したかにみえる。

一六九九年、五二歳のメーリアンはおそらくはラバニスト会からの情報をもとに、スリナム探査旅行に出発する。二人の娘のうちのひとり、ドロテアをともなっていたとはいえ、女性だけの旅支度であった。当然ながら、スリナムにあってもその自然調査にあたっての助力は期待できず、行動の自由と実施はきわめてせまく限られていた。ことにスリナムの奥地に向かうことは、現実にも困難であった。現地のオランダ人、ポルトガル人は、ほぼすべてサトウキビ・プランテーションの管理・経営者であって、支援をうける望みはまったくなかった。それでもドイツやオランダで接してきた自然とはあまりに異なる環境は、メーリアンにとっては目を奪うものであったろう。一七〇一年までの足掛け三年間、メーリアンはスリナムにあって、採集と観察にあたった。いうまでもなく、自然科学的関心をいだいて新大陸に向かった最初の女性科学者である。

この現地体験はめざましいものであったろう。帰国にあたって、メーリアンは、剥製化した熱帯系の動物、つまりワニやヘビ、トカゲ類、さらに標本として処理された昆虫類、そして採取された植物、写生と観察知見を記したノートなど、厖大な成果をオランダにもちかえかえった、大柄の木箱二〇におよんだという。彩色された図版下絵は六〇枚をこえ、蝶、蛾、蜂などの昆虫を中心に、花卉、果実など熱帯の動物・植物の図像資料がここに蓄えられた。

アムステルダムにもどったメーリアンは、これらをもとに著作執筆にかかり、一七〇五年に『スリナムの昆虫変態』を刊行する。メーリアンの関心の中心は、熱帯系昆虫の変態過程にあったことが知れる。〈昆虫変態図〉に収容されたのは、熱帯昆虫の幼虫、サナギ、成虫の展開プロセスであった。これらは、現地において写生されたうえで彩色された図版、ならびにそれによるエングレーヴィングの彩色版である。六〇枚の銅版画はその作品としての出来栄えもあわせて、未曽有の好評を博した。原画の彩色版（図56）は、贈答品として貴族社会で流通し、いまでは、あらましが英国王室コレクションと大英博物館に収蔵されている。

こうして、メーリアンの昆虫変態研究は、ヨーロッパとはことなるフィールドを獲得することで、飛躍的な発展をしるすことになった。事実、一七世紀ヨーロッパは博物学・自然学にとって、大きな発展期にあたっていた。動植物の種相が極度に貧困なヨーロッパとちがい、アジアやアメリカの異境には予想外の豊かな世界が広がっていた。こうした異境と接触した博物学者が、メーリアンとともに有益な知見を蓄積して、生物科学の発展をもたらした。オランダは東西のインド会社を擁して、その先頭を疾走していたのである。

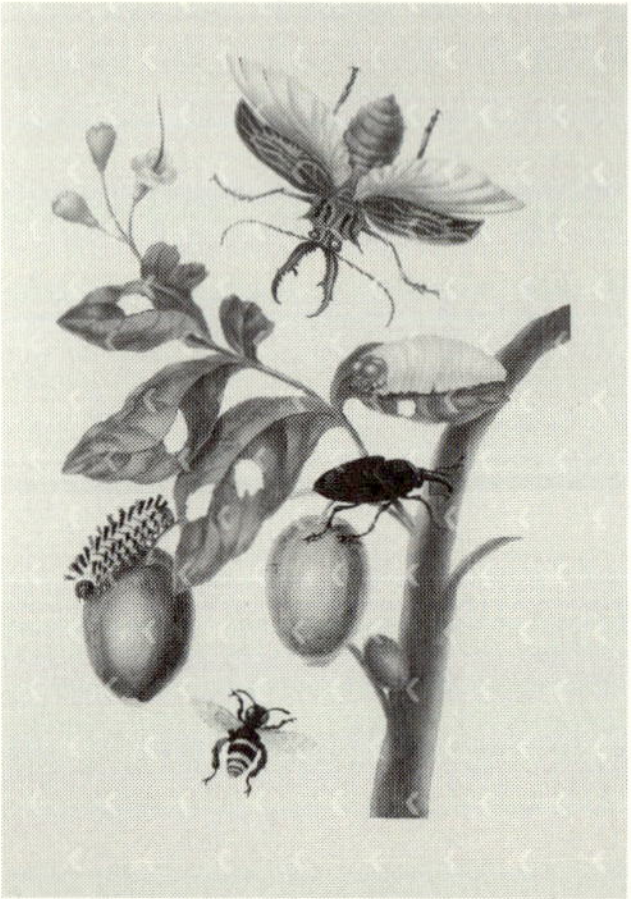

a．木の実と昆虫（図版 34）

b．ブドウと昆虫（図版 48）

c．イチジクと昆虫（図版 27）

図56●メーリアン　〈スリナムの昆虫変態図〉

第6章　戦争と平和——ネーデルランドからウェストファリアへ

1　ブレダの戦い——ベラスケスとカロ

ヨーロッパ一七世紀を証言する絵画として、その代表例をあげるとしたら、どうだろうか。いろいろ議論がありうることをよく承知のうえで、そのひとつとして、ここではディエゴ・ロドリゲス・デ・シルバ・イ・ベラスケスの〈ブレダの開城〉（口絵10）をあげておきたい。バロック時代のつねとして、油絵の大作がおおいなかでも、この作品はベラスケスにとっても最大級の規模をほこる。横三六七センチ、縦三〇七センチ。一六三五年の作品は、それに先立つ一〇年、一六二五年におこった戦いとその結末についての歴史画である。いま、ベラスケスゆかりのマドリード・プラド美術館に展示され、その威容をほこっている。ブレダを舞台とした戦闘のいきさつ。それが含意するところはやがて語るとして、まずはそのブレダ城市の状況から話題にすることにしよう。

ブレダは現在のオランダ王国のほぼ最南端、ベルギー国境からほんの一〇キロほど。おちついた古都として、観光客でにぎわっている。かつて、神聖ローマ帝国領ネーデルランドに所属し、そのためもあって、複雑な国際政治にまきこまれることも多かった。なかでも、一五五六年にこの地が皇帝位を有するオーストリアのハプスブルク家領から、弟分であるスペイン・ハプスブルク家に移管されると、遠方の帝王にたいする忠誠の観念がうすれるようになった。ついに、一五六〇年代にはネーデルランドの諸州が一致して、スペインにたいして反旗をひるがえす。

スペイン・ハプスブルク王家は、叛乱勢力に対抗して軍隊を派遣。南部ネーデルランドの諸州は、スペインによって平定される。ヘント（ガン）やアントウェルペンなど南部ネーデルランド地域は、アラス同盟を結成。スペインの支配をうけいれ、国教であるカトリックへの忠誠をちかうことになる。他方、北部の七州では流入したカルヴァン派プロテスタントなどをも合流させて、カトリックとはことなる峻厳な信仰を結束の核として、一五七九年にはユトレヒト同盟を結成した。八一年には、ネーデルランド連邦共和国の名のもとにオランダとしての自立を宣言した。

国際政治上でスペインやオーストリアと対立するイングランド王国やフランス王国は、オランダの叛乱と独立を支持。こうしてオランダ問題は、にわかにヨーロッパ政治の焦点となっていった。オランダの諸州連合軍はスペインの陸上軍にたいしては、地の利をえて優勢に戦局をみちびき、またすでに海上での交易と掠奪で経験をつんできた海上軍も、スペインにたいする優位を確定していった。一六〇九年に、スペインとのあいだで時限つきの休戦協定が成立して、オランダの独立はほとんど既定の事実となった。

こうして、オランダの叛乱と独立は明白な決着をみた。世界史の通史は、これをもってオランダ独立問題は終結したものと説明しがちである。ところが、一二年間の休戦期間が終了すると、一六二一年にはふたたびオランダ共和国とスペイン領との境界地帯では、軍事的緊張が昂進した。スペイン軍は、しばしばオランダ領内に侵入。重要な都市にむけて、圧力をかけつづけたのである。スペイン側は大軍をととのえて、国境にちかい町ブレダの攻撃にはいった。

ブレダは、かねてからスペインとオランダ、もしくはカトリックとプロテスタントの勢力争いの焦点となりがちな町であった。一五六七年、まだ叛乱と独立が宣言されるまえには、カルヴァン派の軍隊が急襲して勢力下におさめた。これにたいして、スペイン軍は精鋭のアルバ公軍が介入して奪回。ついで一五九〇年には、オランダ側がオランイェ家のマウリッツが計略をこころみて、ふたたび取りもどした。伝えられるところでは、ブレダ市に運びこまれる泥炭の荷馬車に七〇人の兵士が隠れのり、市内に潜入したとのことである。こののち一六二四年には、スペイン軍による再奪回の戦闘が開始された。

ブレダの攻囲戦である。これまでの経緯からして、スペイン、オランダ両軍にとっては、ともに面目のかかる戦いであることが推察できる。オランダ軍の総司令官は、建国者オランイェ公ウィレム一世の三男であるナッサウ伯フレデリク・ヘンドリク。奪回をめざすスペイン軍の総司令官は、アンブロージオ・スピノラ。イタリアはジェノヴァの名家の出身であるが、傭兵隊長として知られ、やがてはその戦術力をかわれて、スペインの大軍をまかされるようになっていた。ブレダ奪回はこのイタリア人の手にゆだねられる。

秋にはじまったブレダ攻囲は、九カ月におよんだ。当時の戦術として、包囲・籠城戦はつねに持久戦におちいる。このケースは、とりわけ長期戦となった。確実な決め手をともにもちえなかったからである。どのような戦略配置がとられ、どうして戦局の帰趨がきまったのか。いくつかの断片的な現場報告がのこされている。そのなかでも、とびぬけて説得力のある描写記録が、図像証言としてつたわる。ジャック・カロという名の画家による、〈ブレダの攻囲〉(図57) である。

ジャック・カロ(一五九二～一六三五年)は、ロレーヌ(ロートリンゲン)のナンシーに生まれた。一〇歳代ですでにイタリアにおもむき、絵画の修業にはいった。一六歳で家族とともに、ロレーヌにもどる。学んだ技法を武器にして、ロレーヌ公の軍隊に従軍絵師の役割で参加する。すでにイタリア

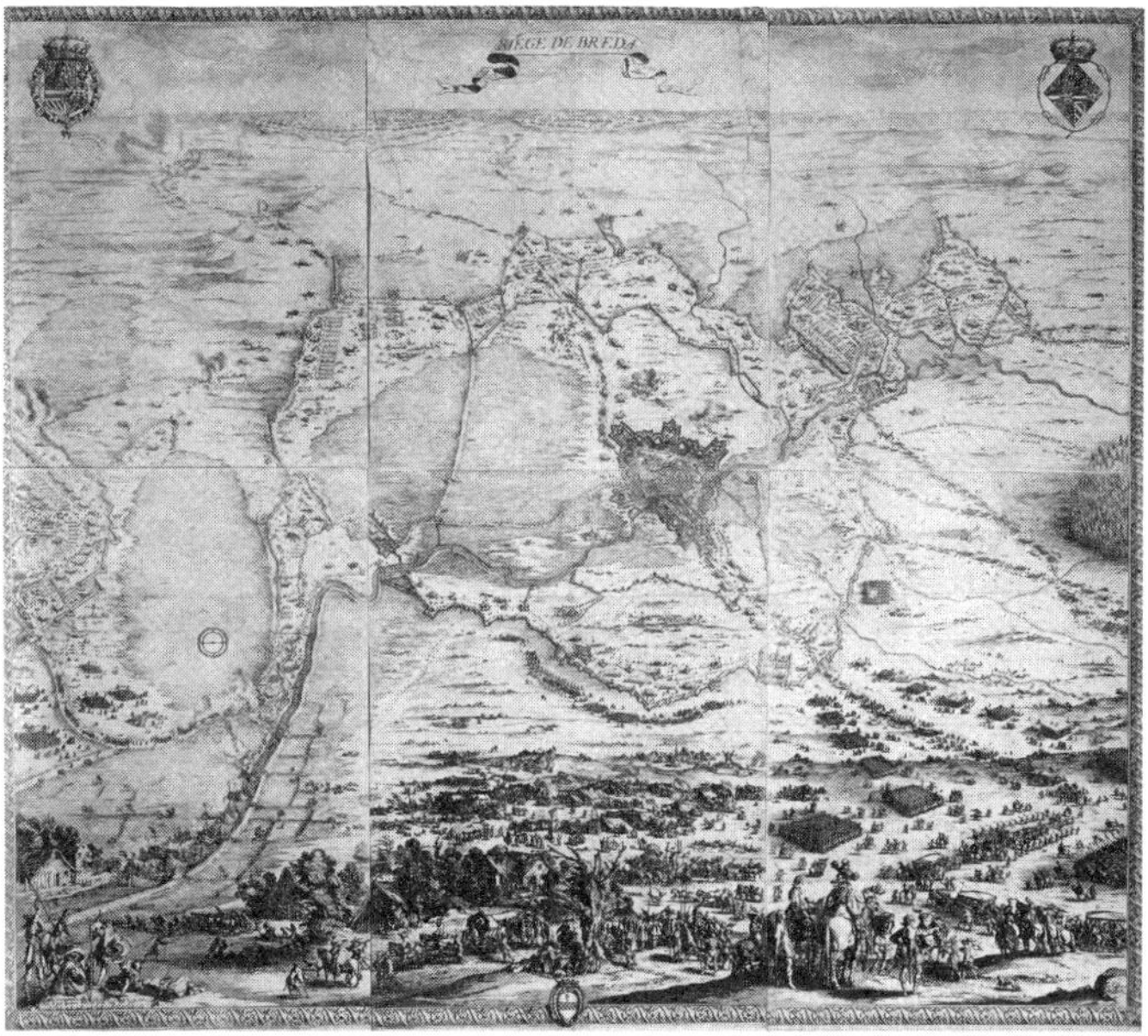

図57●ジャック・カロ 〈ブレダの攻囲〉

では、油彩画はもとよりデッサンや銅版画の腕をもみがき、彫刻師としても認められていた。とりわけ、銅版エングレーヴィングにあって頭角をあらわし、ナンシー宮廷で声評をえていたほどだ。

三六歳となった一六二七年、ジャックはロレーヌ公をとおして名誉ある懇請をうけ、ネーデルランドにおもむいた。スペイン王女イサベルのもとで、記念すべき勝利の記録を銅版によって再現するという任務。その戦闘こそ、ブレダの攻囲であった。したがって、ジャック自身が、この戦闘を現場で目撃したわけではあるまい。戦闘終結の二年後の一六二七年、カロは懇請にこたえて、攻囲戦のドラマティックな情景を、一〇枚の銅版画連作として写しとったのである。それは、ヨーロッパ美術史上でもまれなほどの、詳細で迫真の戦争実景図となった。むろん、直接の目撃写生図ではないにしても。

一〇枚の〈ブレダ攻囲図〉は、それぞれことなった情景をえがいているが、それ自体に緊密な特定のストーリーはない。また、あくまでも包囲するスピノラ軍のがわから描写されているので、包囲される城市の側からの視点はない。そのことを当然の事情としたうえで、細部を点検してみよう。

長期間におよぶ包囲戦であるだけに、劇的な戦闘場面はほとんど存在しない。両軍が正面から衝突することで、勝敗が決定するといった戦闘図ではない。ブレダの都市城壁は、ほぼ高さ数メートルにおよぶが、とりたてて包囲軍が緊張感をもって破壊にかかったり、乗りこえをこころみたりといった緊迫した情景は描写されていない。むしろ、遠景としてとらえられたブレダの攻囲は、一見してのどかな光景を呈しているといってもよかろうか。ブレダ市の周囲は、一面の原野である。じつは、この原野をめぐって、包囲戦にいたるまでの経緯があった。スペイン軍とオランダ軍とは、当初にあっては、ブレダ平原で正面の衝突を繰返した。これをみたオランダ軍は、小川をせきとめて平原を水没させようとした。スペイン軍の接近をふせぐ戦術である。これにたいして、スペイン軍は逆に堀をもうけて、ダムの水をブレダ市にみちびき、都市そのものの水没をはかった。この土木工事のごとき対戦は、どちらをも有利にみちびかない。ブレダのオランダ軍は、都市城内に籠城をこころみることになる。これにたいして、スピノラのスペイン軍は、周辺の原野に宿営する。

いくつかの農家をべつにすれば、家屋は存在しないので、ほぼすべては宿営テントである。しかも、集合して隊列をくんでいるわけではなく、散在したテント群に兵士たちが分宿しており、そのあいだに馬車が往来して、食料や武具を運搬する。前景には十数人の兵士が集結するが、おそらく将軍スピノラその人と幕僚たちが、戦旗をかかげて謁見をうけているのだろう。城市の方角にむけては、方形をとった軍勢が集結しており、こちらは籠城側にたいして、圧力をかけようとする。ただし、ただちに城壁を攻撃するような態勢をとってはいない。

細部まで、きわめててていねいに描きこんだ銅版画であるが、なにぶんにも遠景として構成されており、これ以上の観察はかなりむずかしい。とはいえ、包囲戦がもつ、独特の雰囲気をよみとることはできる。それは、籠城側と包囲側が接する地点での重苦しい緊張感といってよかろうか。包囲するほうでは、相当数の軍勢を城壁下に配備する。それは一般には隊列をくんでおり、城壁からある程度の距離をおいて、圧力をかける。隊列の兵士は歩兵であり、長槍を装備して共同行動をとる。籠城するほうでは、城壁のはざまから包囲の動きを監視する。

夜襲といった例外をのぞけば、昼間はこうして持久戦をたもちつつ、両軍ともいずれはやってくる決戦にのぞもうとする。攻撃側にとっては、城下への接近法を発見することが必要である。守備側の砲撃をさけるために堀をもうけて、直下にせまり城壁を登りこすための重機を投入する。守備のほうは、位置取りの優位をしめすために、少数であってもつねに砲撃や投石によって、接近の困難さをさとらせる。一六二五年のブレダ包囲は一年半におよんだが、この間にブレダ側からは、オランダの僚軍への救援要請もいくどか送られた。したがって攻囲の側にあっても、敵側の戦術について適切な情報収集が求められたし、また援軍の不意の到着にたいしては、迅速な対応が必要であった。つまり攻守の両軍にとっては、息もつまるつばぜりあいの連続である。

長期におよんだブレダ攻防戦は、結局のところ戦局を短期のうちに転換できぬまま、籠城側が継続を断念して降伏した。かねてからの慣習にしたがい、籠城軍は隊列をととのえ、司令官を先頭として城外に退去して、包囲軍のまえに整列する。激烈な戦闘の結果として、戦局が落着した場合には、攻撃側は城内に乱入して略奪や殺戮をくりかえすこともあった。しかし、このブレダ戦闘にあってはそうした報復行為にいたらず、いわば紳士・英雄的に終局をむかえたことになる。カロの銅版画は、その結末まではフォローしていない。

だが、一六二五年六月二日の終結の光景こそ、のちにベラスケスの勇筆によって描写されたものにほかならない。その作品に立ちもどろう。中央にあって対面するのは、包囲軍の司令官であるスピノラ将軍。右には、ブレダ守備軍の隊長であるナッサウ伯フレデリク・ヘンドリク。ベラスケスによれば、敗軍の将はブレダ城門の鍵をたずさえ、これを勝利の将軍にうやうやしく引きわたす。勝利のスピノラ司令官は、それを受領しようとして、片腕を敗将の肩におき、その英雄的な軍事行動に精一杯の敬意を表する。

その周辺では、長期の戦闘によって兵士の軍服にも破綻がみえ、たしかに疲労感をただよわせているとはいえ、終結の安心感をもみせる。やや小高い丘のうえという設定であり、遠方にはいまだ戦火の煙がのぼるさまがみえる。右のスペイン軍は整った軍服をまとい、すでに指導部は武装を解除している。この記念すべき一瞬を中心の主題として、〈ブレダの開城〉が制作された。ちなみに、この大作の右隅に平たい帽子をかぶった男がくわわるが、これはベラスケスの自画像だと言い伝えられている。いずれにせよ、戦争画の代表作として、繰返し称賛されてきた名作である。

むろん、この名画がブレダ戦の実景であるという保証は、まったくない。ベラスケスは、自身ではブレダを訪問したことはなかった。ただ、ジャック・カロの件の銅版画を手元においたであろうし、さらには実事件の翌年に公演された戯曲〈ブレダの包囲戦〉からヒントをえたともいわれる。この戯曲は劇作家カルデロンが、実戦に取材したもので、スペイン王室にとっては誇りたかい賛歌であった。

以上にみるように、ここにあるのはその前後にも実例のすくない、秀逸の素材である。戦争の悲惨や過酷をこえて騎士道の精神をたなびかせ、ひるがえって母国の栄誉を強調するといった、絵画の役割を実現した点からも、巨匠ベラスケスの名を不朽のものにしたといってもよい。たしかにその時代に制作された無数の戦争画を凌駕するものであった。

2 絵画のモデルとしての戦争

ここであらためて一六・七世紀にかかれたいくつかの戦争関連画を、ざっと見渡しておきたい。ジャック・カロとベラスケスに先んじて、戦争画は時代のトポスとして、多数の作品をのこしてきた。現実に見聞きされた戦争というよりは、むしろ歴史上の事件として伝承されてきた古典的戦争が、まず想起される。古代ギリシアのアレクサンドロス大王や、古代ローマのカエサルは、そうした戦争のヒーローとして、ルネサンスの戦争画の頂点をなすものであった。それらは、劇的な動勢をたもつ情景と勇敢で精力的な人間像の発現として、画家の表現意欲をそそった。一六世紀の現実の戦争は、かならずしもこうしたパノラミックな景観を呈していなかったにせよ、画題としては恰好の対象となった。さて、この事情は一七世紀にむけて、どのように変化していくだろうか。

これについて、まずオランダにかかわりのある陸戦と海戦の作品をかかげてみよう。たとえば、八十年戦争（独立戦争）の帰趨を決する意義を体した戦闘を主題とする、一六〇〇年の〈ニューポールトの戦い〉（図58）である。パウヴェルス・ファン・ヒッレヘールトの作品。この戦闘は、南ネーデルランドの同名の地でおこった。オランダ軍は、ときの軍司令官であるオランイェ公総督マウリッツのもと、大軍を派遣して南ネーデルランドの戦略地点を攻撃する。しかし、総督マウリッツはこの戦闘にかならずしも乗り気ではない。けれども、オランダの連邦議会はオランイェ州の顧問官オルデンバルネフェルトの指導のもと、ニューポールトを死活線とみなして、これの包囲攻撃を選択する。

防備するスペイン軍は、オーストリア大公アルベルトのもとで大軍をよく動員することできず、数的な不利のまま決戦となった。もっとも、この戦略上の決断は、オランダ側では、総督マウリッツと顧問官オルデンバルネフェルトのあいだの不仲を深刻化させるものとなった。これを機縁として、両者は急進派と穏健派といった気質の差異をさらに増幅するようになり、一六一九年にはついに決裂して、後者の敗勢と断罪をきたすことになる。それは、オランダ共和国政治のもっとも深刻な対立を表徴するものとなるはずである。

ニューポールト郊外の戦闘は、広大な原野を舞台として一六〇〇年七月二日におこなわれた。図にみるとおり、手前のマウリッツ軍は北方から進撃してきたうえで、この戦場での対決をえらんだ。散開する兵士たちのむこうでは、本隊が長槍によって武装して突撃にそなえる。それは、ほぼ数百とも

図58●ヒッレヘールト　〈ニューポールトの戦い〉
図59●ヴィリンヘン　〈ジブラルタルの海戦でのスペイン旗艦の爆発〉

いえる大軍をなし、秩序もみだれることなく進撃をつづける。おそらく、かなたのスペイン軍もおなじように長方形の隊形をなして迎撃するであろう。現実の戦闘にあっては、この隊形はややあって散開し、乱戦におちいるでもあろうが、これを記録する側からすれば、一糸みだれぬ劇的な攻撃態勢こそ、描くにあたいする対象であった。戦闘は、マウリッツ軍の圧倒的な勝利におわったが、この図の壮大な遠望には、戦争図に要請されるパノラマがふんだんに収容されている。

二枚目は海戦図である（〈ジブラルタル海戦でのスペイン旗艦の爆発〉、図59）。オランダの対スペイン叛乱戦は、陸上ばかりか北海から大西洋の海上でも遂行された。自在に出没するオランダ海軍に、スペイン海軍は翻弄され、交易船の犠牲をもふくめて敗勢が濃厚となった。図は、オランダの主戦地から遠くはなれたジブラルタルで、一六〇九年におこった海戦である。ゲリラ状に出没したオランダ船は、ジブラルタルの海峡地帯で、スペイン艦隊を発見。高速にして機敏な戦艦を駆って、攻撃をくわえる。巨艦を原則とするスペイン側は、接近戦の応接に手間取り、旗艦が直接の奇襲をうけて破壊されて沈没したとされる。図像は、その時点を劇的に表現する。舷側を攻撃されて破片が飛びちる情景は、いかにも過剰に誇張されていよう。じつは一六・七世紀の海戦図には、こうした表現が頻繁に登場する。それは、あたかもドラマ風の形をとって戦闘の激状を伝達しようとしたものだった。

舷側から転落する兵士の姿など、現実味のつよい図像は、戦闘の行方がいずれであれ、目撃記録としてはたいそう歓迎されたはずだ。おそらくは、実情をはるかに上回って壮烈な戦争図となった。野戦であれこのような海戦であれ、絵画の主題は野外空間における巨大なページェントである。絵画は戦争のパノラマ的説得力を実証する手段ともなった。絵画にとっても、一七世紀は戦争の世紀となったのである。

ちょうどこの一六・七世紀になって、王宮や都市広場では、このんで模擬的戦闘が実施された。実演者は華麗に着飾り、実際にも戦艦に乗務して「参戦」した。それは、戦闘訓練というよりは戦争の遊戯化であり、また審美的な儀礼化でもあった。中世の模擬戦闘のトーナメントは、ここでは国家的な儀礼となって、建前上は戦闘者である貴族たちの身分賛美をあとおしする。それは、カロやルーベンスがややのちに描いた実戦の悲惨とは別次元の、いまひとつの熱っぽい現実であった。

3 戦略と武器の革新

さてところで、これらはいずれも一六・七世紀におこった事件であり、しかもヨーロッパ政治においても重要な位置をしめる戦争であった。そこではたしかに現実の情景を正確に描写しつつ、戦争の意味を重点的に示唆しようとする、絵画としてのミッションがしめされる。しかしながら、その細部表現がすべて現実の投影であるということはできない。たとえば、使用される武器や防備、隊列や戦術など、画家がそこに意識と注意をむけないかぎり、的確な表現となるという保証はない。

とはいえ、実際の作品をみると、戦闘の実態を察知するためのヒントがふんだんに提供される。それらを参考としながら、一七世紀ヨーロッパにおける戦争と軍事の事情をさぐっておこう。画家がどのような意識で描写したかにかかわらず、じつは一七世紀は軍事史のなかで重要な転換点にたっていた。あらゆる側面において、あらたな状況がおこっていたからである。やや順不同にではあるが、その事情を整理してみよう。その第一には、〈ブレダの攻囲〉にもみえる城の軍事的機能である。

中世以来、城は重要な位置をしめていた。籠城と攻城は土木工学的にも、最高度の知識と技術を要求される。その理由の第一には、戦争がかつての都市防衛から転じて、戦略地点防衛の方向にむかったこと。つまり、住民をふくむ大量の人員を擁して広大な拠点を防衛するのは、いかにも非能率であり、コストも過大である。そこで、もっぱら戦闘要員のみを城内に配備し、効率的に攻撃と防御にあたるという戦略に移行していった。その要塞は旧来の都市とはちがい、もっぱら軍事上の配慮から新築・改築されるのが通常となった。なかでも、フランス王国において、軍事参謀の名をたかめたセバスティアン・ヴォーバンが築城術に革新をもたらした。周囲にふかい壕をめぐらし、城壁面を盛り土と切り石をもってかためて、容易には取りつくことや破壊することができない。

ことに、稜堡方式とよばれる個性的な築城法が注目された。平面図としては星型をとり、その頂点部分にたてば、すべての角度からの攻撃を目視し警戒することができる。弓矢や銃砲による防備が、きわめて容易にはたされる。いくつかの先行事例があるとはいえ、軍事史上、最初で最大の発明のひとつとされるこの築城法は、一七世紀における軍事戦略をかえたといってもよい。一七世紀の画家たちにも、その景観上の威容がつよい印象をあたえたらしく、いくつかの遠望図や俯瞰図がのこされている。

これにたいする攻撃法もまた、従来とはことなる方式を援用せざるをえなくなった。防御側にとって、見張台からの死角がすくなくなったためだ。壕をほって着実に目標にちかづくという攻撃法は、効果をしめしにくくなった。大砲によって城壁を破壊するという伝統的戦術も、限界となった。この隘路を突破するためには、特定の地点にむけて集中的な攻撃をしかけるという、ダイナミックな戦術を開発するしかない。

都市防衛から拠点防衛への移行は、戦争全体の構造をも変化させた。従来、都市の攻防は、しばしば長期の籠城・包囲をともない、その成否が全戦況を決定した。かのブレダ攻防戦は、オランダ・スペイン間の戦争の重要局面だったのである。ところが、戦略拠点攻防が中心となると、個別の戦闘がすべての戦況を決定的にうごかすことはなくなり、いわば勝利と敗北とは総体において評価されるようになる。個別の優勢・劣勢よりも、それらを総合しての戦略眼を要求することになってきた。戦闘は、攻守ともに速決戦の色彩をしめすようになった。これ以降、一年をこえるような長期の持久戦は次第に姿をけしてゆく。ブレダの攻防は、一七世紀のなかでも古風な色彩を呈していたといってよい。

こうした戦闘自体の迅速さへの重点移動は、いうまでもなく使用される武器の種別と使用法の変化と連動している。これまでの封建軍隊の主力は、刀剣による攻撃・守備にあった。騎乗する騎士軍はもとより、これに付随する徒歩軍隊も、基本的には刀剣による対面戦闘により優劣を決定した。戦士たちは、その地位に応じて防具はさまざまであったが、いずれにしても重量のある甲冑を装備した。個人的な肉体能力もさることながら、甲冑の強固さも勝敗をおおきく左右した。一五世紀の百年戦争のあいだに、イングランド軍が有名な長弓を開発して、刀剣と甲冑の役割は相対化しはじめたとはいえ、基本線は不変であった。

ところがその一五世紀になって、かねて開発途上にあった大砲が、実戦上の効果を発揮するようになった。火薬の開発と改良は大砲の規模を向上させ、その音響とともに着弾の衝撃によって、戦局をおおきく左右するようになる。むろんこの大砲は、直接に人身被害をもたらすよりは、城壁や都市施設を破壊することにおもな目的があった。着弾地点は正確さを保証されないため、ときに思わぬ副作用もあったという。しかし一六世紀には改良もくわえられて性能が向上し、従来の攻城法をおおきく変更させることになった。

一六世紀におこった武器使用の変化のうちでも、長槍の比重上昇はめざましいものがあった。槍は、それ自体は伝統的な武器であり、かねて騎乗する騎士も突撃にあっては、槍を携行していた。しかし、いったん混戦になってくれば、操作の不自由もあって、決定力を発揮しにくかった。ところが、長槍は、通常のものよりも長いだけではなく、両腕で操作されるような重量をもち、致命傷をあたえることができる。長槍はここでは集団的に使用され、隊列はいわば多数の槍によって防御され、攻撃する兵士集団という性格をもつようになった。槍は刀剣と併用することで、顕著な機動力をみせる。

ちなみに、その長槍の戦場における雄姿について、みごとな図像の証言がある。ほかならぬベラスケスの〈ブレダの開城〉である。この通用名をもつ名作は、もとは〈槍〉という奇妙な名で知られていた。開城を合意するふたりの司令官の周囲、ことにスペイン軍の後列には、長槍の列がそびえている。その威圧感は、観るものに強烈な印象をもたらす。こうした長槍集団は、一七世紀戦争図のひとつのユニークな表象である。現実の戦闘でどれだけ長槍が活躍したか、ここからは判断できないが、たしかにきわだった象徴的な役割をになったことは否定できない。

さて、長槍の登場と前後して、大砲の小型化が進行した。火薬の爆発力を利用することでは同様であるが、はるかに小型で携行が便利な火砲が開発された。火縄銃とよばれるものである。一六世紀初頭には実用化され、各国の軍隊によっていちはやく採用された。大砲とはことなり、習練をつめば対人的な戦闘に利用が可能であり、その効果は大砲の比ではなかった。性能と価格には多少の難があったが、しだいに封建軍隊の重厚な戦闘力とはことなる武器として、実力をしめすようになる。

ただし、火縄銃はその直後に日本に輸入された際にも判明したとおり、メカニックな有効性はともあれ、火縄に着火するまでの時間や、武器としての重量など、改善を要する面がおおかった。一七世紀になって、ようやくその改良が実現し、小銃として戦場に登場することになった。いくつかの形態があるが、とくに一七世紀後半になって出現した改良マスケット銃のように、操作の簡便さと軽量とが、軍隊にとっておおきな利点となり、戦闘における重要性をましていった。刀剣の役割がまったく失われたわけではないが、最前線の銃砲武器の登場があいついだ。これが戦略をも変化させるというダイナミックな過程が、戦争のありかたを急速にかえていったのである。

以上にみたように、戦略上の変化や武器の改良は、軍隊の戦闘の様態をもかえていった。封建軍隊が、社会身分を反映した階層構造をもっていたとすれば、近世をむかえて軍隊の構成もそのように時代に対応する方向へと移行していった。国王を筆頭とする指揮系統は、より合理的なシステムを体現するようになるが、同時に隊列のありかたは、大きな変容をうけることになる。なによりも、武器の改良にともなって、主力の隊列が密集した集団として構成されるようになった。数十人もしくは百人にもおよぶ兵士は、同一の装備をととのえて方形の隊列をなし、槍を構えて進軍する。そのかたちは、原則として平地における野戦においても、城砦の攻撃にあっても同様である。実際の戦闘では、野戦も攻城戦もときに応じて交替するが、この隊列構造はつねに維持されたようである。

こうした戦闘の様式にあっては、個別の戦士の能力もさることながら、指揮者の戦術眼が重要な決め手となる。騎乗した指揮官は、秩序だった行動と敵にたいする戦術選択をしいられる。戦場においても、またそのための準備・訓練にあっても、特別な資質を要求される。この時代の画家たちが戦場図をえがくとき、対立する両軍の隊列の配置を綿密・正確に図示しようと試みるのも、その事情をよく了知していたからであろう。絶対王政における軍隊のありかたについて、常備軍としての整備があげられるが、その趣旨はこうした集団隊列の戦闘には、なによりも日常的な訓練が必須だという点を強調するためである。このことは、長槍や小銃にいたる武器の進化や、戦略的拠点の攻防という包囲・籠城戦のありかたに対応している。比較的には軽装備の軍隊が、野戦と包囲戦の両方において、集団として戦闘にとりくみ、迅速な勝利をめざす。この時代にはじまる、戦争のありかたの変化が、はっきりとみえてくる。

さて、こうして封建軍隊の戦争からの脱却は、かつて戦場を支配した身分制と実質上のアナーキーを払拭して、近世らしい戦争秩序をはじめて実現したといえるであろうか。成長する絶対王政の側からみれば、そうした色彩があらわである。しかしながら、現実の戦闘にあっては、それがもたらす混迷と逸脱が、依然として顕著なかたちで露呈することもあった。まずもって、戦列を構成する戦士のなかには多数の傭兵隊がふくまれ、訓練という合理性とともに、私的利益の追求といった攪乱要素がみだりに侵入してきた。傭兵は、戦場にあってはしばしば友軍の指揮系統を無視して行動し、略奪や報復をほしいままにした。偶発的な略奪だけではなく、戦術的というべき計画的な略奪が横行した。陸戦だけでなく、この時代を特徴づけるような海上における略奪は、ほとんど国家的戦略という名のもとに実行された。私掠船は、標的となる敵資産を強奪するばかりか、人的な殺傷にもおよんだ。

こうした一七世紀を中心とする戦争被害の増大は、とりわけ画家たちの関心をひかずにはおかなかった。画家は、戦争の英雄的勝利を賛美するかたわらで、その悲劇的惨状をも画面に投影しようとする。それは、これまでの戦争被害とことなる規模と内容を目撃することによって、印象づけられたためであろう。その不条理の証言の実例を、いくつか掲げてみることにしたい。

4 戦争の世紀の見取図

ルーベンスの〈戦争の悲惨〉をまず例証とすることができるが、この大画家にあっては異例なほどに、強烈な訴求力をもっている。まずルーベンスには、神話上の戦闘場面に取材したものがいく点かある。しかし、それらはあくまでも過去の神話であった。けれども、〈戦争の悲惨〉はあきらかに同時代を意識してえがかれている。成立した一六三四年かその翌年、ルーベンスが住む南部ネーデルランドはもとより、三十年戦争にまきこまれた全ヨーロッパにあっては、悲惨はまぎれもない現実であった。殺害と切傷や流血は、画面のなかで特異な切迫感をもたらしている。

ルーベンスとほぼおなじころ、いまひとりの画家がほぼ同様の主題で、銅版画を作成した。かのジャック・カロである。カロは、さきにみたとおり一六二七年には、ネーデルランドのブレダ攻防戦をたどりつつ、一〇枚ものの版画をものした。そののち、カロは誕生の地にかえり、ロレーヌ（ロートリンゲン）公のもとに身をよせた。ところが、そのロレーヌも三十年戦争のただなかで、悲惨に見舞われていた。ペストの流行、治安の乱れにともなう私的掠奪と殺人、流民の増大。たまさかロレーヌ公シャルル四世が、外交政策上の配慮から隣接する神聖ローマ帝国と結託すると、あろうことかフランス王ルイ一三世に、介入の口実をあたえた。摂政リシュリューは軍隊をロレーヌ地方に派遣して、公領を公然と侵略した。公領は混乱におちいり、首府ナンシーは包囲される。その陥落にいたる一年間、公領全体はフランス軍にくわえて、それと同盟するスウェーデン軍の兵士たちが跋扈する地となった。この混迷を目撃したカロは、その悲惨をふたたび銅版画に再現したのである。

その作品〈戦争の悲惨〉（図60）は、ヨーロッパの美術史上でも前例のない凄惨な戦争図といってよい。なかでも、しばしば引用される「絞首の場面」は、正規軍というよりは傭兵隊が流民となり武器をもって住民を襲撃した結果であろう。そこここに横たわる遺体や、身を守るために棍棒をかかげる兵士と農民。中央には、報復と見せしめのために樹木の枝で絞首された兵士たち。この混乱を鎮める治安装置はまったく不在であり、ただ無秩序だけが村落のはずれを支配する。

カロは、かつてフィレンツェにあっても、不具をかかえて乞食する障害者を主題とする銅版画を作成しており、その延長として戦争における悲惨をさらに強調して示したのであろう。一六三五年にナンシーで世をさるまで、カロは三十年戦争につつまれるヨーロッパを悲惨のモデルとして描きつづけ

図60●ジャック・カロ　〈戦争の悲惨・絞首〉

た。それは、おなじ状況におかれたほかの画家にもまさって、鋭敏な感性の結実だったといえよう。

一七世紀の絵画がしめしたとおり、その時代の戦争は、一方にあってはたしかにスケールのおおきいページェントであった。武器や戦略の改良と工夫によって、戦闘は合理化され、人間活動の結果としての戦争は規模を飛躍的に拡大させた。しかし他方では、戦争に起因する国土の荒廃と人命や財産の喪失は、由々しい規模におよび、画家たちはその悲惨さの目撃記録をのこさざるをえなかった。これが、「戦争の世紀」としての一七世紀の現実であった。

たしかに、一七世紀はあらゆる意味で戦争によって彩られた世紀であった。むろん、その前の世紀も後のそれも同様であったとはいえ、戦争がもたらす影響と結果において、これにまさるものはなかった。なににもまして、一六一八年に始まる三十年戦争が、重要である。この戦争は、当初はボヘミアにおける反カトリック運動に端を発した。プロテスタント貴族信徒への抑圧にたいして反乱がおこり、ボヘミア国王フェルディナントは鎮圧軍を派遣した。一六二〇年、プラハ郊外の「白山（ビーラ・ホラー）」における衝突は国王軍の勝利におわったが、反乱はすぐに全ドイツ（神聖ローマ帝国）内に拡大していった。これにたいして、カトリック勢力は「連合（リガ）」を結成し、遠方の大国スペインの支援をうけて有利に戦局を展開した。プロテスタント陣営には、やがてルター派のデンマーク国王クリスティアン四世の軍隊がくわわり、急速に国際戦争の色彩がつよまった。一六二五年の決戦は、カトリック側が傭兵隊の活躍もあって優勢をたもった。傭兵隊は両派の軍隊にともに配属されていたとはいえ、ことにカトリック側には、ドイツ人傭兵隊長ヴァレンシュタインをはじめとして、著名な人士が登場した。オランダのブレダ包囲戦を戦ったジェノヴァ人の司令官スピノラもまた、その代表例である。

しかし、一六三〇年になって、プロテスタント戦線には、強大な戦力を擁するスウェーデンが、グスタフ二世アドルフのもとに参入して、事情は一変した。スウェーデン陣営にはさらにフランスが加わった。カトリック教国であるフランスは、隣国スペインとの対抗上、プロテスタント側を支持することとなった。ここに、三十年戦争は宗教戦争としての性格をこえて、国家の外交利益を体現する複雑な性格の戦争となっていった。スウェーデン・フランス連合は、有利に戦局をリードした。ただし、スウェーデンもグスタフ二世を戦場でうしなうなど、損失も大きく最終的な勝利にいたることができなかった。

この間に、ドイツは領邦君主たちの自己利益の対立から反目がつづき、これに外国軍隊の介入が激化して、収拾のつかぬ状況におかれることになった。ジャック・カロの〈戦争の悲惨〉にしめされる混迷は、その結果である。戦闘における殺傷と掠奪は限界をうしなった。休戦状態にあってすら、常備軍であれ傭兵隊であれ、兵士を給養するために公然と強奪や収用がおこなわれた。一六四八年、ウェストファリア条約によって、ようやく最終的な平和がとりもどされるまで、三〇年にわたる戦闘はドイツ各地を完膚なきまでに痛めつけた。

ウェストファリア条約は、いちおうは一七世紀に平和をもたらしたかにみえる。疲弊しきったドイツを戦場とする戦乱は終局をむかえたが、しかし三十年戦争によって国際戦争の実を獲得した諸国、とりわけフランス王国は一七世紀後半の戦争の主役となった。ルイ一四世の長い治世は、ほとんど戦争にあけくれた。ことに、かねてからの宿願であった東方国境地帯のライン川沿岸への進出が、その基調となっていた。ルイ一三世にはじまる東方軍事介入は、まずはドイツ（神聖ローマ帝国）との境界地域にむけられ、ロレーヌ（ロートリンゲン）がまず標的となった。ついでは、ルイ一四世はネーデルランド・オランダに意欲をしめし、スウェーデンともかたってオランダ侵入をはかった。このいわゆるオランダ戦争においては、オランダ軍は低地地方としての地理的条件を有利に利用して、強大なルイ一四世軍によく対抗した。

つぎの世紀になって顕著になるロシアの参画は、当面はみられなかったとはいえ、イングランドは海上の戦闘にあって地位をたかめた。海上の交易国として最大のライバルとなったオランダにたいして攻撃をしかけた。三次にわたる海上戦闘は、新興国オランダにとって大きな負担をしいるものとなった。以上が、三十年戦争をはじめとする一七世紀の戦乱の見取図である。

ところで、こうした一七世紀の軍事状況のなかで、かのブレダ市の運命はどうなったのであろうか。一六二五年にスペイン軍によって開城されたブレダは、一六三五年にふたたびオランダ共和国軍によって奪回された。これらの攻防は、三十年戦争の一環として戦われたのだが。一六三〇年代のスペイン軍は、ドイツにおけるカトリック軍への援助に戦力を割かれており、またフランス軍はいまだオランダ方面への戦略を構想しえていなかったのである。

三十年戦争の推移は、オランダの独立にとっても有利な条件を提供した。ネーデルランドのうち、オランダ独立に左袒しなかった南部の諸州（つまりは現在のベルギー）は、この過程でスペイン領としての安定した地位を獲得した。のちに、世紀の後半になってルイ一四世軍がオランダ侵入をこころみるおりも、結果としてこの地政学的構造は変化することなく、近代へと送りとどけられるであろう。

5 寛容の倫理、和解の理性

さて、一七世紀とともに国際戦争が過酷な経過をたどるなか、戦乱による悲惨な結果を回避する方途についての構想は、ありえなかったのであろうか。戦争における技術の向上は、えてして戦闘術の競争的な増大にもとづく手荒な決着を模索しがちである。一方的な勝利こそが、それへの解答ということになりうるであろう。しかし、通常は持久戦となった戦争は決着もつきにくく、いたずらに犠牲を増大させるばかりであった。

また、ことに籠城・包囲戦となった場合には、開城とともに報復と掠奪が開始されて、さらなる犠牲を要求することにもなった。こうした状況の進行のなかで、かの〈ブレダの開城〉の画面は、特別なメッセージを発信したとみることも可能である。すでにみたとおり、ベラスケスの画面にあっては、勝利者スピノラ将軍は、降伏してくるオランダ軍司令官マウリッツを受けいれ、やさしく肩をいだいたうえで、服従のしるしとして都市ブレダの城門の鍵を受領する。ふたりの表情は、ここまで過酷に戦ってきた戦士の憎しみのそれではない。すでに戦闘が終結したからには、相手の健闘をたたえ、勝者と敗者とのあいだに親密な感情の交換がみとめられてもよい。両者をとりまく戦士たちには、疲労の色があきらかだとはいえ、ここにも報復とは遠いいたわりの感情もうかびあがる。

もっともベラスケスの画面から、べつの読み取りが可能だろう。そこにはスペイン国家の利益と価値をじゅうぶんに体現した、勝者としての冷酷な傲慢と優越感とを看取することも可能だ。絶対王政のあくなき勝利への執着を前提とし、三十年戦争における無慈悲な戦いぶりを見るならば、そこに寛容や親密の感情交換を指摘するのは、的はずれであろうと。

しかしながら、戦士としての経験をもたぬ画家ベラスケスとして、この場面を創造するにあたって、戦争における勝利を、血なまぐさい修羅場としてではなく、最終的には人間的な決着としての戦争を描写しようという発意があっても不思議ではない。実際、スペイン国家軍隊にとって、記念すべき勝利をえがいた巨匠のこの作品は、宮廷の周辺にあっては、もっぱら騎士道的な友愛表現として受容されつづけた。それあってこそ、この名作はスペイン王の宮廷から、現在のプラド美術館にいたるまで、好意をもって迎えられてきたのだと考えたい。

現実の戦争にあっては、おそらくこのような決着を目撃することはまれであったろう。そうだとしても、戦争にもキリスト教的な慈愛心や騎士道が要請する、奉仕や友愛の精神をみいだしたいという希望や期待は、ベラスケスとともに一七世紀人に共通だったともいえる。

封建時代以来、戦士たちの戦乱や、農民集団・コミュニティにおける争議にあって、その解決と和解には、それ特有の方式があったとされる。そのさいに仲介者をたてるかいなか、あるいは両当事者のあいだに身分上の差異があるかどうかなど、条件に応じて事情は異なっていよう。また、いったん和解が成立した場合、それが公権力や教会によって保証されるか、またはコミュニティの集合性によるかなど、場合に応じてその事後のありかたもことなる。しかし、いずれにあっても、和解は社会的に裁可される。その一環として、キリスト教倫理であれ、騎士道という不定形の規範であれ、共同性にもとづく無言の強制力が当事者たちを拘束していることは、時代をとわず不変であろう。ベラスケスの「開城」の場面では、和解は立ち会った勝者と敗者によって、友愛のもとでひとしく認知されるからには、破棄したり忘却したりすることが禁止されている。報復・復讐もゆるされない。

ベラスケスの〈ブレダの開城〉を手掛かりとして、その時代の戦争と和解の方式を論じてみた。むろん、過剰な解釈の危険性はまぬがれない。しかし、戦争にあけくれた一七世紀の当事者が、その危険の軽減をめざすため、なんらかの倫理的規範をも動員しようとする努力は侮れない。繰りかえす戦争のなかからも、脱出の方途はみえないわけではなかった。

ベラスケスの〈ブレダの開城〉の主題となる、そもそもの事件があったのは、一六二五年であった。そのおなじ年、パリにあって一冊の書物が刊行された。のちに、戦争と平和にかんする最大の思索とよばれるようになる書物。文字どおり、『戦争と平和の法』である。オランダ人の著者グロティウスは、ブレダからもほどちかいデルフトで、一五八三年に生まれた（〈グロティウスの肖像〉、図61）。

長大な著作の「プロレゴメナ（序文）」で、グロティウスはこうのべる。「わたしは、キリスト教世界のいたるところで、蛮族にとってすら恥ずべきこととされるような戦争に関する放縦さをみてきた。すなわち、人々が些細な理由からあるいはまったく理由もなしに武器へと殺到し、いったんこれを手にすると、あたかも一片の布告によって公然と共謀さが解き放たれ、あらゆる悪行が許されるかのように、神法および人法に対する尊敬の念が消え失せてしまうのである。」（伊藤不二男訳による）その当時、ヨーロッパの各地で、こうした目にあまる非道な行為がみちあふれていると、グロティウスは嘆息する。ここから、法学者の思考がはじまる。

現在であれば、戦争についての国際法の理念とよぶことができる。まさしく、国際法は、こうした現実観察からうまれたのである。「国際法の父」グロティウスが、まぎれもなくブレダの開城の現場

図61●ファン・ミーレフェルト　〈グロティウスの肖像〉

にちかい場で、思考をかためていったことは、偶然ではなかろう。叛乱から独立と成長へと、飛躍的な発展をみせるオランダの、初期における立役者として、きわめて多面的な活動を展開する。そのいくつかについては、すでに触れてきたとおりである（第4章2節d）。少年にしてライデン大学に入学、天才のほまれもたかいグロティウスは、成人をまたずに気鋭の法学者としての評価をうけるようになる。なによりも、当時のオランダにとっての利益の鍵となる、自由な海上活動の法的根拠を擁護することによってである。

一六世紀にはじまるスペインへの叛逆と独立への志向の背景には、海上交易活動や漁業の自由な活動への希求があった。これらはいずれも、北海を中心とする海洋が舞台となる。しかしながら、一六世紀のヨーロッパにあっては、大航海時代の開始とともに、先頭をきったポルトガルとスペインが海上活動において独占権を主張してきた。とりわけ、一四九四年に教皇アレクサンデル六世による「トリデシリャス条約」の承認によって、海洋はこの両国による世界の分割が正当化された。これによって、後発国であるイングランドやフランスはもとより、さらに後発であるネーデルランド諸州は、ごく近海をべつにすれば、その洋上活動は非合法とされた。

しかしネーデルランド側の艦船は、その禁止にもかかわらず、商船に護衛のための軍艦をともなわせて大西洋に進出した。教皇による裁可は、プロテスタントにとっては無効であり、それを無視しての行動は正当な経済行為にほかならない。他方で、ポルトガルとスペインとは、一五八〇年以降、統合されていたが、ともにネーデルランド艦船にたいして敵対していた。つまり北部ネーデルランド諸州にとっては、この対立は対スペイン叛乱や独立志向と同軌にあった。海上においては、しばしば両勢力の衝突がおこった。なかでも、一六〇二年に、オランダ連合東インド会社が設立されて、遠距離貿易の見通しがつくと、北ネーデルランド（オランダ）側は強気の攻撃にでることになった。スペイン軍艦による妨害を排除するだけではなく、さらには交戦国の商船にたいする掠奪にもむかった。新大陸からの商品を運搬するスペイン・ポルトガル船を帰国途上で襲撃した。その利益は、途方もない額にのぼった。私掠と名付けることができる。

これにたいして、カトリックの先進諸国は教皇の権威をも背景として、オランダの行動を不法であると非難した。襲撃は公認される戦争行為ではなく、たんに私戦にすぎない、と。財産の神聖な権利を侵害するものであって、正義に反する蛮行である、と。その権利は、もともと神によって保障されているからには、侵害は神への冒瀆にほかならない、と。こうした非難にたいして、プロテスタントの後発国オランダはいかにして反論し、その行為を正当化できるか。オランダ共和国にとって、重大な課題がのしかかる。

この課題を、冷静な理論の構築によって解決することこそ、グロティウスがひきとった役割であった。『捕獲法論』と題された著作は、ほぼ一七世紀の冒頭までに完成していたと思われる。この著作は、刊本としては公表されず、たんにその第12章のみが、一六〇九年に発表された。『自由海洋論』

とよばれる。匿名による刊行であったが、実際には若き秀才のほまれたかい、二二歳の法学士グロティウスの著作であることは、公然の秘密となった。

グロティウスによれば、すべての海洋は自由に利用されるべきであり、特定の国や人物によって独占的に所有されることはできない。いかなる国民も自然法と万民法の原則に従い、海洋を自由に航行し、他の国民と自由に交易する権利を有する。この原則こそが、グロティウスにおける公理であった。むろん、スペイン・ポルトガルによって、教皇の権威を根拠として専有されるはずがない。その不当な理由によって、オランダの自由を阻害し、船舶を排除しようとするものにたいして、反撃をくわえるのは、正当な行為にほかならない。オランダ船がポルトガル船を捕獲して、その積荷を回収するのは正義の行為である。そもそもこの戦闘は、正義によって保障された戦争であり、たんに一方的に利得をねらう私戦とはことなり、神によっても慣習によっても裁可される。

このグロティウス理論が、オランダの国際的行動を支持するために、やや苦しげに構築されていることは、明白であろう。「海洋の自由」とは、後発国オランダが飛躍をとげるために構えられた理念であるといってもよい。しかも、商船だけでなく漁業にあっても、海洋漁業の自由がとなえられ、それをもとにして、漁業先進国であるオランダの漁獲行為が周辺の国々の近海におよぶことすらも、正当化されるものとした。この理屈が、たんにオランダという国の個別利益に奉仕するものではなく、万人を納得させる公正なものかどうか。いままでは、いささか疑問がなくはない。

なにはともあれ、政治・外交上の必要から立案された「海洋の自由」論は、そののちグロティウス自身や、またほかの理論家たちによって、やがて「公海」の理論として集大成されるようになる。海洋は、特定の例外をのぞいては、世界のすべてにあって自由とみなされるようになった。

グロティウスは、「海洋の自由」を立論するなかで、その根拠として神の意志を掲げてきた。神は、特定の利益のみに偏重した権利や自由をあたえるはずがないからである。しかしながら、グロティウスの思索がすすむにしたがって、根拠にかんする修正が必要と感じるようになってゆく。祖国におけるホマルスとアルミニウスの理論対立をうけて、その後者に依拠するグロティウスはフランスに亡命する。その地では、いまやオランダの政治利害に拘束されず、また当時のフランスにあって成長しつつある、思考の自由の原則によって援護されて、より透徹した理論構造を準備するようになっていった。一六二五年に姿をあらわす「戦争と平和の法」の思想である。

さきに引用したとおり、グロティウスはヨーロッパをゆるがす三十年戦争の過酷な現状を目撃して、戦争における不法の数々に憤怒をいだいた。それは、戦争の生起における正義の欠如ばかりか、戦争の進行における戦闘行為にも正義の意識が欠落しているからである。戦争の両当事者における個別の大義にもかかわらず、戦闘をとおして遵守さるべき共通の正義性があるべきだ。そこでの判別基準は、理性に合致しているかどうかである。人間の存在をささえる理性、つまり自然の法。「自然法」は、こうして人間と社会を規定する普遍の規約となる。

中世このかた、いく人もの理論家が自然の法を立論してきた。グロティウスは、その伝統をうけつぎつつもさらに数歩をすすめ、ついに確信できる地点にまでたどりついた。「自然法は不変のものであって、神でさえこれを変えることはできない」と。「戦争遂行中であっても通用するある種の共通法が存在する」と、グロティウスは確言する。それは、神によってではなく、理性によって裏付けられる。神の名のもとでも、自然法に背反する行為は許容されない。こうして、戦争においても必然性によって正当化されぬ財産や生命の破壊の禁止、あるいはそれにたいする賠償の義務、降伏と捕虜について厳守すべき人格の尊重など、具体的な法規定が要請された。これらは、たしかにそれまでも、部分的には慣習上、容認されてきたものでもあるが、ここでは自然法の名において、普遍的かつ永久的に保証された。『戦争と平和の法』は、そのあらゆる意味で、人類史においてほとんどはじめて、戦争を法のもとに規制しようとする明文の提唱となった。

パリにあって、この提唱をおおやけにしたグロティウスは、神の意志をも制約する自然法を立論したという瀆神の咎で、その著作は禁書とされ、身分はいちじるしく制限された。しかし、なおも激化する三十年戦争のなかでこそ、戦争における理性の役割をとなえる理論が、その明白な出立をしるしたという事実を、ことに想起しておきたい。この著作とおなじ年、オランダのブレダ開城で演じられたという、あの勝利者による「寛容の儀式」にくらべるとき、どちらがより将来性を保持していたかを論ずるのは、無意味であろう。敵将への寛容や尊敬と、戦闘における理性と自然法の適用はともに、おそらくは三十年戦争の悲惨を回避するために、当事者たちが必死に編みだした知恵と思考の成果であったはずだ。

6 ウェストファリアの模索

三十年戦争は、一六四八年一〇月、いわゆるウェストファリア条約の締結によって、終結をむかえた。三〇年という長きにわたってほぼすべてのヨーロッパ諸国をまきこんだ戦争は、ここに最終結論をもたらした。戦争のおもな舞台となったドイツにあっては、カトリックとプロテスタントの二大勢力は、それぞれの領邦にあって君主の選択のもとで、宗教上の自由を獲得した。ただし、この原則は一〇〇年前にアウクスブルクの和議において採用されたものの、再確認にすぎない。わずかに、カルヴァン派のプロテスタントが、選択肢のひとつとしてあらたに承認されただけである。

だが、より重要なのは各領邦が、それぞれに外交権をみとめられたこと。また、それゆえに、神聖ローマ帝国としての皇帝の普遍権は、外交・戦争などにおいて至上性を制約され、すべては帝国議会の案件となって、実質上はほとんど機能しなくなったこと。こうして、かねて形式上は一体性を保持してきた帝国は、数百におよぶ領邦の寄り合い所帯という色彩を明白にすることになった。「帝国の死亡宣告」とよばれる所以である。ドイツ人たちにとって、徒労の三〇年の結果は、老化した政治統合体の醜態にすぎなかったのである。その疲弊は、こののちじつに二〇〇年ものあいだ、癒されることなく継続していった。

ウェストファリア条約によって、ほかの戦争当事国には、それぞれの成果がもたらされた。フランスは、帝国国境のロレーヌやアルザス地方において、領土の拡大が承認された。スウェーデンは、バルト海沿岸でドイツ側に領土を拡張し、帝国の一員という資格をも手にした。オランダとスイスは、この条約によって、正式に独立が国際的に承認された。どの点をとっても、ドイツには不利な結論ばかりであった。

戦争の被害と帝国の退勢。三十年戦争とウェストファリア条約が、肯定的な性格をおびることはほとんどない。その意義について懐疑的にみるのが、しばらくのモードであった。しかしながら、その条約にいたるプロセスをみるとき、かならずしもその否定面だけに限定して評価できはしないことが、いま注意されている。そのことを考慮にいれなければ、フェアではありえまい。というのも、ウェストファリア条約こそは、三十年戦争を終結させ、その後についての協議をも完遂させた、注目すべき国際的イベントでもあったからである。

この条約は、ドイツ北西部のウェストファリア（ヴェストファーレン）地方にある、ふたつの都市において締結された講和条約である。オスナブリュックとミュンスター。本来からいえば、両都市の名をかかげた二条約の総和というべきであろう。三十年戦争の当事国のすべてが、会議に招聘された。その関係者は三〇〇をこえたが、当事者能力をもつものだけで、ほぼ七〇。

ただし、この出席国は宗教上の党派と、利害関係によってふたつに区分された。フランスとのあいだでカトリック信仰を共有する国は、カトリック地帯であるミュンスターに集結して討議した。プロテスタントはそれを宗旨とするオスナブリュックにあつまった。つまり、べつべつの交渉をつづけながら、全体としての結論を模索したのである。もっとも、この会議の出発は、すでに一六四四年にしるされていた。それから四年ものあいだ、関係国のあいだの交渉は至難をきわめた。それぞれの国家利益と戦後展望の違い。カトリックとプロテスタントのあいだの対立。ことに、ドイツの領邦が数百をこえ、微小な差異の調整がきわめて困難であったこと。

それらの対立を逐一ほぐしつつ有用な結論にいたるのには、当然のように時間がかかった。フランスとスウェーデンをいちおうの勝者とすべきところであろうが、一方が他方に降伏したわけではないという、結果の不透明さもくわわった。ウェストファリアという土地が、調停役として有用だったわけでもない。したがって、結末についてのじゅうぶんな拘束力についても不安をのこした。

しかしながら、あらゆる限界があったにもかかわらず、この会議の結論としての二条約は、当事者にたいして一定の満足をあたえ、過酷な戦争を終結させるための療法を提示することに成功した。いうまでもなく、ヨーロッパの国際政治において、最初の終戦講和条約がここに成立したのである。しかも、カトリック教皇のような普遍的権威をうけいれることなく、ほぼ水平に位置する何十もの主体が、それぞれの条件を提示しながら、結論にいきついた。このことの意義は、いかに強調してもすぎることはあるまい。

停滞も不満もまた非効率も、かぎりなく存在したようであるが、それでも当事者のみの相対的討議と調整が和解の条件を決定した。ここで有効に働いたのは、関係者それぞれの現実の利益関心であったにせよ、また調整によってより受けいれやすい妥協をひきだすという交渉能力も発揮された。さらには、今後の戦争を回避するための、共通の知恵や工夫もなくはなかった。これを、会議において自然発生的に生じた理性であるといっては、いきすぎであろうか。あるいは、グロティウス流に、慣習にもとづき理性を尊重した自然法の働きであるというのは、無理があるだろうか。

なお慎重に評価すべきところは、大いにある。それにしても、三十年戦争の辛い経験を胸にした参加者たちが、交渉による決着をめざした場所。ウェストファリアの理性は、一七世紀にあって鈍重ながら鮮明な光をはなっているようにみえる。じっさい、この条約によって確立された国際秩序を、「ウェストファリア体制」とよぶことがある。脆弱な体制であるにせよ、このあとドイツ内では、三十年戦争に比すべき戦乱はおこらなかった。スペイン、スウェーデン、デンマークにあっても、その体制の規定力はある程度は、永続したといえよう。むろん、フランスのルイ一四世の逸脱は、さしあたり別としてのことだが。

わたしたちは、このウェストファリア体制が、そののちいく度かにわたり、歴史上で想起されたことを知っている。ナポレオン戦争の戦後処理をになったウィーン会議、そして第一次世界大戦におけるパリ講和会議。それらは、それぞれウィーン体制とヴェルサイユ体制を樹立した。あるいは、第二次世界大戦の日本主題についての、ヤルタ体制とサンフランシスコ講和条約。どれも、戦争当事者間の集団的講和をめざし、戦後体制の結成をも視野におさめつつ結論をいそいだ。つねに喜ぶべき成功をおさめたとはかぎらないが、戦争の終結と和解とは、会議と条約による理性的な手法によって果たされることへの信頼は、裏切られなかったといえよう。その度に、ウェストファリアの精神は、くりかえし想いかえされた。

ここに、一七世紀オランダの画家ヘラルド・テル・ボルフがのこした一枚の油絵がある。〈ミュンスター和約の締結〉（口絵11）と題される。テル・ボルフはウェストファリア会議に肖像画家として参加し、じつに多くの現場作品をのこした。これらは忠実な実景図とはいえまいが、かなりその雰囲気をよく表現しているようでもある。カトリック国が集結したミュンスターでは、スペイン、フランスほか、プロテスタントのオランダ代表もそろって顔をみせる。総勢で八〇名ほど。前方におかれたテーブルのうえに条約本文がおかれ、これから代表者による署名がはじまるところと推定される。これだけの数の政治指導者、もしくはその代理人が集結したのは、ヨーロッパ史上最初のイベントのゆえであろう。黄金世紀のオランダは、このイベントの目撃証人として、有為の画家テル・ボルフを輩出したわけである。

ちなみに、この画家ボルフはオランダ中部のツヴォレの生まれ、一六三五年にはハールレムの画家組合に加入した。おもに肖像画家として活動していたが、一六四六年にミュンスターでの講和会議に画家としての任務で派遣された。四八年にいたる期間そこに滞在したが、この作品こそ、画家の名を後世につたえる代表作となった。

こうして、一七世紀の戦争は、困難と限界を大量にふくみつつ、三つの方法で限定をほどこされた。ベラスケスの「寛容」。グロティウスの「自然法」。そして、ウェストファリアの「講和」。どれもが、それぞれの由来と展開をもっているとはいえ、たしかに三者には明白な共通性がある。戦争は、人間のなせる「こと」であるからには、その回避や和解も、人間のなせる「こと」として実行できるはずということ。こうして一七世紀の苦悩のなかにも、ようやくにして探りえた出口の希望をみいだすことができるように思われる。

あとがき

冒頭の「序文」でのべたとおり、本書はシリーズ「諸文明の起源」の一環をなしている。世界の文明史を構成するいくつもの要素のひとつとして、ヨーロッパ近代文明を主題とするという課題に対応する。当初、この課題をお預かりした際には、構想の立案にあたった諸兄および編集の担当者から、さまざまな条件を緩やかながらもご指定いただいた。ヨーロッパ近代文明という巨大な課題を、いかにして取りあつかうことができるか、さまざまに思案させられた。かねて無数の論者や研究者が、全力をもって格闘してきた課題であるからには、わたしがごとき非才がその全体像を描きだすことはおろか、概括的な見取り図を提示することだって容易であるはずがない。承引してしまったことを後悔しながら、手もとの知識や情報の在庫調べを敢行したものの、埒が開くことすらおぼつかない。そこで、いっそうのこと発想法を転換して、際立って個別的な主題をかかげつつ、その地平線に「ヨーロッパ近代文明」の片鱗を展望するという戦略を選択してはどうかと思案した。いまここに読者あてにお届けするのは、そうした混迷のすえの結果だとご理解いただきたい。総体としてのシリーズ名と、個別の書名とのあいだの齟齬について、あらためて弁明する次第である。

さて、詳説するまでもなく、「黄金世紀」とされる一七世紀オランダにあって、絵画もしくは諸形式による図像表現は、ヨーロッパ史上にあっても例外的に豊かな成果をもたらした。かねてから広汎に紹介されてきたとおりである。本書は、美術史上の事実を逐一、分析し解明することをめざすというよりは、それを歴史と文化一般のなかに位置づけて、「黄金世紀」の時間と空間、つまり一七世紀オランダの内実をときあかそうと試みた。歴史と芸術のはざまから、その「黄金」ぶりを解明できればとの希望からである。それをとおして、ヨーロッパ文明の代表的な所産のひとつを解明できればとの、ささやかな野心を告白しておきたい。もっとも達成される成果はいたって僅少であるにちがいないが。

もし可能ならば、つぎの意図だけは、読者とともに共有できればと期待している。「はじめに」のなかで触れたように、わたしたちが面前にするヨーロッパ近代文明が、人類にとって共有される唯一の価値であると信奉される時代は、とうに過去のものとなったが、それでもわたしたち人間科学に従事する者にとって、丁重な吟味の対象であることにかわりはない。このことをそこでは、つぎのように表現した。「けなげにも個性を追求し、そのかけがいのない一回性の際立ちによって、他者への説得力を備えるにいたったその個性」と。いささか誤解をも招きかねない表現をとって力説したのも、オランダ一七世紀というごく特殊で一回的な事象をとりあつかいながらも、ヨーロッパ近代の価値の所以を抽出したいと願ってのことである。よく読者にご理解をいただけるであろうか。

さきに述べたような事情から、逡巡しつつ取りかかった作業であるため、結果を形にあらわすために予想外の時間・年月を空費するはめになった。しかも、おりあしく業務多端の折から遅滞をくりかえし、約束の期限をはるかにこえて、ようやくここに筆を擱くことになった。辛抱強くお待ちいただいた京都大学学術出版会の関連のみなさまがたに、心よりお詫びと感謝の意をお伝えさせていただく。

二〇一五年一月

樺山紘一

参考文献リスト

ここでは、一般的な事典・辞典、美術全集・図録、公開の情報ネットワーク等以外について、主要な参考文献資料を、章ごとに掲げる。

序章、ならびに全体に関わるもの

佐藤弘幸『図説・オランダの歴史』、河出書房新社、二〇〇一

岩井桃子『水都アムステルダム―受け継がれるブルーゴールドの精神』、法政大学出版局、二〇一三

『名画への旅』14、「市民たちの画廊」、講談社、一九九二

ホイジンガ、J.（栗原福也訳）『レンブラントの世紀』、創文社、一九六八

ダッシュ、M.（明石三世訳）『チューリップ・バブル』、文春文庫、二〇〇〇

フロマンタン、E.（高橋裕子訳）『オランダ・ベルギー絵画紀行』全2巻、岩波文庫

Glory of the Golden Ages, 1, Painting, Sculpture and Decorative Art, 2, Drawings and Prints, Amsterdam, 2000

Noordervliet, N., *Een Geschiedenis van Nederland*, Amsterdam, 1999

J. Beijerman-Schols et al., *Geschiedenis in Beeld*, Zwolle, 2000

Davids, K., Lucassen, J. eds., *A Miracle Mirrored. The Dutch Republic in European Perspective*, Cambridge, 1995

第1―3章に関連するもの

ブロース、B.『マッリッツハイス美術館』（同館ガイドブック）一九九七

『マウリッツハイス美術館展』図録、東京都美術館、二〇〇一
岡田温司『虹の西洋美術史』筑摩書房、二〇〇一
『栄光のオランダ・フランドル絵画展』図録、ウィーン美術史美術館、二〇〇四
ゴス、J.・(小林章夫監訳)『ブラウの世界地図、17世紀の世界』、同朋社出版、一九九二
Jongh, Eddy de, et al., *Mirror of Everyday Life*, Amsterdam, 1997
Knegtmans, F., *From the Illustrious School to the University of Amsterdam*, Amsterdam, 1997.
Berkvens-Stevelinck, C., *Geschiedenis van de Leidse universiteitsbibliotheek, 1575–2000*, Leiden, 2001
H. Chong et al., *The Still Life in Netherlands 1550–1720*, Amsterdam, 2000.

第4章に関連するもの

宮下規久朗『フェルメールの炎、「闇」の西洋絵画史』、小学館、二〇〇一
宮下規久朗『カラヴァジョ―聖性とヴィジョン』、名古屋大学出版会、二〇〇四
『フランス・ハルスとハールレムの画家たち展』図録、新潟県立万代島美術館、二〇〇三
『カラヴァジョ、光と闇の巨匠展』図録、東京都庭園美術館、二〇〇一
『ジョルジュ・ド・ラ・トゥール展』図録、国立西洋美術館、二〇〇五
『レンブラント』「アサヒグラフ別冊・西洋編」13、一九九〇
『フェルメール「地理学者」とオランダ・フランドル絵画展』図録、BUNKAMURA ザ・ミュージアム、二〇一一
トドロフ、T.・(塚本昌則訳)『日常礼讃―フェルメール時代のオランダ風俗画』白水社、二〇〇一

レオ・バレット、L.（奥山秀美訳）『レンブラントとスピノザ』、法政大学出版局、一九七八
ルネ・デカルト（大出晁他訳）『気象学』、『デカルト著作集』4、白水社、二〇〇一
スヴェトラーナ、A.（幸福輝訳）『描写の芸術―17世紀のオランダ絵画』、ありな書房、一九九三
ステッドマン、P.（鈴木光太郎訳）『フェルメールのカメラ』、新曜社、二〇一〇
シェーネ、W.（下村耕史訳）『絵画に現れた光について』、中央公論美術出版、二〇〇九
ナドラー　S.（有木宏二訳）『レンブラントのユダヤ人』、人文書館、二〇〇八
ナドラー　S.（有木宏二訳）『スピノザ』、人文書館、二〇一二
Schama, S., *Rembrandt's Eyes*, New York, 1999
Benjamin A. Rifkin et al., *Human Anatomy, Depicting the Body from the Renaissance to Today*, London, 2006
Printing in Oxford and Leiden, Druckwerk in Leiden and Oxford, 1990.

第5章に関連するもの
永積明『オランダ東インド会社』、講談社、二〇〇〇
ハクスリー、R.（植松靖夫訳）『西洋博物学者列伝』、悠書館、二〇〇九
宮田珠己『おかしなジパング図版帖』ＰＩＥ、二〇一三
アルノルドゥス・モンタヌス（和田萬吉訳）『モンタヌス日本誌』、丙午出版社、一九二五
フレデリック、K.『17世紀のオランダ人が見た日本』、臨川書店、二〇一〇
トッド、K.（屋代通子訳）『マリア・シビラ・メーリアン』みすず書房、二〇〇八
Boxer, C. R., *Os holandeses no Brazil: 1624–1654*, Sao Paulo, 1951

Id., *The Dutch Seaborne Empire*, New York, 1965
Johan Maurits van Nassau-Siegen. A. *Humanist Prince in Europe and Brazil*, Den Hague, 1979
Albert Eckhout : A Dutch Artist in Brazil, Zwolle, 2004
E. Albert De Vries ed., *Albert Eckhout volta ao Brasil*. (*Albert Eckhout returns to Brazil*), 1644–2002, Recife, 2002/3
O Brazil e os Hollandeses, Rio de Janeiro, 1999
Anna Maria de Moraes Belluzzo, *O Brazil dos Viajantes*, Sao Paulo, 1994
T. Kellein, U. B., *Frans Post 1612–1680*, Basel/Tübingen, 1990
Rice, Anthony *Voyages of Discovery : Three Centuries of Natural History Exploration*, London, 2000

第6章に関連するもの

『ベラスケス』、『アサヒグラフ』別冊美術西洋編18、朝日新聞社、一九九一
樺山紘一編『大航海時代の戦争』、『世界の戦争』6、講談社、一九八五
山本吉宣・田中明彦編『戦争と国際システム』、東京大学出版会、一九九二
伊藤不二男『グロティウスの自由海論』、有斐閣、一九八四
大沼保昭編『戦争と平和の法』、東信堂、一九八七
松隈清『グロチュースとその時代』、九州大学出版会、一九八五
キーガン、J.（遠藤利国訳）『戦略の歴史』、心交社、一九九七
グロティウス（一又正雄訳）『戦争と平和の法』、巌松堂、一九四九～五一
フェリル（鈴木主悦・石原正毅訳）『戦争の起源』、河出書房新社、一九八三

マクニール、W．H．（高橋均訳）『戦争の世界史―技術と軍隊と社会』、刀水書房、二〇〇二
ヨルゲンセン、C．他（浅野明監訳）『戦闘技術の歴史』3、近世編、創元社、二〇一〇
ホームズ、R．（五百旗頭真監訳）『武器の歴史大図鑑』、創元社、二〇一二

索　引

地名索引

人名索引

＊図版（絵画）作者名として表記されている画家名は割愛した。図版一覧を参照。

事項索引

図版一覧表

作品の邦訳題については、異った表記もあるので、検索の便宜のため、広く通用する英訳題も併記する。

A　口絵

口絵01　ヤコブ・ファン・ライスダール〈漂白場のあるハールレム風景〉チューリヒ、クンストハウス蔵
Jacob van Ruisdale, "View of Haalem with Bleaching Fields", c. 1670.

口絵02　ヤコブ・ファン・ライスダール〈ユダヤ人墓地〉デトロイト美術研究所蔵
Jacob van Ruisdale, "The Jewish Cemetery", c.1660

口絵03　フランス・ハルス〈ハールレムの聖ゲオルギウス市民隊幹部たちの宴会〉ハールレム、フランス・ハルス美術館蔵
Frans Hals, "Banquet of the Officers of the St. George Militaia Company", 1624–27.

口絵04　ヤン・ステーン〈聖ニコラウス祭〉アムステルダム国立美術館蔵
Jan Steen, "The Feast of St. Nicholas", c. 1665–68.

口絵05　ヤン・ステーン〈居酒屋の前で踊る農民たち〉トレド美術館蔵
Jan Steen, "Peasants before an Inn", 1653.

口絵06　レンブラント・ファン・レイン〈クラウディウス・キヴィリスのもとでのバタフィア人の策略〉ストックホルム国立美術館蔵
Rembrandt van Rijn, "The Conspiracy of the Batavians under Claudius Civilis", 1661–62.

口絵07　レンブラント・ファン・レイン〈自画像〉ロンドン、ナショナル・ギャラリー蔵
Rembrandt van Rijn, "Self-portrait", 1669.

口絵08　アルベルト・エクハウト〈タプヤ族の舞踏〉コペンハーゲン国立博物館蔵
Albert Eckhout, "Dance of the Tapuya Indians", c. 1640.

口絵09　フランス・ポスト〈プランテーションの景観〉ロッテルダム、ボイマンス・ファン・ベーニンヘン美術館蔵
Frans Post, "The Sugar Factory and Plantation of Engenho Real", c. 1660.

口絵10　ディエゴ・ベラスケス〈ブレダの開城〉プラド美術館蔵
Diego Velázquez, "The Surrender of Breda", 1634–35.

口絵11　ヘラルド・テル・ボルフ〈ミュンスター和約の締結〉ロンドン、ナショナルギャラリー蔵
Gerard Ter Borgh, "The Swearing of the Oath of Ratification of the Treaty of

Münster", c. 1648.

B　本文図版

図 01　ヘンドリック・アーフェルカンプ〈スケーターのいる冬景色〉アムステルダム国立美術館蔵

Hendrick Avercamp, "Winter Landscape with Skaters", c. 1609.

図 02　エールト・ファン・デル・ネール〈月光の川風景〉アムステルダム国立美術館蔵

Aert van der Neer, "River View by Moonlight", c. 1645.

図 03　ヤン・ファン・デ・フェルデ〈四要素・火〉アムステルダム国立美術館蔵

Jan van de Velde, "Vuur (Ignis)", c. 1622.

図 04　ヤン・ダヴェツ・デ・ヘーム〈花卉と果実の花綱〉シュヴェリン国立美術館蔵

Jan Davidsz de Heem, "Festoon with Flowers and Fruit", c. 1660–70.

図 05　ヤン・バプティスト・サイフェ〈野菜市場（7 月と 8 月の寓意）〉ウィーン美術史美術館蔵

Jan Baptist Saive, "Vegetable Market (Allegory of the Moons of July and August)"

図 06　パウルス・ポッテル〈牧庭〉エルミタージュ美術館蔵

Paulus Potter, "The Farmyard", 1649.

図 07　ルドルフ・バカイセン〈荒れる海での難航〉アムステルダム国立美術館蔵

Ludolf Bakhuysen, "Ships in Distress in a Raging Storm", c. 1690.

図 08　レラント・ログマン〈聖アントニン堤防の決壊〉銅版、アムステルダム国立美術館蔵

Roelant Roghman, "Breakthrough of the Saint-Antoniesdijk with Jaap Hannes", 1651.

図 09　ピーテル・ノルペ〈聖アントニン堤防の決壊〉銅版、アムステルダム国立美術館蔵

Pieter Nolpe, "Breakthrough of the Saint-Antoniesdijk on 5 March 1651", 1651–53.

図 10　サロモン・サフェライ〈火災の直前と最中のデ・ライプ〉アムステルダム国立美術館蔵

Salomon Saverij, "De Ripe for and during the Fire", 1654.

図 11　ヤン・ファン・ケッセル〈四大陸連作〉から〈アフリカ〉ミュンヘン、アルテピナコテク蔵

Jan van Kessel, "Africa from 'The Series of the Four Continents'", c. 1666.

図 12　アブラハム・テニールス〈猿の床屋、猫の客〉ウィーン美術史美術館蔵

Abraham Teniers, "Barber's Shop with Monkeys and Cats", 1747–48.

図 13　ヤン・ブリューゲル〈チューリップの取引の諷刺〉ハールレム、フラン

ス・ハルス美術館蔵

Jan Brueghel, "Satire of Tulipomania", 1640.

図 14　ルーランド・サフェリー〈動物たちの中のオルフェウス〉ウィーン美術史美術館蔵

Roelant Savery, "Orpheus among the Animals", c. 1625–28.

図 15　ピーテル・デ・モレイン〈農家の略奪〉ハールレム、フランス・ハルス美術館蔵

Piete Pietersz de Molijna, "The Looting and Burning of a Farmhouse", 1630.

図 16　フィリップ・ヴァウエルマン〈旅人への襲撃〉ウィーン美術史美術館

Philips Wouwerman, "Raid on a Traveler", c. 1642.

図 17　ピーテル・サーンレダム〈ハールレムの聖バーフォ教会の内部〉アムステルダム国立美術館蔵

Pieter Jansz. Saenredam, "Interior of the Church of St. Bavo in Haarlem", 1636.

図 18　ヤン・ファン・デル・ヘイデン〈アムステルダムのダム広場〉アムステルダム歴史博物館蔵

Jan van der Heyden, "Dam Square in Amsterdam, with a View of the New Church", c. 1668–70.

図 19　クラース・ヤンシュ・フィシェル〈獅子のオランダ〉銅版、ロッテルダム、ファン・ストルク地図博物館蔵

Claes Jansz. Visscher, "Lions Map", 1609.

図 20　ヤン・ステーン〈三王祭〉カッセル（ドイツ）、ヘッセン・カッセル州立美術館蔵

Jan Steen, "The Epiphany Feast", 1668.

図 21　ヤン・ステーン〈老人は歌い、少年はパイプを吹く〉ハーグ、マウリッツハイス美術館蔵

Jan Steen, "As the Old Sing, So Pipe the Young", c. 1668–1670

図 22　ヤン・ステーン〈ぜいたくの方へ〉ウィーン美術史美術館蔵

Jan Steen, "Beware of Luxury", 1663.

図 23　ファン・オスターデ〈居酒屋の農夫たち〉ハーグ、マウリッツハイス美術館蔵

Adriaen van Ostade, "Peasants at an Inn", 1662.

図 24　ヤン・ステーン〈カキを食べる人〉ハーグ、マウリッツハイス美術館蔵

Jan Steen, "Girl Eating Oysters", c. 1658–60.

図 25　ヤン・ステーン〈寝室のカップル〉ハーグ、ブレディウス美術館蔵

Jan Steen, "Couple in a Bedroom", c. 1671.

図 26　ヤン・ステーン〈村の学校〉スコットランド、ナショナル・ギャラリー蔵

Jan Steen, "A School for Boys and Girls", c. 1668.

図 27　ヤン・ステーン〈カード遊び〉個人蔵

Jan Steen, “Card Players”, c. 1660.

図 28　ピーテル・デ・ホーホ〈リネンタンス脇の女性たち〉アムステルダム国立美術館

Pieter de Hooch, “Interior with Women beside a Linen Cupboard”, 1663.

図 29　ヤン・ステーン〈食事前の祈り〉個人蔵

Jan Steen, “A Peasant Family at Meal-time”, 1660.

図 30　ヤン・ステーン〈ライデンのパン屋のアレント・オストヴェルトとその妻カタリナ・ガイゼルスフェルト〉アムステルダム国立美術館蔵

Jan Steen, “The Baker Arent Oostwaard and his Wife, Catharina Keizerswaard”, 1658.

図 31　ヤン・ステーン〈ちいさな集金者〉パリ、プティ・パレ蔵

Jan Steen, “The Little Alms Collector”, c. 1663–65.

図 32（・表紙）

レンブラント〈テュルプ博士の解剖学講義〉ハーグ、マウリッツハイス美術館蔵

Rembrandt van Rijn “The Anatomy Lesson of Dr. Nicolaes Tulp”, 1632.

図 33　レンブラント〈ヤン・デイマン博士の解剖学講義〉アムステルダム歴史博物館蔵

Rembrandt van Rijn, “The Anatomy Lesson of Dr. Joan Deyjman (fragment)”, 1656.

図 34　レンブラント〈ダナエ〉エルミタージュ美術館蔵

Rembrandt van Rijn, “Danae”, c. 1636–43.

図 35　レンブラント〈バテシュバ〉ルーヴル美術館蔵

Rembrandt van Rijn, “Bathsheba Reading a Letter of King”, 1654.

図 36　レンブラント〈スザンナ〉ハーグ、マウリッツハイス美術館蔵

Rembrandt van Rijn, “Susanna”, 1636.

図 37　レンブラント〈フランス・ベッド〉ドライポイント等　アムステルダム国立美術館蔵

Rembrandt van Rijn, “The French Bed”, Etching, engraving and drypoint 1646.

図 38　レンブラント〈破戒の修道士〉ドライポイント　アムステルダム国立美術館蔵

Rembrandt van Rijn, “The Monk in the Cornfield”, Etching and drypoint (fig. 2).

図 39　レンブラント〈ある老人の像〉フィレンツェ、ウフィッツィ美術館

Rembrandt van Rijn, “Portrait of an Old Man”, 1665.

図 40　レンブラント〈モーゼと十戒の石版〉ベルリン国立絵画館蔵

Rembrandt van Rijn, “Moses with the Table of the Law”, 1659.

図 41　レンブラント〈ベルシャツァルの祝宴〉ロンドン、ナショナル・ギャラリー蔵

Rembrandt van Rijn, “Belshazzar’s Feast”, ac. 1635.

図 42　レンブラント〈ヨセフを訴えるポテパルの妻〉ベルリン国立絵画館
Rembrandt van Rijn, "Joseph Accused by Potiphar's Wife", 1655.

図 43　レンブラント〈銀貨を返すユダ〉個人蔵
Rembrandt van Rijn, "Judas Returning the Thirty Pieces of Silver", 1629.

図 44　レンブラント〈自画像〉ハーグ、マウリッツハイス美術館
Rembrandt van Rijn, "Portrait of Rembrandt with a Gorget", c. 1629.

図 45　カラヴァジョ〈聖マタイの召命〉ローマ、サン・ルイジ・デイ・フランチェージ教会蔵
Caravaggio, "The Calling of St Matthew", 1599–1600.

図 46　ジョルジュ・ド・ラ・トゥール〈灯火の前のマグダラのマリア〉ルーヴル美術館蔵
Georges de La Tour, "The Magdalen with the Smoking Flame", c. 1640.

図 47　フェルメール〈手紙を読む青衣の女〉アムステルダム国立美術館蔵
Vermeer, "Woman in Blue Reading a Letter", 1663–64.

図 48　ヘンドリク・ファン・シャイレンブルク〈ベンガルの東インド会社商館〉アムステルダム国立美術館蔵
Hendrik van Schuylenburgh, "The Trading Post of the Dutch East India Company in Hooghly, Bengal", 1665.

図 49　アンドリース・ベークマン〈バタフィア城〉アムステルダム国立美術館蔵
Andries Beeckman, "The Castle of Batavia", 1661.

図 50　ヤコブ・コーマン〈バタフィアの上級商人〉アムステルダム国立美術館蔵
Jacob Jansz. Coeman, "The Batavian Senior Merchant Pieter Cnoll and his Family", 1665.

図 51　アルベルト・エクハウト〈スリナムの 4 種族〉コペンハーゲン、デンマーク国立博物館蔵
Albert Eckhout a "Tapuya Indian with Spears, Throwing Board and Club", 1641.
b "Tapuya Woman Holding a Severed Hand and Carrying a Basket Containing a Severed Foot", 1641.
c "Tupi Woman Holding a Child, with a Basket on her Head", 1641.
d "Tupi Indian with Bow and Arrows", 1643.
e "Black Woman Holding a Basket, with her Child", 1641.
f "Black Man Holding a Spear", 1641.
g "Mulatto with Rifle and Sword", c. 1641.
h "Mameluke with a Basket of Flowers", 1641.

図 52　アルベルト・エクハウト〈ブラジル自然誌〉コペンハーゲン、デンマーク国立博物館蔵

Albert Eckhout, “Still Life with Patermelons, Pineapple and Other Fruit”, c. 1640.

図 53　フランス・ポスト〈サン・フランシスコ川とマウリッツ砦〉ルーヴル美術館蔵

Frans Post, “The São Francisco River and Fort Maurice”, 1638.

図 54　フランス・ポスト〈イタマルカの風景〉ハーグ、マウリッツハイス美術館蔵

Frans Post, “View of Itamaracà Island in Brazil”, 1637.

図 55　フランス・ポスト〈製糖ファクトリ〉ロッテルダム、ファン・ストルク地図博物館蔵

Frans Post, “Sugar Mill”, c. 1640.

図 56　メーリアン〈スリナムの昆虫変態図〉

Maria Sibylla Merian, “Metamorphosis Insectorum Surinamensium” (1705)

a [Plate 34]

b [Plate 48]

c [Plate 27]

図 57　ジャック・カロ〈ブレダの攻囲〉国立西洋美術館蔵

Jacques Callot, “The Siege of Breda”, 1628.

図 58　パウヴェルス・ファン・ヒッレヘールト〈ニューポールトの戦い〉アムステルダム国立美術館蔵

Pauwels van Hillegaert, “Prince Maurice in the Battle of Nieuwpoort 2 July 1600”, c. 1632–c. 1640.

図 59　ヴィリンヘン〈ジブラルタルの海戦でのスペイン旗艦の爆発〉アムステルダム国立美術館蔵

Cornelis Claesz. van Wieringen, “The Explode of the Spanish Admiral Ship at the Battle of Gibraltar”, c. 1621.

図 60　ジャック・カロ〈戦争の悲惨〉(1633) から〈絞首〉国立西洋美術館蔵

Jacques Callot, “<The Large Miseries of War> The Hanging”, 1633.

図 61　ファン・ミーレフェルト〈グロティウスの肖像〉アムステルダム国立美術館蔵

Michiel Jansz. van Mierevelt, “Portrait of Hugo Grotius, Jurist”, 1631.

Copyright List of Paintings

A Frontispieces

1 Photo : aflo.

2 Detroit Institute of Arts, USA/Gift of Julius H. Haass/in memory of his brother Dr. Ernest W. Haass/Bridgeman Images.

3 Frans Hals Museum, Haarlem.

4 Courtesy of Rijksmuseum, Amsterdam.

5 Toledo Museum of Art.

6 Photo : Cecilia Heisser/Nationalmuseum.

7 Photo : aflo.

8 ©The National Museum of Denmark, Ethnographic Collections.

9 Museum Boijmans Van Beuningen, Rotterdam/Photographer : Studio Tromp, Rotterdam.

10 ©Madrid, Museo Nacional del Prado.

11 ©The National Gallery, London/distributed by AMF.

B Figures

1 Courtesy of Rijksmuseum, Amsterdam.

2 Courtesy of Rijksmuseum, Amsterdam.

3 Courtesy of Rijksmuseum, Amsterdam.

4 Photo : aflo.

5 ©Kunsthistorisches Museum Wien c/o DNPartcom.

6 The State Hermitage Museum, St. Petersburg. Photograph © The State Hermitage Museum. Photo by Vladimir Terebenin, Leonard Kheifets.

7 Courtesy of Rijksmuseum, Amsterdam.

8 Courtesy of Rijksmuseum, Amsterdam.

9 Courtesy of Rijksmuseum, Amsterdam.

10 Courtesy of Rijksmuseum, Amsterdam.

11 Photo : aflo.

12 Photo : aflo.

13 Frans Hals Museum, Haarlem, purchased with the support of the Rembrandt Society. Photo : Tom Haartsen.

14 ©Kunsthistorisches Museum Wien c/o DNPartcom.

15 Frans Hals Museum, Haarlem, photo : Tom Haartsen.

16 Photo : aflo.

17 Courtesy of Rijksmuseum, Amsterdam.

18 Collection Amsterdam Museum.

19 Atlas Van Stolk, Rotterdam.
20 Photo : aflo.
21 Mauritshuis, The Hague.
22 Photo : aflo.
23 Mauritshuis, The Hague.
24 Mauritshuis, The Hague.
25 Photo : aflo.
26 Scottish National Gallery.
27 Photo : aflo.
28 Courtesy of Rijksmuseum, Amsterdam.
29 Photo : aflo.
30 Courtesy of Rijksmuseum, Amsterdam.
31 ©Petit Palais/Roger-Viollet/amanaimages.
32 (and Cover) Mauritshuis, The Hague.
33 Collection Amsterdam Museum.
34 The State Hermitage Museum, St. Petersburg. Photograph © The State Hermitage Museum. Photo by Vladimir Terebenin, Leonard Kheifets.
35 Photo : aflo.
36 Mauritshuis, The Hague.
37 Courtesy of Rijksmuseum, Amsterdam.
38 Courtesy of Rijksmuseum, Amsterdam.
39 Photo : Bridgeman Art Library/aflo.
40 Photo : aflo.
41 Photo : aflo.
42 Photo : aflo.
43 Private Collection. Reproduced with permission of the copyright owner.
44 Mauritshuis, The Hague.
45 Photo : aflo.
46 Photo : aflo.
47 Courtesy of Rijksmuseum, Amsterdam.
48 Courtesy of Rijksmuseum, Amsterdam.
49 Courtesy of Rijksmuseum, Amsterdam.
50 Courtesy of Rijksmuseum, Amsterdam.
51 ©The National Museum of Denmark, Ethnographic Collections.
52 ©The National Museum of Denmark, Ethnographic Collections.
53 Photo © RMN-Grand Palais (musée du Louvre) /René-Gabriel Ojéda/distributed by AMF.
54 Mauritshuis, The Hague.
55 Atlas Van Stolk, Rotterdam.

56 Courtesy of Rijksbureau voor Kunsthistorische Documentatie.

57 Photo : NMW/DNPartcom.

58 Courtesy of Rijksmuseum, Amsterdam.

59 Courtesy of Rijksmuseum, Amsterdam.

60 Photo : NMW/DNPartcom.

61 Courtesy of Rijksmuseum, Amsterdam.

樺山　紘一（かばやま　こういち）

印刷博物館館長。東京大学名誉教授。専門は、西洋中世史（フランス中世史）、西洋文化史。

1941 年東京都生まれ。1965 年東京大学文学部卒業、1968 年東京大学大学院人文科学研究科修士課程修了。1969 年京都大学人文科学研究所助手。1976 年東京大学助教授、1990 年東京大学教授、2001 年退官。この間、文学部長（1997 年 4 月～1999 年 3 月）、史学会理事長（1999 年 6 月～2001 年 5 月）を歴任。2001 年国立西洋美術館館長を経て、2005 年 10 月より現職。2005 年紫綬褒章受章。

東京大学在学中は、日本における西洋史学研究について、その文明史的な存在意義を主張して西洋中世史研究の「中興の祖」とされる堀米庸三の下でフランス中世史を学ぶ。12 世紀中葉からの北フランスに勃興した大聖堂などの宗教建築様式で知られる「ゴシック」を生み出した中世思想をテーマとして研究者歴を刻む。次第にその後、研究領域を西洋文化史全般へと移行させていったことから、おのずと対象とする時代も拡張されて近世・近代にもおよぶ。風土や町、身体や美術、とりわけ絵画などを題材とすることにより、斬新な視点から西洋史の読み取りに挑戦していく。こうした新しい歴史記述の試みは、その平明な記述とあいまって、研究者だけでなく多くの一般読者にも支持されている。

主な著書／『ゴシック世界の思想像』(岩波書店)、『ルネサンス周航』(青土社)、『カタロニアへの眼　歴史・社会・文化』(刀水書房)、『西洋学事始』(日本評論社)、『歴史のなかのからだ』(筑摩書房)、『異境の発見』(東京大学出版会)、『ルネサンスと地中海』(中央公論社)、『肖像画は歴史を語る』(新潮社)、『地中海―人と町の肖像』(岩波書店)、『旅の博物誌』(千倉書房)、『歴史家たちのユートピアへ』(刀水書房) 他、単著、共著、共編著、訳書など多数。

学術選書

シリーズ：諸文明の起源 10

ヨーロッパ近代文明の曙

描かれたオランダ黄金世紀 学術選書 070

2015 年 6 月 10 日　初版第 1 刷発行

著　　者…………樺山 紘一
発 行 人…………檜山 爲次郎
発 行 所…………京都大学学術出版会
京都市左京区吉田近衛町 69
京都大学吉田南構内（〒 606-8315）
電話（075）761-6182
FAX（075）761-6190
振替 01000-8-64677
URL http://www.kyoto-up.or.jp

印刷・製本…………㈱太洋社
装　　幀…………鷺草デザイン事務所

ISBN 978-4-87698-870-9

学術選書［既刊一覧］

＊サブシリーズ「心の宇宙」→ 心　「諸文明の起源」→ 諸
「宇宙と物質の神秘に迫る」→ 宇

037 新・動物の「食」に学ぶ　西田利貞
038 イネの歴史　佐藤洋一郎
039 新編 素粒子の世界を拓く　湯川・朝永から南部・小林・益川へ　佐藤文隆 監修
040 文化の誕生　ヒトが人になる前　杉山幸丸
041 アインシュタインの反乱と量子コンピュータ　佐藤文隆
042 災害社会　川崎一朗
043 ビザンツ　文明の継承と変容　井上浩一　諸 8
044 江戸の庭園　将軍から庶民まで　飛田範夫
045 カメムシはなぜ群れる？　離合集散の生態学　藤崎憲治
046 異教徒ローマ人に語る聖書　創世記を読む　秦 剛平
047 古代朝鮮　墳墓にみる国家形成　吉井秀夫　諸 13
048 王国の鉄路　タイ鉄道の歴史　柿崎一郎
049 世界単位論　高谷好一
050 書き替えられた聖書　新しいモーセ像を求めて　秦 剛平
051 オアシス農業起源論　古川久雄
052 イスラーム革命の精神　嶋本隆光
053 心理療法論　伊藤良子　心 7
054 イスラーム　文明と国家の形成　小杉 泰　諸 4
055 聖書と殺戮の歴史　ヨシュアと士師の時代　秦 剛平
056 大坂の庭園　太閤の城と町人文化　飛田範夫
057 歴史と事実　ポストモダンの歴史学批判をこえて　大戸千之
058 神の支配から王の支配へ　ダビデとソロモンの時代　秦 剛平
059 古代マヤ　石器の都市文明［増補版］　青山和夫　諸 11
060 天然ゴムの歴史　ヘベア樹の世界一周オデッセイから「交通化社会」へ　こうじや信三
061 わかっているようでわからない数と図形と論理の話　西田吾郎
062 近代社会とは何か　ケンブリッジ学派とスコットランド啓蒙　田中秀夫
063 宇宙と素粒子のなりたち　糸山浩司・横山順一・川合 光・南部陽一郎
064 インダス文明の謎　古代文明神話を見直す　長田俊樹
065 南北分裂王国の誕生　イスラエルとユダ　秦 剛平
066 イスラームの神秘主義　ハーフェズの智慧　嶋本隆光
067 愛国とは何か　ヴェトナム戦争回顧録を読む　ヴォー・グエン・ザップ著・古川久雄訳・解題
068 景観の作法　殺風景の日本　布野修司
069 空白のユダヤ史　エルサレムの再建と民族の危機　秦 剛平
070 ヨーロッパ近代文明の曙　描かれたオランダ黄金世紀　樺山紘一　諸 10